U0568072

新闻与传播学译丛·学术前沿系列

The Culture

连 接

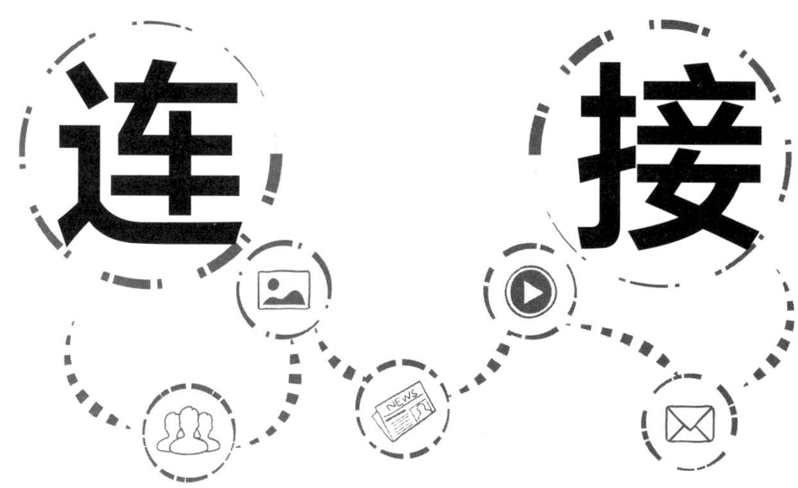

社交媒体批评史

A Critical History of Social Media

[荷兰]何塞·范·迪克(José van Dijck)/著

晏青 陈光凤/译

# of Connectivity

中国人民大学出版社

·北京·

新闻与传播学译丛·学术前沿系列

丛书主编　刘海龙　胡翼青

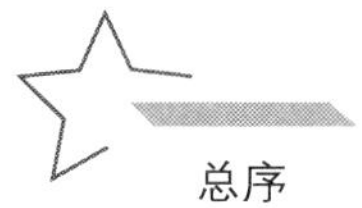

总序

在论证“新闻与传播学译丛·学术前沿系列”可行性的过程中，我们经常自问：在这样一个海量的论文数据库唾手可得的今天，从事这样的中文学术翻译工程价值何在？

国内20世纪80年代传播研究的引进，就是从施拉姆的《传播学概论》、赛弗林和坦卡德的《传播理论：起源、方法与应用》、德弗勒的《传播学通论》、温德尔和麦奎尔的《大众传播模式论》等教材的翻译开始的。当年外文资料匮乏，对外交流机会有限，学界外语水平普遍不高，这些教材是中国传播学者想象西方传播学地图的主要素材，其作用不可取代。然而今天的研究环境已经发生翻天覆地的变化。图书馆的外文数据库、网络上的英文电子书汗牛充栋，课堂上的英文阅读材料已成为家常便饭，来中国访问和参会的学者水准越来越高，出国访学已经不再是少数学术精英的专利或福利。一句话，学术界依赖翻译了解学术动态的时代已经逐渐远去。

在这种现实面前，我们的坚持基于以下两个理由。

一是强调学术专著的不可替代性。

目前以国际期刊发表为主的学术评价体制导致专著的重要性降低。一位台湾资深传播学者曾惊呼：在现有的评鉴体制之下，几乎没有人愿意从事专著的写作！台湾引入国际论文发表作为学术考核的主要标准，专著既劳神又不计入学术成果，学者纷纷转向符合学术期刊要求的小题目。如此一来，不仅学术视野越来越狭隘，学术共同体内的交流也受到影响。

国内的国家课题体制还催生了另一种怪现象：有些地方，给钱便可出书。学术专著数量激增，质量却江河日下，造成另一种形式的学术专著贬值。与此同时，以国际期刊发表为标准的学术评估体制亦悄然从理工科渗透进人文社会学科，未来中国的学术专著出版有可能会面临双重窘境。

我们依然认为，学术专著自有其不可替代的价值。其一，它鼓励研究者以更广阔的视野和更深邃的目光审视问题。它能全面系统地提供一个问题的历史语境和来自不同角度的声音，鼓励整体的、联系的宏观思维。其二，和局限于特定学术小圈子的期刊论文不同，专著更像是在学术广场上的开放讨论，有助于不同领域的“外行”一窥门径，促进跨学科、跨领域的横向交流。其三，书籍是最重要的知识保存形式，目前还未有其他真正的替代物能动摇其地位。即使是电子化的书籍，其知识存在形态和组织结构依然保持了章节的传统样式。也许像谷歌这样的搜索引擎或维基百科这样的超链接知识形态在未来发挥的作用会越来越大，但至少到现在为止，书籍仍是最便捷和权威的知识获取方式。如果一位初学者想对某个题目有深入了解，最佳选择仍是入门级的专著而不是论文。专著对于知识和研究范式的传播仍具有不可替代的作用。

二是在大量研究者甚至学习者都可以直接阅读英文原文的前提下，学术专著翻译选择与强调的价值便体现出来。

在文献数量激增的今天，更需要建立一种评价体系加以筛选，使学者在有限的时间里迅速掌握知识的脉络。同时，在大量文献众声喧哗的状态下，对话愈显珍贵。没有交集的自说自话缺乏激励提高的空间。这些翻译过来的文本就像是一个火堆，把取暖的人聚集到一起。我们希冀这些精选出来的文本能引来同好的关注，刺激讨论与批评，形成共同的话语空间。

既然是有所选择，就意味着我们要寻求当下研究中国问题所需要关注的研究对象、范式、理论、方法。传播学著作的翻译可以分成三个阶段。第一个阶段旨在营造风气，故而注重教材的翻译。第二个阶段目标在于深入理解，故而注重移译经典理论著作。第三个阶段目标在于寻找能激发创新的灵感，故而我们的主要工作是有的放矢地寻找对中国的研究具有启发的典范。

既曰“前沿”，就须不作空言，甚至追求片面的深刻，以求激荡学界的思想。除此以外，本译丛还希望填补国内新闻传播学界现有知识结构上的盲点。比如，过去译介传播学的著作比较多，但新闻学的则相对薄弱；大众传播的多，其他传播形态的比较少；宏大理论多，中层研究和个案研究少；美国的多，欧洲的少；经验性的研究多，其他范式的研究少。总之，我们希望本译丛能起到承前启后的作用。承前，就是在前辈新闻传播译介的基础上，拓宽加深。启后，是希望这些成果能够为中国的新闻传播研究提供新的思路与方法，促进中国的本土新闻传播研究。

正如胡适所说："译事正未易言。倘不经意为之，将令奇文瑰宝化为粪壤，岂徒唐突西施而已乎？与其译而失真，不如不译。"学术翻译虽然在目前的学术评价体制中算不上研究成果，但稍有疏忽，却可能贻害无穷。中国人民大学出版社独具慧眼，选择更具有学术热情的中青年学者担任本译丛主力，必将给新闻传播学界带来清新气息。这是一个共同的事业，我们召唤更多的新闻传播学界的青年才俊与中坚力量加入荐书、译书的队伍中，让有价值的思想由最理想的信差转述。看到自己心仪的作者和理论被更多人了解和讨论，难道不是一件很有成就感的事吗？

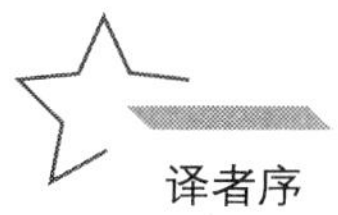

译者序

被委以重任的连接

晏青　陈光凤

谈连接，首先谈的是媒介的物性、介质层、功能性问题。众所周知，很多学者把媒介视为人的一种“赋权”之道。麦克卢汉的“媒介即人的延伸”，认为媒介是人的感觉能力的延伸或扩展；亚里士多德认为工具是灵魂和身体的延伸；马克思也认为技术是人类自我扩展的方式；首次提出“技术哲学”一词的恩斯特·卡普认为电报是人类神经系统的延伸；亨利·柏格森将技术视为一种被制造出来的器官并成为天然有机体的延伸。

媒介之连接，不仅仅关乎物性与人性，更关乎个体之间、群体之间，涉及社会权力与资本神话。传统的观点认为，“社交媒体”一词意味着这些平台以用户为中心，关注的是“参与”和“人类协作”。但是，本书作者何塞·范·迪克更关心的是连接层次上的社交媒体，因为它涉及自动化系统工程和操纵之间的联结，追踪并编码人与人之间的关系。我们确实也看到，媒介技术让相隔千里的人“在一起”（being there）。这种“在一起”是通过中介化媒介感受到与对方的社交热度和亲密度（Short，Williams & Christie，1976），通过传播媒介感知他人的存在，共同在场、分配注意力，实现信息理解、情感理解，情感上相互依赖（Harms & Biocca，2004）。

连接，是技术哲学问题，也涉及社会生态。尼古拉斯·盖恩、戴维·比尔在《新媒介：关键概念》一书中讨论网络、信息、交互界面、档案、互动性、仿真等组成的新媒体研究概念框架，谈到几点值得反思的新兴主题，其中一条便是“新媒介概念提供了将新媒介客体转变成为社会与文化现象的路径，与此同时又受到作为其基础的物质性的影响”（盖恩和比尔，

2015：119）。在本书中，范·迪克采用生态系统方法，将各个社交媒体平台视为构成生态系统的子系统。所以她说，平台的每个调整都会让整个生态系统泛起涟漪。比如，1998 年出现的网络小说《第一次亲密接触》引发了网恋潮，珍爱网的智能推荐代表了另一种爱情模式，在这个生态中，受波及的就包括爱情观、风险投资、被操纵的情感、被编码的人际关系。不管淘宝网、大众点评网、京东网、猫眼网等是“泛连接”，还是“强连接引发行为、弱连接传递信息”的体现，它们本身就代表了从物性衍生出来人的行为、社会文化和权力。本书所说的连接主要指人际连接，而不涉物与物等连接样态，它在人际关系、现代化中被委以重任，是观察当代社会的一面棱镜。

一、连接的媒介史

1912 年 4 月 15 日凌晨泰坦尼克号的悲剧，一个多世纪前震惊世界靠的是无线电，一个多世纪后感动全球则是电影的功劳。

回到 4 月 14 日事故当晚，彼时历史上最大的可移动建造物——泰坦尼克号闯入北大西洋的冰山区，海面平静，星光“妩媚”。晚间 11 点 40 分船员发现冰山，游轮紧急转向后与冰山摩擦而过，被撞开了 300 英尺的裂缝。

史蒂芬·克恩（Stephen Kern）对这次事故有所勾勒。他在书中写道，几百英里之外的十几条船收到求救信号，但因太远而无法救援。待最近的 58 海里外的神庙山号（Mount Temple）赶到，已是泰坦尼克号与 1 522 名乘客一起沉没两个小时后了。汤姆·斯丹迪奇在《从莎草纸到互联网：社交媒体 2000 年》一书中讨论无线电管制时就提到，泰坦尼克号失事后，谣言满天飞，无线电背了锅。惨剧发生后，无数民间电台传播失实的信息，向世界传播焦虑，阻碍了救援工作（斯丹迪奇，2015：286）。但不管怎么样，因为无线电，凌晨 1 点 20 分这一灾难新闻得以传播，4 月 15 日清晨全球都获知了这个灾难的消息（盖恩和比尔，2015：214）。全世界的民众都感受到了大众媒介的威力。

我们很难想象没有社交媒体的世界。古代中国的“皇家”快递，一般每天前进300里到500里，600里、800里加急很少用。正是由于联络技术的落后，中国古代才会有这么多的离情别绪，进京赶考一路上才会发生这么多的故事吧。放眼世界，公元前550年，波斯就建立了最早的长途邮政系统。19世纪有了摩尔斯电码，电报成为远程联系的最快方式。1876年电话诞生，长距离、实时的共同交流成为可能（尽管早期电话也充当了信息媒介，可收听天气、财经等信息）。1978年电子邮件才得以使用。20世纪80年代后期，互联网才向非政府组织和普通人开放。

从媒介角度看，远程连接始于无线电。1894年马可尼开始实验，先是30英尺外，一年后在一英里之外传递信息。五年后，无线电报发送过了英吉利海峡。1920年广播诞生，几年后便遍布世界。十几年后电视出现，不温不火。不过在经历了美国总统电视辩论、肯尼迪遇刺报道、阿波罗登月直播等之后，20世纪60年代电视开始成为主流媒体。20世纪90年代前后，互联网从军方、科研院所惠及普通百姓。1993年美国宣布实施“信息高速公路”计划。1994年，一条64K国际专线将北京中关村与互联网连在一起，中国成为全球第77个全功能接入互联网的国家。中国互联网在20世纪90年代起步，并培育出一个新的人群。1998年全国科技名词审定委员会公布了56个科技新名词，其中一个就是“网民”。网民数量从1997年的62万增长到2020年的9.04亿。互联网从最初连接计算机工作人员、科技工作者、军事领域、商业领域到连接普罗大众和一般领域，直至发展为在全社会全面铺开的“神经系统”。

目前，社交媒体的网络化兼网络的社交化，让社交媒体成为主流媒介。2001年互联网泡沫破灭后发展出来的Web2.0，构成了社交网络和集成生产的档案。它让“计算机媒介的功能的中心从储存转移到生产，从记录个人经历转移到了生成集体在场以及连接本身”（米歇尔和汉森，2019：180）。准确地说，从20世纪90年代后期开始，社交媒体便陆续涌现。首个社交媒体网站六度空间（Sixdegrees）于1997年成立，接着是博客（Blogger，1999）、维基百科（Wikipedia，2001）、Myspace（2003）、脸书（Facebook，2004）、Flickr（2004）、YouTube（2005）、豆瓣（2005）、推特（Twitter，

2006）、优酷（2006）、微博（2009）、微信（2011）、抖音（2016），以及各种后续平台都纷纷提供在线沟通的功能。其中的代表 Facebook 就建立在对数据驱动的决策和逻辑思维的意识形态承诺之上，它的文化明确地容忍差异和异议，其市场定位和劳动力都是全球性的，宣扬连接的力量改善生活。有学者将这些社交媒体分为六种类型：协作项目（如 Wikipedia），博客和微博（如 Twitter），内容社区（如 YouTube），社交网络站点（如 Facebook），虚拟游戏（如魔兽世界）和虚拟社交（如第二人生）（Baruah，2012）。

1999 年摩托罗拉公司的智能手机上市，开启了移动传播新景象。曼纽尔·卡斯特等将连接性而非移动性视为移动通信的关键特征，因为它逐渐把个性化、分散的地方连接起来，并适时接入全球通信网络。由于人们拥有了分散在各处接入因特网、计算机和信息系统的入口，因而移动通信被理解为建立无处不在的、永久的连接的方式。而这几年兴起的网络直播社交又使连接往保罗·莱文森的媒介“人性化趋势”靠近了一步，接近用非语言方式进行面对面的在场社交。网络直播以视觉在场的方式彼此连接，它突破传统媒体的“仪式化接受”，突破门户网站或社交媒体的文字狂欢，以一种影像在场的方式取代肉身在场，通过“比特化”聚集出了现场的、眼见为实的拟态空间。

中国的移动传播能发展到今天这种盛况的内在原因之一，是其符合中国人的精神结构。胡春阳在《寂静的喧嚣 永恒的联系：手机传播与人际互动》一书中对此有新奇的论述，她说手机在中国颇有江湖意味，江湖人行踪不定、逢场作戏的文化，江湖里的关系与人情都让手机有了用武之地。在她看来，“手机与中国人的文化习性不谋而合，一是爱面子的间接含蓄，手机传播中双方的暂时性缺席的交流模式契合了中国人内心狂野又故作正经的气质，仿佛克制、压抑是对脸面的保护；二是传统中国人重交情，但社会生活节奏加快，呵护情感的时间越来越少，手机以便捷的方式担当了情感维系的重任，满足了关系和情感需要”（胡春阳，2012：25）。或许就是手机与中国人追求的侠气、内敛与关系的契合，才外在表现为国人手不释“机”吧。

这些连接伴随感知方式的变化，或是集中而专注地收听广播，或是伴随式地观看电视，或是在作为基础设施的互联网中“数字化生存”。连接是如何影响着人性和民族性演进的，以及诸如信息观、伦理观、消费观、大众文化观等各种各样的观念又是怎样在连接史中起起浮浮的？

二、连接与时间

芭芭拉·亚当在《时间与社会理论》中说，社会科学的时间谱系包括从最物理的、机械的、人为制定的时间到经验和文化的时间，涉及共时、排序、测序或定时、控制或尺度等，时间的不同形态构造着我们的生活（亚当，2009）。社交媒体的不同平台及应用重组了当代人的时间排序方式，时间重塑人以及生命的意义。

刷短视频，是的，是“刷”，不似书籍的“翻看”、电视的“打开”、视频的“点击”。“刷”这一动作本身即蕴藏着流媒体的真谛，即流动不居、延绵不绝。一个个视频虽短，跨度却大，但能无缝衔接，让人浑然不觉。“抖音 5 分钟，人间 1 小时”，恍如古人的“山中方一日，世上已千年”之感。跨越几千年的感慨如此相似，你我即烂柯人。

从另一个角度来看，刷短视频之所以会让人觉得时间如梭，对时间“无感”，与短视频这种文体的时间逻辑有关。叙事学理论揭示，叙事的定义元素里包括因果、时间和空间，其中因果和时间是核心。多数短视频旨在用简单的事件烹制情绪大餐，很难被理解成一个故事，无法从中猜测它们的因果或时间上的关系。以分秒计算的短视频里的时间是一种“即时时间”，不管是快手定下的短视频时长不可超过 57 秒的“行业标准”，还是今日头条的“4 分钟准则”，这些短微视频都以碎片化、场景化的“即时感”为时间玉律，过去、现在、未来的时间厚重感“供给”不足，文本上甚至可能都没有时间延伸，不回望过去，也不指向未来，仅止于当下感官，一个个呈现为点状。所以在没有时间元素的短视频中，我们如何感知时间呢？在传统美学标准中，厚重的“时间感”是评价作品的重要标准，短视频在世人的眼里终究还是“轻佻”了些。

连接，即对时间、空间无限的压缩，对它的理解各式各样且不断更新。空间的一国、一城、一社区，空间的App、软件、云端等，在比特世界沉寂又燃起，肉身在场变成涉身性虚拟在场。在媒介使用中，这种时间压缩式体验是有差异的，在阅览传统文本（比如阅读小说、观看电影）时这种体验往往被正向地表述为“不知不觉”“沉浸其中”等，而刷短视频的体验则可能更多地用“沉迷”“焦虑”“虚幻”“短视频成瘾”等负面词语表述。如果说前者是以一定的意义秩序来建构的文本，以在不同主体间流行与交换的意义为精神连接旨归，那么后者可能更多是面向欲望的“喂食”，是自我欲望的满足与消费。从接受层面来看，传统文本更可视为不同主体的对话，在这种异质主体间的对话中可能邂逅陌生化的、可爱的灵魂，有利于主体的丰满与反思；而短视频文本，不管是“你关心的就是头条”还是“信息创造价值”，在智能推荐下，终究还是一个人的独舞，是围绕自己小世界的自我对话、自我设限。反过来说，这其实是一种反连接的逻辑，从形式上看是无限连接，内在的却是自我无限重复，可以称之为“萎缩的连接”。

三、连接与反连接

社交媒体是一种新的人际协作方式（Shirky，2010），用户主动参与（Ksiazek，Peer & Lessard，2016），人际及群际文化元素的扩散会改变个人的文化认知，推动群体成员共享现实的形成（张楠和彭泗清，2015）。关于连接好处的论述汗牛充栋，但实际上连接也催生了不少弊端。比如手机成瘾，早在2013年，互联网女皇玛丽·米克尔（Mary Meeker）在一份年度互联网趋势报告中就指出，人们每天会检查手机150次。连接会带来分享，分享的东西有好有坏。举一负面的例子，1976年人类与家禽“共享”26种病毒，与老鼠“共享”32种，与马“共享”35种，与猪“共享”42种，与牛“共享”50种，与狗“共享”65种（麦克尼尔，2018）。这种“共享”的结果大概只能是“群体免疫”了。

（一）作为怀旧的媒介

按照麦克卢汉的媒介即人的延伸的观点，很多媒介可以假设为人的肢体和器官。只不过，这些年肢体和器官的意义在慢慢退化。我们的身体在淘汰、扬弃中升级换代，以求眼观六路、耳听八方。

媒介技术更新换代，技术越来越成为媒介发展的内驱力。“前浪”如信件、座机等被淘汰，“后浪”崛起。比如，QQ 被当年最为之痴迷并伴随其青春的“70 后”“80 后”“抛弃”，却又受“90 后”“00 后”青睐不已，因为其中少了大人们的“监视”与絮絮叨叨。

同样的情况还出现在短信上，你试着看看你的短信记录，里面堆满垃圾短信、外卖的提醒、快递小哥的“呼叫”，很明显失去了人际交往的功能。20 世纪初利用其一条一条投票选出自己的偶像甚至助推“一场庶民的胜利”的短信，几乎退出了人际交往圈。

“打电话”也正在日常交往的道路上走向失宠。据笔者调查，九成大学生在日常交往中不爱使用手机打电话，原因是有更优惠的方式可以实现联系；当然也不喜欢别人给自己打电话，其中理由值得玩味，包括侵犯感（感觉自己的私密空间被侵入）、失控感（因为要即时地对付每个问题）、缺乏非语言表达（微信聊更方便，还可以发表情，可以补充非语言信息）。也就是说，打电话是一种没有安全感、失控、信息量小的交往形式。

（二）低电量焦虑

不管在何种场景，“电池电量不足，仅剩 20% 电量”的提醒都是一件要紧的事情，要尽快寻觅插座、充电宝、充电桩，防止失联。电池是移动媒介的软肋，莱文森认为或许未来要通过阳光或环境光源充电方能摆脱这种焦虑（莱文森，2016：156）。低电量焦虑的状态跟忘带手机出门、手机丢失类似，手里心里都空落落的，惴惴不安无所依附。这种现象，倒是应了社会人的本能——手机没电意味着与这个世界失联，社会人与他人失去连接，不就是原子化的人吗？所以相对“原子人”，人们似乎更喜欢“比特人”。

（三）孤独：一群人的狂观

尽管萨特说“他人即地狱”，但这并不妨碍孤独感成为一个严重的公共卫生问题。有学者通过荟萃分析发现：一是良好的社会关系使早期死亡的风险降低50%；二是社会孤立、孤独或独自生活导致的死亡风险，与肥胖、吸烟（每天少于15支香烟）和空气污染相同，甚至更大（Holtlunstad, Smith & Layton, 2010）。孤独问题由来已久，不只是社交媒体的产物，现代化本身就造就了孤独，“大房子”和无限扩张的城市被视为“反社会”的。社交媒体的发展从来不只是媒介单向度的事。从现代化视角来看，城市越来越多、越来越大，人口流动成为常态，乡镇或庄园的空间失守；全球化成为神话，“地球村”既是一个空间上的隐喻，又是时间上的隐喻——全球成为一个“村子”，左邻右舍紧密连接，意味着地理距离和心理距离都很近，即时可达。社交媒体技术是隐喻系统得以实现的一块砖石，因为它的勃兴本身就是城市扩张和人口全球流动所引发的应激策略。

关于孤独与社交技术主要有两个讨论框架：一是位移假设（displacement hypothesis），因为互联网取代了线下关系和交往活动而产生孤独（Nie, Hillygus & Erbring, 2002）；二是刺激假设（stimulation hypothesis），社交技术可以通过加强现有关系减少孤独感，并提供发展新关系的可能性（Valkenburg & Peter, 2007）。丽贝卡·诺兰（Rebecca Nowland）等提出孤独感与社交网络之间的双向关系模型，认为社交网络的使用会取代离线与在线活动的交互，因此会带来很深的孤独感；但是当习惯于建立新的友谊并增进现有的友谊时，社交网络的使用可以减少孤独感。心理学家罗伯特·韦斯（Robert Weiss）在“社会孤独”（缺乏与他人的联系）和“情感孤独”之间进行区分，认为无论有多少“联系”，情感孤独都会持续存在，特别是当它们不提供支持来确认身份并创造归属感时（Sadler & Weiss, 1975）。尽管六度分隔理论认为一个人只需通过六个人就可与陌生人相识，不过，考虑到文化资本、权力与人性等因素，“小世界效应”更像一种假说，社交媒体时代的孤独感是一种群体性孤独，被称为“赛博孤独症”（cyberian apartness），是“交往在云端”的“云孤独”。

（四）反连接

威廉·吉普森（Willian Gibson）认为连接的赛博空间是“协商一致的

幻觉”，网络连接成为一种修辞化和理想化的构造。媒介技术连接并生产现实阶层、象征性地位的认同，成为“工具性的幻想”。人类对连接技术的采纳使用，实际也经历了“创新扩散理论”到“驯化理论”的路径轨迹。

对这个富有批判性的问题，麦克卢汉的看法是乌托邦的，基特勒是反乌托邦的。基特勒认为计算机技术记录的是对系统的真实，而非对人类感官保持真实，所以计算机越来越不可或缺，而人类越来越像是“纯属偶然”（米歇尔和汉森，2019：178）。玛丽莲·斯特拉森（Marilyn Strathern）将日常生活中的信息传播技术视为一种“赋能”，“它们看起来是扩充了人们的经验、选择，但同时也扩充了人们关于技术的经历和选择。这些传播媒介强迫人们与技术交流”（Strathern，2005）。

越来越多的讨论得到展开，过度的连接被认为会给亲密关系（Hall &Baym，2012）、家庭和谐（Chesley，2005）带来负面效应。连接将生活与工作的界限模糊，工作不断侵入家庭生活，降低了生活满意度（Bittman，Brown & Wajcman，2009）。长期连接还带来了隐私和监控问题（Rice，Hagen & Ingunn，2010），甚至导致电子围捕。

“反连接”（anti-connection）的概念应运而生。彭兰认为，强互动下的倦怠与压迫感、圈层化对个体的约束及对社会的割裂、线上过度连接对线下连接的挤占、人与内容过度连接的重压、对“外存”的过度依赖等种种弊端，让现代人饱受过度连接之苦，反连接也许将成为互联网的新法则（彭兰，2019）。实际上，我们或多或少在抵抗连接，比如好友分组、关闭朋友圈、退群、注销账户等，在享受连接的便利之余，也在重新思考隐私权、被遗忘权和连接“开关”的控制权。

2020 年春节期间新冠肺炎疫情引发的全国及至全世界范围的居家隔离，似乎是对社会连接的一次“公测”。隔离好比一次强制性的“反连接”，一部分社会连接行为的意义和价值确实应该重估。比如，知乎在讨论新冠肺炎的积极意义时，一条“神回复”是“你发现电影院、KTV、酒吧可以没有！很多会议是多余的！大部分的聚会、聚餐、亲友应酬也可以免了！”不过在情绪化的戏谑段子的另一面，以网线、光纤、信号为载体的连接悄然兴盛。隔离期间，微信成了社会信息发布、社会成员沟通联络的主要平台。人们在微信里进行社交，过着生活。隔离所失去的在互联网上得到了补偿。马斯洛的需求金字塔里，安全需求、生理需求、社交需求、尊重需求、自我实现需求等似乎都在互联网中实现了。这场疫情斩断人与人之间的在场、肉身的连接，加速了“无接触社会”的到来。4 月，主题为“One World: Together at Home”的全球性线上音乐会举办。这场音乐会“拒绝”不同时区带来的时间差异、不同国家造成的场景差异，将世界各个国家和地区的音乐人连接到一场音乐会的虚拟时空中。几个月的居家隔离似乎揭示了一个变化，即肉身在场并非连接的必要构件。这一切似乎又显现出了这样的轨迹——从“传统连接”到“数字连接”，又从“去连接”到“回望传统交往”。

另一种反连接源自外交问题。2010 年，俄罗斯曾联合叙利亚等国，向联合国提议在网络世界也划定主权边界。针对特定站点的“断网”现象其实一直存在，比如美国、印度等国禁用（或考虑禁用）TikTok、微信等应用程序。这种反连接，也许未来会成为横亘在东西方之间的“铁幕”，媒介则成了一个小小的注脚。

（五）这是一本怎样的书

本书于 2013 年出版，是第一部关于社交媒体批判史的专著，研究社交媒体“连接”的本体论（关系、社会资源）与平台理论（技术文化、社会经济、社会重组），对社交媒体、社会关系和盈利机制三者的微妙关系有独到的见解，迄今为止已被引用超过 3 700 次，广为学界推崇。

范·迪克的生态系统法作为一种超前的框架，融合了行动者网络理论和政治经济学。她最初用行动者网络理论来理解人类和非人类行动者之间的关系（第 1 章），但她发现这种分析视角缺乏宏观经济因素，于是加入了政治经济学方法（第 2 章）。中间五章（第 3 章至第 7 章）分别对应单个的系统即 Facebook、Twitter、Flickr、YouTube 和 Wikipedia，每种社交媒体形式都使用这种框架进行考察。每章都采用相同的结构：首先介绍平台、定义和目的，然后讨论其技术文化元素。具体来说，是根据平台的用户、技术和内容对其进行分析。在进行技术文化分析之后，关注形成社交媒体的社会经济结构：所有权、管理和商业模式。最后一章再次讨论构成社交平台的各种要素，以及维系媒体生态系统的文化、经济和意识形态基础。范·迪克也关注经济结构，社交媒体同时也是一种由风险资本驱动的免费使用的公共服务，所以她强调了所有权、管理和商业模式等概念在批判分析中的地位。

选择翻译本书是出于对社交媒体的好奇。本书也是国家社科基金项目“移动传播情境下中国优秀传统文化传播与融入研究”（17CW022）的成果之一。全书由晏青和陈光凤博士一起翻译完成，刘会、陈霭婷参与了部分篇章的初稿翻译。陈光凤博士毕业于加拿大阿尔伯塔大学（University of Alberta)，现任教于湖南大学，具有很扎实的语言功底，我们的合作很愉快。同时感谢人文分社的翟江虹老师，她的把关和督促使得本书能及时出版。

囿于学识和语言水平，翻译的不足之处还望大家不吝指教。

最后的结束语，请允许我写下：

在病疫中我们经历了一场连接与反连接的“战争”，也熬度了冬春夏秋。愿生命之树常绿，学术之树常青。

参考文献

亚当．时间与社会理论［M］．金梦兰，译．北京：北京师范大学出版社，2009.

胡春阳．寂静的喧嚣 永恒的联系：手机传播与人际互动［M］．上海：上海三联书店，2012.

盖恩，比尔．新媒介：关键概念［M］．刘君，周竞男，译．上海：复旦大学出版社，2015.

斯丹迪奇．从莎草纸到互联网：社会媒体2000年［M］．林华，译．北京：中信出版社，2015.

张楠，彭泗清．文化混搭下的文化变迁研究：过程和影响的探究［J］.中国社会心理学评论，2015（1)：188－223.

莱文森．新新媒介［M］．何道宽，译．上海：复旦大学出版社，2016.

克劳利，海尔．传播的历史：技术、文化和社会［M］．董璐，何道宽，王树国，译．北京：北京大学出版社，2018.

麦克尼尔．瘟疫与人［M］．余新忠，毕会成，译．北京：中信出版集团，2018.

米歇尔，汉森．媒介研究批评术语集［M］．肖腊梅，胡晓华，译．南京：南京大学出版社，2019.

彭兰．连接与反连接：互联网法则的摇摆［J］．国际新闻界，2019（2）：20－37.

SADLER W A，WEISS R S. Loneliness：the experience of emotional and social isolation［J］. Contemporary Sociology，1975，4（2）：171－173.

SHORT J，WILLIAMS E，CHRISTIE B. The social psychology of telecommunications［M］. John Wiley & Sons，1976.

NIE N H，HILLYGUS D S，ERBRING L. Internet use，personal relations and sociability：a time diary study［C］//The Internet in everyday life. New York：John Wiley，2002：215－243.

HARMS C，BIOCCA F. Internal consistency and reliability of the networked minds social presence measure［C］//Proceedings of the Seventh Annual International Workshop：Presence 2004. Valencia：Universidad Politecnica de Valencia，2004.

STRATHERN M. Foreword：the mirror of technology，in consuming technology-media and information in domestic spaces［M］//SILVERSTONE R，HIRSCH T. Consuming technologies. London：Routledge，2005：vii－xiii.

CHESLEY N. Blurring boundaries? Linking technology use，spillover，individual distress，and family satisfaction［J］. Journal of Marriage and Family，2005，67（5）：1237－1248.

VALKENBURG P M，PETER J. Preadolescents' and adolescents' online communication and their closeness to friends［J］. Developmental Psychology，

2007，43：267－277.

BITTMAN M，BROWN J E，WAJCMAN J. The mobile phone，perpetual contact and time pressure [J] . Work，Employment and Society，2009，23 (4)：673－691.

RICE R E，HAGEN I. Young adults' perpetual contact，social connectivity，and social control through the Internet and mobile phones [J] . Annals of the International Communication Association，2010，34 (1)：3－39.

HOLTLUNSTAD J，SMITH T B，LAYTON J B. Social relationships and mortality risk：a meta-analytic review [J] . PLOS Medicine，2010，7 (7)：1－20.

SHIRKY C. Cognitive surplus：creativity and generosity in a connected age [M] . London：Penguin UK，2010.

AMICHAI-HAMBURGER Y，HAYAT Z. The impact of the Internet on the social lives of users：a representative sample from 13 countries [J] . Computers in Human Behavior，2011，27：585－589.

HALL J A，BAYM N K. Calling and texting (too much)：mobile maintenance expectations，(over) dependence，entrapment，and friendship satisfaction [J] . New Media & Society，2012，14 (2)：316－331.

BARUAH T D. Effectiveness of social media as a tool of communication and its potential for technology enabled connections：a micro-level study [J]. International Journal of Scientific and Research Publications，2012，2 (5)：1－10.

KSIAZEK T B，PEER L，LESSARD K. User engagement with online news：conceptualizing interactivity and exploring the relationship between online news videos and user comments [J]. New Media & Society，2016，18 (3)：502－520.

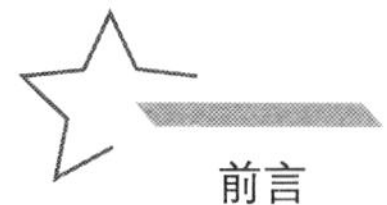

前言

对于人文学科的学者来说，写书是一项非常孤独的活动，作者耗费数小时、数天、数周的时间在档案馆和图书馆里，或者匍匐在案，几乎与世隔绝。在过去的十年里，在整个写作过程的各个阶段都存在巨大的社会风险：研究、归档、交流思想、联系资源，当然还有没完没了地在不同的网络媒体上聊天。研究从未停止，写作随处进行；它填满了所有零碎的时间和空间。撰写社交媒体的批评史注定是一场无止境的、充满活力的冒险。每当我看着我的屏幕时，社交网络和在线社交的世界也在悄然变化，并期待着重新诠释。有两个理由可以暂停这一无限的信息流，即使这种暂停是非常短暂的。第一个是你意识到另一个调整的界面或新应用不会解决世界上真实存在的问题，或者动摇你已经形成的历史认知。第二个是你发现自己在线上的社交活动比线下的多，甚至在家里或办公室里也是如此。

这本书是我在与北美洲、大洋洲、欧洲的许多人不断进行对话的过程中写出的，将人名全部列出意味着要增加一章内容。因此，我要感谢一些给了本书额外支持或使其诞生成为可能的人。在卸任院长后，我发现利用休假时间做研究才是一种真正的享受。我很感谢我的雇主阿姆斯特丹大学，它允许我从行政和教学中抽出宝贵的时间。也要感谢 Liduine Bremer 和 Bungehuis 中心的后勤人员，让我在忙碌的几年执教生涯里保持清醒。感谢我在媒体研究部的同事 Patricia Pisters、Richard Rogers、Christoph Lindner、Jeroen de Kloet、Julia Noordegraaf 和 Theo Thomassen，他们是我“学术之家”里最亲密的家人。最后特别感谢我的老同事 Frank van Vree，他欣然地接管了院长的工作。

本书的初稿是在加利福尼亚写就的；一如以往，圣克鲁斯已被证明是灵感的源泉，不仅仅因为它靠近硅谷，还因为有许多朋友可以来往，让生活不枯燥。在这里感谢 Craig、Woutje、Mary Ellen、Katherine、Paul、Linda、

Karen 和 Quentin，以及 Dan 和 Lynn 把他们漂亮的房子换住给我。本书的第二稿很大程度上要归功于我在澳大利亚的经历，我在悉尼科技大学（University of Technology in Sydney）担任了三个月的特聘教授。我要感谢 Dean Theo van Leeuwen 和 Catriona Bonfiglioli 的盛情款待。这本书里的许多想法都引起了悉尼科技大学的学生和工作人员的讨论，给我提供了书稿改进的动力。还要特别感谢 Bert Bardoel 和 Caroline Spaans，他们的友好把悉尼变成了世界上最温暖和舒适的地方之一。最后我要对所有关注我在社交媒体上的演讲并进行激烈辩论的 DutchLink 的会员们说，无论是线上还是线下，我都非常感谢你们的贡献！

回到我的家乡，我很幸运能和这么多聪明、热情的研究生一起工作。感谢 Sabine Niederer，我和他共同撰写了一篇关于维基百科的文章，并感谢 David Nieborg，我们共同撰写了一篇关于维基经济学的文章；这两篇文章都由《新媒体与社会》（*New Media & Society*）刊发，构成了本书第 7 章的内容。我想对我们在阿姆斯特丹和乌得勒支的大学社交媒体研究小组的合作者们表示深深的感谢：Eggo Muller、Mirko Schaefer、William Uricchio、Ginette Verstraete、Thomas Poell 和 David Nieborg。Thomas 和 David，我感谢你们对本书的第一稿和第二稿给予的支持和批评。如果没有你们的深刻见解，这本书就会像一系列推文的合集。在此也要向本书的三位匿名审稿人致谢：你们的评价和敏锐的批评意见非常有帮助，促使我进行大量修改。我愿宣誓忠于学术同行评审制度：如果没有许多学者对本书内容所做的详尽评论和高质量工作，就不会有这本书的存在。

书籍可能很快会成为过去，但无论它们以何种形式存在，我希望出版社都能继续支持这种“古老”的格式，哪怕只是为了提醒学生，有些文化形式比推文、词条和博客帖子需要更长的注意力持续时间。在我的朋友和同事 Karin Bijsterveld 的大力帮助下，我在牛津大学出版社找到了一位书籍的真正信徒 Norman Hirschy，一位作者可能遇到的最敬业的编辑。他鼓励的话语和警醒我的电子邮件使本书顺利出版。同时事实证明，Richard Isomaki 是一位对细节把握非常敏锐的出色编辑。

然而，让写书成为真实的社交体验的，是所爱之人的强烈回应。这已经不是 Ton 第一次用他出色的编辑技巧和尖锐的批评意见来帮助我了，我非常感激他的慷慨和情意。这本书是献给我的三个姐妹的，早在网络媒体开始提倡交友和分享之前，她们就使我的生活变得“社会化”。Loes、Bernadet 和 Kitty：你们是我勇敢和理智的榜样；我们的骨肉亲情是我人生中最伟大的礼物之一。

2012 年 6 月 15 日

于阿姆斯特丹

目录 CONTENTS

第 1 章 连接文化中的工程社会性

“工程社会性”（engineering sociality）和“社交工程学”（social engineering）是有区别的。后者源于政治学，指的是政府或私人团体影响社会行为和民众态度的努力。本书使用的术语“社交性工程”（the engineering of sociality）是指试图影响或指导用户行为的社交媒体平台。

除了“社交”这个术语之外，“参与”和“协作”等概念在社交媒体的背景下被赋予了一种特殊的新意义。内容的用户被认为是“共同开发”创意产品并因此丰富了社区的“合作者”。

连接媒体的生态系统不仅仅是单个微系统的总和，更是一个动态的基础设施，它可以塑造文化并被整个文化塑造。

1.1　引言

我们与皮特·阿尔文一家人进行了面谈。皮特是一名45岁的生物老师，3
业余爱好是滑翔伞运动。他有自己的脸书（Facebook）主页，尽管最近他一直疏于维护他网络上的“好友”。通过领英（LinkedIn）网站，皮特保持着他的专业形象，并偶尔与全国教师联盟的其他成员联系。作为社交媒体的早期使用者，他在2004年成为维基百科（Wikipedia）的热心贡献者，并且在其中添加了他所擅长的有关蜥蜴的罕见条目。皮特还曾经是YouTube上的一个滑翔伞运动兴趣群组的成员，该组织早在2006年就通过播放壮观的滑翔运动短片来积极宣传这项运动；后来该小组解散了，他只是偶尔查看一下该网站中有趣的滑翔视频。皮特的妻子桑德拉曾经是一名记者，现在成为专门从事食品行业相关工作的自由职业公关人员，并以此为生。她在推特（Twitter）上拥有超过8 000名的追随者，并保留了精心设计的博客作为她个人的公关网站。作为一个活跃的“网民”家庭，阿尔文夫妇通过亚马逊（Amazon）订购书籍，并通过苹果音乐软件（iTunes）下载音乐；桑德拉使用网络电话Skype与她在香港的兄弟进行视频聊天；他们16岁的女儿扎拉是一位狂热的Facebook用户，现在有456个粉丝，她还使用缤趣（Pinterest）“钉上”（pinning）和分享照片；他们的12岁儿子尼克是一位忠实的游戏玩家，他最近爱玩的是由社交游戏服务提供商Zynga开发的社交网络游戏“城市小镇”（CityVille）。

阿尔文一家是2012年美国普通小镇中产阶级家庭的一个代表。在过去的
十年中，他们的工作和个人生活逐渐为社交媒体平台所淹没。Facebook、You- 4
Tube、Wikipedia 等平台让他们这样的人能够通过分享富有表现

社交媒体大致被定义为"一系列建立在 Web 2.0 的技术和意识形态基础上的网络应用，它允许用户生成内容（UGC）的创造和交换"。

力和交流性的内容建立联系，开启职业生涯、享受在线社交生活。实际上，平台的广泛存在促使人们将他们的许多社交、文化和专业活动转移到这些在线环境中。像扎拉·阿尔文这样的青少年已经无法想象没有 Facebook 的生活，而桑德拉主要依靠 Twitter 来维护客户关系。然而，皮特在线上已经变得不那么活跃了，而且对他几年前经常光顾的网站更加挑剔。

现在，每天都有数百万人通过社交媒体进行互动。2011 年 12 月，全球有 12 亿互联网用户（全球有 82% 的用户超过 15 岁）登录社交媒体网站，而 2007 年这一人数只占全球人口的 6%。[1] 在不到十年的时间内，网络社交和具备创造性的新基础设施出现了，渗透到今天的每一种文化中。社交媒体大致被定义为"一系列建立在 Web 2.0 的技术和意识形态基础上的网络应用，它允许用户生成内容（UGC）的创造和交换"（Kaplan & Haenlein, 2010：60），它形成了人们组织生活的新的在线层。今天，这一层平台在个人和社区以及更大社会层面上影响人际互动，而线上和线下的世界越来越相互渗透。最初，对连通（connectedness）的需求促使许多用户访问这些网站。当 Web 2.0 首次引导所谓的社交媒体的发展时，在新千年的最初几年，参与式文化就暗示了互联网培养人脉、建立社区和推进民主的潜力，从而成为一个流行语。当网络开始变得"更社交化"时，许多平台都欣然接受了这种精神的回归。

随着社交媒体平台的迅速增长，现有和新的信息公司纷纷合并网站。公司对用户群体的兴趣往往低于对他们数据的兴趣，这是建立并保持在线联系的副产品。当工程师们找到方法将信息编码成算法，帮助品牌形成一种特定的在线社交形式，使其在线上市场中盈利并服务于全球社交网络和用户生成内容的市场时，连接（connectivity）迅速演变为宝贵资源。Facebook、Twitter、YouTube 和 LinkedIn 等大型且有影响力的平台在用户和盈利潜力方面都出现了爆炸式增长，同时还有无数较小的营利和非营利性网站也是如此。由于平台相互连接，出现了一种新的基础设施：一个连接媒体的生态系统，
5 只有少数大型玩家，多数则是小型参与者。从网络传播到"平台化"社会，

从参与式文化到连通式文化的转变则发生在相对较短的十年时间内。

本章的论述重点不是关于社交媒体如何影响一个家庭的描述，而是书写社交媒体批评史的必要性。我们需要通过这样的书写来理解目前由平台和越来越多的用户群组成的生态系统的紧张局势。通过从技术、社会、经济和文化视角探索社交媒体，我们可以阐明，如果起到的不是驱动作用，全球媒体格局中的最新变化对我们的社会经验又有哪些深刻影响。

1.2　从网络传播到平台社交

1991 年，蒂姆·伯纳斯-李（Tim Berners-Lee）设法将超文本技术连接到互联网，形成了一种新型网络通信的基础，这就是万维网。网络博客、列表服务器和电子邮件服务有助于形成在线社区或支持离线群组。在千禧年到来之前，网络媒体提供的大多是通用服务，可以加入或被积极利用来建立群组，但服务本身不会自动将人们连接起来。随着 Web 2.0 的出现，在世纪之交之后不久，在线服务从提供网络通信渠道转变为交互式双向的网络社交工具（Castells，2007；Manovich，2009）。这些新服务为在线连接开辟了无数的可能性，最初被视为一种新的全球基础设施，如水管或电缆，类似于网络本身。

一个不争的事实是，媒体历来与使用它们的公众以及更大范围内的文字经济（economy of inscription）协同进化。在丽莎·吉特尔曼（Lisa Gitelman）看来，世界上复杂的媒体集群应该被认为是“社会实现的交流结构，其结构包括技术形式及相关协议，交流是一种文化实践，是不同人在同一认知地图（mental map）上的仪式化搭配，是共享或参与通用的表征体系”（2008：7）。在过去的两个世纪中，媒体技术作为日常社会实践的一部分逐步成熟。电话和电报这样的通用技术与交际惯例或文化

在世纪之交之后不久，在线服务从提供网络通信渠道转变为交互式双向的网络社交工具。这些新服务为在线连接开辟了无数的可能性，最初被视为一种新的全球基础设施，如水管或电缆，类似于网络本身。

媒体历来与使用它们的公众以及更大范围内的文字经济协同进化。

实践结合发展，例如通过电话聊天或通过电报发送短消息。由于媒介与日
6 常用户的策略共同发展，它有助于塑造人们的日常生活，同时这种介导的社交性成为社会制度结构的一部分。媒体历史和考古学为这一复杂的共同进化提供了充分的证据，将技术与用户和组织与基础设施关联起来（Winston，1998；Kittler，1999；Zielinski，1999；Marvin，1988）。

随着 Web 2.0 逐渐成为功能性基础设施，用户将更多的日常活动转移到在线环境中；这些活动不是简单地由平台引导，而是按照特定目标进行编程。这一举措将重点从提供公共服务转移到提供定制服务，类似于从通过管道输送水到分配瓶装依云水或水过滤系统的转变。而在这之前，网站通常作为社交活动的渠道运营，新的平台逐渐将这些渠道转变为应用服务，使互联网更易于使用，但更难以修补。现在通常被称为社交媒体的这一类平台，是从通用设备向线性应用服务更大转型的缩影，即乔纳森·齐特雷恩（Jonathan Zittrain，2008：104－107）有说服力地称之为“应用化”的发展。当公司开始在通用的 Web 2.0 基础设施上构建平台时，它们通常会把自己作为工具来传输通信和信息数据。但即使许多大平台希望被人们这样认定，它们也绝不是利用通用资源（数据）的中立的工具，而正如卡普兰（Kaplan）和亨莱因（Haenlein）在上面引用的定义中所暗示的那样，是建立在 Web 2.0 的“意识形态和技术”基础之上的。

> 与朋友交谈、交流八卦、展示假日照片、涂鸦笔记、查看朋友的幸福状况、观看邻居的家庭录像，都是随意的、短暂的（言语）行为，通常只与选定的个人共享。
>
> 一个重大变化是，通过社交媒体，这些随意的言语行为已经变成了形式化的文字，这些文字一旦嵌入更大的公众经济领域，就会产生不同的价值。以前随意表达的话语现在被释放到公共领域，在那里它们可以产生深远而持久的影响。社交媒体平台毫无疑问地改变了私人交流和公共交流的性质。

事实上，大多数 Web 2.0 平台作为朋友间交流的渠道或提供创造性内容的服务，最初都是不确定的。这些服务往往源于社区范围内的主动行动，一群大学生、摄影爱好者、视频爱好者，他们采用了特定的在线互动方式，并开发了一种中介式的日常实践。然而，将平台仅仅视为对网络活动的促进是一种常见的谬误；相反，平台和社会实践的构建是相互的。当人们忙于生活时，社交和创造力就会产生。米歇尔·德·塞托（Michel de Certeau）在《日

常生活实践》（*The Practice of Everyday Life*，1984）中提出，人们使用“招数”来达成组织或机构为其安排的战略。这正是社交媒体平台和构建于其上的应用程序的发展情况：用户是否以及如何“协商”将之纳入他们的日常习惯。

人们新近在社交媒体平台中体现的许多习惯，都是以往社交生活非正式和短暂的表现形式。与朋友交谈、交流八卦、展示假日照片、涂鸦笔记、 7
查看朋友的幸福状况、观看邻居的家庭录像，都是随意的、短暂的（言语）行为，通常只与特定的个人共享。一个重大变化是，通过社交媒体，这些随意的言语行为已经变成了形式化的文字，这些文字一旦嵌入更大的公共经济领域，就会产生不同的价值。以前随意表达的话语现在被释放到公共领域，在那里它们可以产生深远而持久的影响。社交媒体平台毫无疑问地改变了私人交流和公共交流的性质。

从20世纪90年代后期开始，Blogger（1999）、Wikipedia（2001）、Myspace（2003）、Facebook（2004）、Flickr（2004）、YouTube（2005）、Twitter（2006）以及之后诞生的网络平台提供了催生各种在线沟通手段的网络工具。大多数运营这些平台的组织旨在通过其编码技术渗透特定的在线活动，理想情况下，其品牌名称将成为特定中介活动的标志。诸如Twitter、YouTube、MSN和Skype等品牌已成为微博客、视频分享、聊天和视频会议的同义词。这些平台要么共同开发，要么帮助重新设计新的交流互动。一个公司在渗透社交活动方面取得成功的顶点，是使一个品牌名变成动词。网络世界中这种现象的最早例子是“谷歌搜索”演变成为在线搜索的代名词。按照吉特尔曼的定义，该现象可以被称为“仪式化搭配”，这种搭配是在“更大的文字经济”中发展起来的，例如利用在线搜索可以查找单词的含义，查找最新上映的电影，或是特定的学术来源。这已成为日常生活的一部分。同时，这个程序嵌套于一个更大范围内的在线文字经济的核心，搜索引擎形成了内容分发的阀门。很少有平台可以将其品牌名变成动词；在这个时间点，“拨打网络电话”

一个公司在渗透社交活动方面取得成功的顶点，是使一个品牌名变成动词。网络世界中这种现象的最早例子是“谷歌搜索”演变成为在线搜索的代名词。

（skyping）和“发推”（tweeting）可能最为接近这一目标。

显然，社交媒体平台并不是一成不变的，反而会不断根据用户需求和所有者目标而调整，也会对竞争平台及其在更大领域内开发的技术和经济基础设施作出回应（Feenberg，2009）。在 2000 年，维持在线社交和创造力的网络仍然是一个广阔的未开发领域，不同媒介活动之间的界限还有待区分。这是一个新的边界，一个富矿，在这里，来自“旧”领域的规则和法律不再适用，新的领域也尚未形成。

8 这片新土地上最早的耕作者是搜索引擎、浏览器和网站目录；在世纪之交涌现的众多搜索引擎中，谷歌搜索（包括其许多专业服务）已经取得了胜利，留下了一些小型搜索引擎紧随其后。[2] 与网络浏览器一样，搜索引擎往往不会被呈现为在万维网上搜索、导航和连接信息的应用程序，而是明显地等同于网络本身。[3] 在过去的十年中，社交媒体平台的数量空前激增，因为它们中的每一个都试图占据这个新领域中最大的一块领地。有些已经成功了（Facebook、YouTube），其他的则起伏不定（Flickr、Myspace），但还有一些已经悄然消失了（还记得网志服务商 Xanga 吗?）。在这一层之上，已经建立的数百万个及每天都在涌现的新应用程序接口（API）和服务的生存，取决于 Facebook、Google、Twitter 等服务的成功。相互关联的平台和应用程序的整个生态系统一直在不断变化，并将在未来一段时间内保持不稳定状态。

尽管清点所有平台及理清其各自演变历史几乎是不可能的，但区分各种类型的社交媒体仍具有分析意义。一种主要类型涉及所谓的社交网站（SNS）。这些网站主要促进人际接触，无论是个人还是团体之间；它们建立个人、专业或地理上的联系，并鼓励弱关系。例如 Facebook、Twitter、LinkedIn、Google + 和 Foursquare。第二类涉及用户生成内容的网站：它们支持创意，注重文化活动，并促进业余或专业内容的交流。著名的用户生成内容网站是 YouTube、Flickr、Myspace、GarageBand 和 Wikipedia。除此之外，我们还可以添加贸易和营销网站（TMS）的类别：这些网站主要旨在交换产品或销售产品。Amazon、易趣（eBay）、Groupon 和分类交易平台

Craigslist 就是值得关注的例子。另一个独特的类别包括游戏网站（PGS），这是一种流行的游戏类型，如开心农场（FarmVille）、城市小镇、模拟人生社交版（The Sims Social）、字谜争霸（Word Feud）和愤怒的小鸟（Angry Birds）等。上述社交媒体的分类远非彻底，想用一本书讨论所有社交媒体也是不可能的。出于这个原因，我将主要关注社交网站和用户生成内容网站，它们是线上社交和创造力发展的主要动因。

这里需要补充的是，各种平台类别之间没有明显的界限，因为划分和占用一个或多个特定的细分市场，是控制在线社交领域的长期斗争的一部分。Facebook 的主要目标是推广社交网络，它也鼓励其用户添加诸如照片或短片等创意产品。YouTube 是一个致力于生成用户创意内容的网站，由于分 9
享的是特定的发布内容（例如动漫视频），因此也可以将其视为社交网站。尽管 Google 试图将 YouTube 变成社交网站，但它仍然主要是用户生成内容网站，这促使该搜索公司在 2011 年 5 月启动自己的社交网络服务 Google +。与此同时，Facebook 和 Google 试图通过合作和收购扩大其现有的商业和游戏服务平台，使自己也成为贸易和营销网站以及游戏网站市场的主要参与者。

对各种类型的社交媒体平台进行严格的划分是不可能的，但是确定它们的目标是理解平台如何构建社交性和创造性的不同利基市场（niche market）的关键，或者说是商业或娱乐的关键。我们在过去十年看到的情况是，许多平台从一个特定的领域（例如在线搜索或社交网络）开始，逐渐侵占对方的领土，同时试图将用户控制在自己的控制区内。因此，跟踪一些快速增长的平台如何开始主导在线社交，并占据尽可能多的利基市场对研究是有帮助的。Google 和 Facebook 各自占据了这一市场的很大一部分，以至于新的开发人员越来越依赖这些平台来构建新的应用程序。我们如果把平台和应用程序看作一个更大的在线结构的一部分，那么只能深入了解它们之间的相互关系，其中每一次调整都会影响系

> 我们如果把平台和应用程序看作一个更大的在线结构的一部分，那么只能深入了解它们之间的相互关系，其中每一次调整都会影响系统的另一部分。或者，更笼统地说，网络生态系统嵌入了更大的社会文化和政治经济环境，在这种环境中它不可避免地为历史环境所塑造。

统的另一部分。或者，更笼统地说，网络生态系统嵌入了更大的社会文化和政治经济环境，在这种环境中它不可避免地为历史环境所塑造。

1.3 发展社交网络：编码人际关系

为了更好地理解这个生态系统的出现，我们需要回顾一下历史。在20世纪70年代早期，计算机和信息因其主要由“奥威尔式”的官僚政府或大型企业操纵，被赋予了控制工具的坏名声。诞生于20世纪60年代并在20世纪70年代初期成熟的反文化（counter culture），将社区和集体的价值观与个人自由和赋权的必要性相结合，这些价值观与持续存在的压迫和个性之间的冲突，一直在信息技术周围萦绕。直到20世纪70年代后期，计算机才开始被视为解放而非压迫的潜在工具。为了清楚地说明反文化与“极客”
10 网络文化逐渐趋于一致，弗雷德·特纳（Fred Turner）把计算机网络与“点对点的灵活组织机构”和“真实自我的表达”的愿景逐渐联系起来（2006：3）。1984年，苹果公司在一则知名广告中展示了作为用户授权工具的麦金塔电脑（Macintosh），将本公司描绘为强大计算机行业的反叛者，并暗示将麦金塔电脑用户定位为反文化的代言人。如传记作者沃尔特·艾萨克森（Walter Isaacson）所指出的，这个推广形象的最终讽刺之处在于，麦金塔电脑是一个封闭和受控的系统，“就像由‘老大哥’而不是黑客设计的东西”（2011：162）。但是这种反叛的极客形象后来被网络文化倡导者认定为社群精神的先驱，即追求的是公众利益而非资本或政府利益。

1991年万维网的发明为极客文化与反文化之间的联系提供了新的动力。随着全球标准化基础设施开始建立，热情的用户社区开始为网络开发应用程序。然而用户在公司控制之外帮助建造一个新的公共空间的时间只持续了几年。像谷歌、美国在线和亚马逊这样的商业公司在千禧年之际整合了Web 1.0，并几乎在一夜之间以互联网商业主义（dot. commercialism）代替了互联网共产主义（dot. communism）。但随着Web 2.0的到来，与平均主义和社区茧房（community cocooning）有关的精神在21 世纪初重新燃起。社交媒体的参与潜力有时被错误地归因于网页端的技术设计，但其实社交媒体平台的增长曾（且仍然）与 Web 2.0 的崛起密不可分。其内在的双向沟通能力被认为使网络媒体比旧的（单向）媒体更加民主。[4] 像“交互性”和“参与性”这样的词汇描述了 Web 2.0 即时反馈信息的潜力，而以前的媒体则是在单向发布的渠道中掌权。

当 Blogger、Wikipedia、Facebook 和 YouTube 等新的互动平台出现时，它们承诺让文化更具有“参与性”“以用户为中心”和“合作”功能。

对于许多早期使用者来说，相信 Web 2.0 是一个公共和合作的空间，激发了他们创建平台的努力，而这种早期理想主义精神的回响至今未绝。

当 Blogger、Wikipedia、Facebook 和 YouTube 等新的互动平台出现时，它们承诺让文化更具有“参与性”“以用户为中心”和“合作”功能。2000 年至 2006 年间，不少媒介理论家声称 Web 2.0 应用程序以指数方式增强了人类对连接和创建的自然需求，并宣布了用户的早期胜利。亨利·詹金斯（Henry Jenkins）在 2006 年对于我们进入一个“新旧媒体相互碰撞，草根媒体和机构媒体相互交织，媒体生产者的力量和媒体消费者的力量以不可预知的方式相互作用”的融合文化世界表示欢迎。媒介理论家阿克塞 11
尔·布伦斯（Axel Bruns，2008）称赞了一类新的“产品使用者”——既是用户也是分销商的创作者。维基百科被反复当作用户分享协作的典范，用户共同开发了一种独特的产品，一个不断扩大的在线百科全书，通过公共空间来实现共同利益。2006 年《时代周刊》选择“你”作为年度人物，这一年成为人们欢欣鼓舞地鼓吹互联网用户可以改变世界的顶峰：“这是一个关于社区和合作的故事……关于多数人从少数人中夺取权力、白手起家、互相帮助，以及他们如何在改变世界的同时改变世界的变化方式的故事。”[5] 对于许多早期使用者来说，相信 Web 2.0 是一个公共和合作的空间，激发了他们创建平台的努力，而这种早期理想主义精神的回响至今未绝。

在某种程度上，用户胜过传统大众媒体这一说法被证明是合理的，因为 Web 2.0 为授权和在线自我沟通提供了前所未有的工具，但过高的期望却助长了网络理想主义者过早获胜的情绪。也许，四年后马克·扎克伯格

（Mark Zuckerberg）被评为《时代周刊》年度风云人物，是《时代周刊》早期对用户崇敬的一种符号化的再平衡。[6]当 Facebook 的首席执行官在 2010 年接手“你”的荣誉徽章时，他承诺要让这个世界更加开放和透明，这是对以前激励用户的乌托邦精神的回应。平台所有者们也热切地在他们的企业宣传口号中采用类似的言辞，如“不作恶”（Google），“让网络更具社交性”（Facebook）和“分享你的照片，观看世界”（Flickr-Yahoo）。网络公司孜孜不倦地强调公司的使命是为了共同的利益。扎克伯格一再表示，Facebook“希望人们找到他们想要的东西，并将他们与他们喜欢的网上观点联系起来”[7]。今天，社交媒体公司仍然希望将早期网络技术的“慈善”光环与他们的“另类”企业精神结合起来。

我不是简单地接受或拒绝这种精神，我感兴趣的是解构开发人员赋予平台目标和功能的意义，特别是他们将 Web2.0 的内涵吸收到企业使命中的修辞尝试。与媒体相关的“社交”一词意味着这些平台以用户为中心，它们促进了社区活动，就像“参与性”一词强调人类合作一样。实际上，社交媒体可以被视为人际网络的在线强化版，人际网络则把联系作为一种社交价值。我个人认为，价值观和品味具有传染性，并通过人际网络传播，
12 但同时这些网络也会影响个人的行为和思考（Christakis & Fowler，2009）。出于同样的原因，社交媒体也不可避免地成为设计和操纵连接的自动化系统。为了能够识别人们想要什么和喜欢什么，Facebook 和其他平台通过将人、事物以及想法之间的关系编码成算法来跟踪人们的欲望。因此，“社交”的含义似乎既包含（人际）联系，又包含（自动）联系。这是被许多首席执行官混淆的概念，而对二者间有意地模糊将在本书论证的进一步阐述中发挥重要作用。

与媒体相关的“社交”一词意味着这些平台以用户为中心，它们促进了社区活动，就像“参与性”一词强调人类合作一样。实际上，社交媒体可以被视为人际网络的在线强化版，人际网络则把联系作为一种社交价值。

公司通常都倾向于强调第一层含义（人际连通），淡化第二层含义（自动连接）。扎克伯格模棱两可地声称，技术会促成或促进社交行为。然而在现实中“让网络社交化”其实是指“让社交技术化”。

由技术编码的社交使人们的活动变得正式、可管理、可操作化，并且使人们可以利用平台在日常活动中制造（engineer）出社交。[8] 基于对人们的欲望和喜好详细而深入的了解，平台会开发工具来创建和引导特定需求。一个按钮就能显示你的朋友观看、收听、阅读和购买的内容，同时也塑造了其同龄人的品味。一般而言，用户在解释平台在生活中的价值时也倾向于强调人的关联性。脸书帮助其成员建立和维护联系，但对于许多普通用户来说，很难认识到它是如何主动积极地引导和组织连接的。此外，脸书和其他平台如何利用其数据来影响流量并将设计好的信息流货币化是远远不透明的。然而，连通性经常被作为产生连接的借口——即使现在生成数据早已不是在线社交的副产品，反而是其主要目的。

连通性经常被作为产生连接的借口——即使现在生成数据早已不是在线社交的副产品，反而是其主要目的。

除了“社交”这个术语之外，“参与”和“协作”等概念在社交媒体的背景下被赋予了一种特殊的新意义。内容用户被认为是“共同开发”创意产品并因此丰富了社区的“合作者”。社区和群体思维的概念在平台上的修辞中挥之不去，其回声在 2004 年至 2007 年期间尤其响亮。事实上，许多平台，如 YouTube 和 Flickr，最初都是由社区行动产生的；它们分别由一群视频爱好者和照片爱好者传送的内容组成，这些人渴望在线分享他们的创意产品。在它们分别被谷歌和雅虎收购，其运营策略转向商业领域之后，这些网站所属企业的拥有者还是一直在培养集体和以用户为中心的运营形象。摄影和视频内容成为自动收集关于有意义的社会关系数据的工具，包括：谁与谁分享哪些图像？什么图片或视频在哪些群体中受欢迎？谁是这 13
些社区的主要品味制造商？

当社会活动被转化为算法概念时，人际联系和自动联系就会发生类似的融合。在线下世界中，有着“良好联系”的人通常被认为是那些以质量和状态而不是数量来衡量关系的人。而在社交媒体的内容中，“朋友”（friends）一词和它的动词态“交友”（friending）都可以被标示为一种强与弱、亲密还是陌生的关系，它们的意义通常可以用一个任意的数字来表达。

“粉丝”（followers）一词也经历了类似的转变：这个词本身的意味涵盖了从中立的群体到奉献者和信徒的一切，在社交媒体的背景下则意味着有那么多人追随你发布的信息流。从在线社交的技术文字中我们得出，连通性是一种可量化的价值，也被称为受欢迎原则：你拥有和建立的联系越多，你就会变得越有价值，因为更多的人认为你很受欢迎，因此想与你建立联系。

人们喜欢的东西也同样适用于那些可以“被喜欢”（liked）的想法或事物：某一想法或事物讨人喜欢不是一个人有意识地将这种喜欢归因于它所具有的美德，而是一种算法计算的结果，它是在点击“赞”（like）按钮的瞬间产生的。[9]然而，这些按钮并不涉及质量评估，在线量化不加区别地积累了欢呼和掌声，暗示的则是贬低和反对。对点赞按钮的选择暴露了一种意识形态偏好：它有利于即时、直觉、感性、积极的评价。因此，“受欢迎”作为一个编码概念不仅可以量化而且可以操纵：提高受欢迎度排名是这些按钮中内置的重要机制。拥有许多好友或粉丝被吹捧为有影响力的表现，他们的社交权威或声誉会随着点击量的增加而增加。许多人持有“点赞”的想法有可能形成一种趋势。交友、关注和趋势是不相同的功能，但它们源于支持社交媒体在线经济的相同流行原则。

用于描述社交媒体功能的关键术语，例如“社交”“协作”和“好友”，与早期乌托邦式的互联网社群主义术语产生共鸣，体现其是一个内在的强化社交活动的空间。实际上，这些词语的含义越来越多地受到引导人类社会性的自动化技术的影响。从这个角度而言，“连接媒体”一词要比
14 “社交媒体”贴切。[10]所谓的“社交”实际上是由计算输出形成的人类输入的结果，反之亦然。这是一种社会技术的集合，其组成部分很难被区分开来。支持这些媒体“社会”形象的规范和价值观仍隐藏在平台的技术结构中。并非巧合的是，同样的假设也支持使网络更具社交性这一目标。或者，换句话说，使社交性更具技术性的目标同样也支持使在线社交可兜售的意识形态。

1.4　发展社交热：作为资源的连接性

马克·扎克伯格“让网络更具社交性”的承诺与他自称“让世界变得更加透明”的愿望密不可分。对于社交网络呈现透明世界的叙事来说，隐含的假设是必不可少的，如果用户在分享个人数据时提供了他们的真实身份，那么平台本身也将具有开放和共享的道德规范。[11]透明和开放的言论准则被认为植根于社区网络社交的启发。这种言论在新千年的前六年蓬勃发展。但是，这些在线群体多数更愿意在非商业性的公共场所开展活动。在这些场所，他们可以在没有政府或市场限制的情况下进行交流。在企业接管在线平台后，急切地想要利用这些花言巧语，为自己的企业形象增色，而这些价值观通常被认为是公共部门所倡导的。实际上，企业喜欢将自己作为公私合作的先驱。

马克·扎克伯格“让网络更具社交性”的承诺与他自称“让世界变得更加透明”的愿望密不可分。对于社交网络呈现透明世界的叙事来说，隐含的假设是必不可少的，如果用户在分享个人数据时提供了他们的真实身份，那么平台本身也将具有开放和共享的道德规范。

法律和经济学者进一步建立了这些混合思想的基础。正如尤查·本科勒（Yochai Benkler）在 2006 年断言的那样，网络信息环境将促进非市场信息部门和创意产品的蓬勃发展。Web 2.0 战略对市场和国家经济都提出了挑战，因为它们开发了非市场化协作的对等生产（peer production）系统，该系统通过志同道合的个人所组成的网络提供交流和创造性需求。这种“网络化的公共领域”与现有的公共领域根本不同，并将“与商业大众媒体市场并存”（Benkler，2006：10）。根据媒体理论家当时的评估，我们可以看出 Web 2.0 在促进社区而不是商业的潜力上取得的胜利，或者至少可以让二者和平共处。在许多努力合作的例子中，Wikipedia 作为一个与商业百科全书产品一起出现而非与之竞争的非营利、非市场对等生产模式，成了网 15
络公共领域典型的“代言人”。

2000 年至 2005 年间，大多数平台因用户运行和操作新虚拟空间的热情而蓬勃发展，这些虚拟空间通常被视为在线公民身份的实验和民主管理规则的重塑。本科勒预言，市场和非市场对等生产的和谐共存为社交媒体平台提供了替代空间的形象，不受企业和政府的限制，在这里个人可以追求交流和创造需求，并可以调节他们自己的社交流量。在 YouTube、Wikipedia 和 Flickr 诞生的早期阶段，用户社区投入了大量时间和精力，通过过滤色情和种族主义内容来保持“他们的”频道免受污染。只要平台的用户群相对较小且统一，自我监管和社区支持监控的承诺就能很好地发挥作用。

2005 年以后，随着用户基数的激增，投资方对用户数量的需求变得过于庞大，大多数平台原来的关注点都被稀释了。与此同时，许多平台被大媒体公司收购或合并；“非市场对等生产”的精神很快就消失了。在随后的 2005 年至 2008 年间，企业所有者对向用户社区披露自己的利润动机仍持谨慎态度，在许多情况下，他们一直将平台塑造成将用户置于利润之上的对等生产结构。由于用户群仍然沉浸在参与的精神中，平台管理不得不在增长过程中走钢丝，吸引更多的客户到网站，并取悦其最初的、通常是自信的用户，这些用户敏锐地意识到他们给网站的市场地位增加了价值（Clemons，2009；Potts，2009）。商业模式的发展，使如何在用户参与和盈利战略之间寻求平衡成为数字媒体行业真正的挑战（Vukanovic，2009）。要求获得投资回报的企业管理层面临着用户抗议或抵制的风险。平台必须在硅谷的风险投资文化和最初的参与性精神之间游走，前者让平台面临快速产生营收和尽快首次公开募股的压力，后者则促使平台优先发展自身。对许多管理者来说，最安全的策略似乎是先实现快速发展，同时对货币化方案进行谨慎实验。

深入观察学者们关于非市场合作这一个新的公共领域的乐观言论，可以发现经理人和营销者们通过将维基风格的对等生产融入他们的营利性商业模式，美化了公私混合创业的潜力，更确切地说，他们借用了 Wikipedia 创新模
16 式中的一个特定元素也就是用户参与，并将其压缩到营利性企业和公司管理结构中。由经济学家唐·泰普斯科特（Don Tapscott）和安东尼·威廉姆斯（Anthony Williams）（2006）提出的互联网商业概念“维基经济学”（Wikinomics），促进了互联网信息环境下市场和非营利部门的内在融合。[12]

他们称赞 Google 和 Yahoo! 创建了“客户会因丰富和吸引人的体验再次访问的新的公共广场和活跃的‘会议室’”。与信用卡公司的口号遥相呼应的是，两位作者显著补充道：“毕竟，人际关系是你无法商品化的东西。”（Tapscott & Williams，2006：44）

通过编码技术将连通性转换为连接性所实现的商品化关系，正是企业平台，尤其是 Google 和 Facebook 这些“下金蛋的鹅”下的“金蛋”。除了生成内容之外，对等生产还会产生一种用户无意中提供的有价值的副产品：行为和分析数据。在连通性的幌子下产生了一种宝贵的资源：连接。

或许具有讽刺意味的是，通过编码技术将连通性转换为连接性所实现的商品化关系，正是企业平台，尤其是 Google 和 Facebook 这些“下金蛋的鹅”下的“金蛋”。除了生成内容之外，对等生产还会产生一种用户无意中提供的有价值的副产品：行为和分析数据。在连通性的幌子下产生了一种宝贵的资源：连接。即使术语“连接性”一词起源于技术，指的是计算机的传输，但在社交媒体的背景下，它很快且越发具有用户积累社会资本尤其是经济资本的内涵。在 Wikipedia 诞生十年之后，它可能会成为一个令人不安的提醒，提醒人们网络本应该是什么样子，因为它目前是少数几个没有被大企业收购的重要网站之一。快速浏览一下当今 100 大社交媒体平台的“调色板”（palette），就会发现绝大多数（近 98%）是由认为“互联网首先是市场，其次才是公共论坛”的公司运营的，而 Wikipedia 是最值得注意的例外。[13] 而企业又庆幸能用新的有关公共领域的“花言巧语”挽回形象。非市场和非营利原则的支持融合为互联网注入了公共集体主义的精神，这种精神被那些希望用网络技术基础设施开放社会空间的人拥护。

意料之中的是，社交媒体的迅速崛起也引发了社交媒体专家和学术界坚定的批评者之间的对峙。一方面，我们发现早期的爱好者循着本科勒和詹金斯的足迹，对 Web 2.0 的潜力保持乐观，它使用户能够用新的数字工具进行连接，同时在这个过程中开发出一个新的公共领域，或一个融合的公共企业领域。社科学者和记者们认为，社交媒体开辟了一个新的私人领域，或者至少是一项将私人与公共相结合的令人兴奋的实验。例如，传播 17
学者齐齐·帕帕卡瑞斯（Zizi Papacharissi，2010）认为社交媒体平台引入了一个模糊私人空间和公共空间界限的空间概念，并声称这种不确定为身份的形成开辟了新的可能性。杰夫·贾维斯（Jeff Jarvis，2011）也为这种模棱两可的现象欢呼，他将其归功于脸书和其他网站的开放性和连通性的理想。[14]

与此同时，我们发现了两种类型的批评者。政治经济学者抨击社交媒体的整合，为其贴上失败的民主参与实验的标签，或将其所依赖的信念——可能与现有的私人、企业和公共领域一起开发新的或替代性公共领域（Milberry & Anderson，2009；de Peuter & Dyer-Witheford，2005；Skageby，2009）——视为异想天开。一些批评家认为，平台的整合阻碍了Web 2.0作为可自我调节的参与式文化和民主的工具发挥其全部潜力。相反，商业平台引入了新的监控模式，以隐私换取社会资本的积累（Cohen，2008；Haythornthwaite & Kendall，2010）。其他对平台持批评态度的人反对用户既被当作工作人员生成内容并向社交网站平台提供数据，又作为消费者被迫通过放弃隐私来交换自己的处理数据（Terranova，2004；Petersen，2008）。更进一步，有些人认为销售隐私可能被错误地视为用户渴望联系和促进自我完善的自然结果，而不是深深植根于政治经济学视角的受众商品化的必然结果（Fuchs，2011a）。

除了政治经济学方面的专家之外，一些法律专家和消费者群体还谴责脸书和其他平台在开发新数字领域时违反了隐私法。法院和律师在处理针对新媒体公司的案件时，通常会意识到私人和公众在证词中存在着尖锐的分歧。法律学者呼吁重新调整传统的司法概念，以应对故意利用虚拟空间漏洞的社交媒体平台（Solove，2008；Nissenbaum，2010；Grimmelmann，2009）。隐私专家始终捍卫私人、企业和公共空间之间的界限，以保护公民的权利，使其免受平台所有者针对用户要求更多“透明度”的影响。尽管我并非从法律的视角出发，但我与法律专家对社交媒体的隐私问题有着同样的担忧。

如同任何涉及多方的争论一样，这个问题陷入了无数严重对立的辩论
18 中。在过去十年中，连接媒体经常引发用户和其所有者之间的对抗。《时代周刊》关于“多数人从少数人手中夺取权力”的胜利格言没有实现；甚至

有人认为是新媒体的“少数人（平台所有者）从多数人手中夺取控制权”。尽管我同意政治经济学者的批评，即认为隐私的丧失是社交媒体商品化的直接结果，但我经常发现，将这种情况视为用户与所有者之间的对峙是无效的，由此产生的结果主要是受害者与肇事者，以及无权者和有权者的对立。显然，社交媒体服务既可以增强权力，也可以令人不安地剥削他人；用户正是通过商业平台来享用社交的，这些平台也利用在线社交活动获取金钱收益。

回到本章开头介绍的阿尔文一家，我们可以看到皮特和桑德拉反映了对用户自主性（user agency）的两种截然不同的观点。以桑德拉为代表的许多用户认为社交媒体平台不仅为他们提供了一种娱乐方式，而且提供了一种有利可图的商业手段：她为博客用户写博客文章，而没有推特和脸书，她也不会在网络上拥有众多的粉丝和朋友，通过他们，她还可以获得报酬。像许多（大多是年轻的）企业家一样，她正在利用那些可将网络连接变现的平台，同时将它们有些晦涩难懂的商业策略视为理所当然。皮特·阿尔文代表了那些对主流平台感到失望的用户，他们认为自己最初所珍视和呵护的社区精神受到了侵害。他对泄露了如此多个人信息的同时却没有获得多少具有透明度的回报感到不舒服。桑德拉和皮特代表的观点是由不同的意识形态或世界观驱动的；但是，它们是相辅相成的，并不相互排斥。用户可以享受连接媒体，并且仍然对其功能持批评态度，例如对隐私问题或数据控制方面采取强硬立场。用户既是公民也是消费者，既是专业人士也是自信的选民。平台所有者和应用程序开发者正在制造代理人和社会力量；他们可以行使经济和政治权力来改变或维持现有的等级制度，并通过技术手段

尽管我同意政治经济学者的批评，即认为隐私的丧失是社交媒体商品化的直接结果，但我经常发现，将这种情况视为用户与所有者之间的对峙是无效的，由此产生的结果主要是受害者与肇事者，以及无权者和有权者的对立。显然，社交媒体服务既可以增强权力，也可以令人不安地剥削他人；用户正是通过商业平台来享用社交的，这些平台也利用在线社交活动获取金钱收益。

用户可以享受连接媒体，并且仍然对其功能持批评态度。用户既是公民也是消费者，既是专业人士也是自信的选民。平台所有者和应用程序开发者正在制造代理人和社会力量；他们可以行使经济和政治权力来改变或维持现有的等级制度，并通过技术手段来实现这一目标。总而言之，行动者的异质性使得对社会性的处理比简单地确认对立更为复杂。

来实现这一目标。总而言之，行动者的异质性使得对社会性的处理比简单地确认对立更为复杂。

1.5 连接文化中的媒介生态系统

关于社交媒体的学术讨论通常可以作为公众辩论的反映，往往聚焦于
19 违反隐私法，评估可行的商业模式，以及分析用户的兴趣或对他们的剥削。虽然这些辩论都是有效且高度相关的，但本书的目的不是关注隐私或商品化本身，而是关注支撑这些现象背后复杂的历史和文化关系。在探索社交媒体平台短暂但丰富的历史，以及随着它们的演变而出现的网络社交时，我想探索的是在这些法律和经济挑战背后不断变化的文化规范和价值观，以及技术、意识形态，以及社会经济结构。隐私和商业化问题是控制个人和集体信息的更大斗争的缩影。谁能拥有某人的档案和行为数据？谁被允许解释、汇总和出售从个人数据中获得的信息？各种平台如何影响日常的创造和沟通习惯，用户和所有者又有什么力量来塑造在线社交呢？[15]

社交媒体构成了公共传播的舞台，在那里规范得以形成，而规则受到质疑。正如米歇尔·福柯所提出的那样，规范构成了基础法律法规的社会和文化黏合剂。在一个社会中，规范比法律和秩序更有影响力。当代的权力行使方法“不靠权利而靠技术，不靠法律而靠规范化，不靠惩罚而靠控制”（Foucault，1980：89）。在不到十年的时间里，网络社交的规范发生了巨大的变化，且变化仍在持续。传统上存在于离线（物理）社交中的行为模式越来越多地与在线环境中创建的社会和社会技术规范相混合，呈现出新的维度。[16]例如，2004 年，在 Web 2.0 的早期阶段，“共享”私人信息和在某人的社交空间中接受个性化广告的规范与 2012 年大不相同。这些变化是逐步出现的，当用户习惯于新功能时，隐私和有关平台变现行为可接受程度的规范也相应地延伸。我感兴趣的正是这些变化：它们如何通过特定平台发生，以及如何影响在线社交。

通过各种级别的调整（包括技术特征和使用条款）实现的规范化是可

察觉的，但更主要是通过用户习惯的逐渐改变和接受程度的不断变化而潜移默化地发生的。此外，规范是分散的，因为它们对个人用户，特别是不同年龄的用户有着显著不同的影响。皮特和桑德拉表现出不同程度的“规范化”；他们的孩子对网络社交的体验则与父母大不相同。对尼克和扎拉而 20
言，社交媒体的使用在他们的日常生活中已经完全“规范化”；他们没有经历过这些平台早期的进化阶段，他们接受其社会互动的条件，并且不太可能挑战它们的基础。一旦新技术及其使用被看作“自然化”的存在，人们就很难从基本原则质疑其存在的理由。

因此，社交的新规范和连接价值的确立并不是结果，而是征服连接媒体这一广阔新领域并培养其肥沃土壤的关键所在。我的目的不是找出脸书如何违反隐私法，或谷歌的违法行为与其商业化计划的关联，而是追踪有争议的定义，包括私人或公共、正式或非正式、协作或剥削、主流或替代，这些论点是作为用户手段和平台策略之间持续冲突的一部分（van Dijck, 2011）。描述和分析这些矛盾冲突对整个社会和文化都有影响。规范是一种融入历史环境和政治条件的更大文化概念的组成部分。法律学者朱莉·科恩（Julie Cohen）认为，文化“不是一个固定文本和实践的集合，而是一个突发的、在历史和物质上具有偶然性的过程，通过这个过程形成和调节对自我和社会的理解”。为了强调在这一动态中发挥作用的意识形态力量的相关性，以及其基本开放性的理论依据，她补充道：

> 文化的过程是由强大的机构行动者的利己行为、个人和社区的日常实践，以及理解和描述其自身复杂历史所在的世界的方式塑造的。这种文化概念的核心缺乏固定性，但并不会削弱其解释力；相反，它是文化力量的起源（Cohen，2012：17）。

即使结果是暂时的，连接文化的“解释功能”还是能够帮助我们理解社交媒体的扩张历史，在这一过程中产生的争议，以及由此产生的规范性变化。

本书将重点介绍连接文化的几个方面。第一，它是一种被编码技术淹没的文化，其影响远远超出了平台本身的数字架构。社交转移到线上并不仅仅是种“技术化”；相反，编码结构正在深刻地改变联系、创造和互动的本质。将“分享”和“关注”作为社会价值观的按钮在文化实践和法律纠
21 纷中产生的影响，远远超出了平台本身。第二，它是一种将社会交换组织建立在新自由主义经济原则之上的文化。连接源于来自同伴和技术的持续的压力，即如何通过竞争扩张以及战略联盟获得权力。人气原则和排名机制等平台策略几乎不涉及可靠的技术结构；相反，它们牢牢扎根于一种重视等级制度、竞争和赢者通吃心态的意识形态中。第三，连接文化演变为更长期的历史转型的一部分，其特点是私人、企业和公共领域之间的界限被重新设定。近几十年来，公共部门在互联网中的逐步隐没以及企业的逐渐接管，形成了理解连接媒体快速增长势头的必要背景。从历史上看，新自由主义与社会民主主义意识形态的冲突往往围绕着个人和公司的自由相对于社区和国家责任的问题。平台所有者呼吁提高透明度和开放度，以实现最大限度的连接畅通和在线共享，这些观念在新自由主义的政治议程中根深蒂固，而这类议程通常主张缩减公共部门的规模。

关于重新定义网络社交并将新的规范和意义归于这个空间的斗争大致始于2001年，但重申朱莉·科恩的话，其仍然“缺乏固定性”。出于现实原因，本研究暂定于2012年5月结束。如果我们的目的是了解在此期间网络社交如何演变，那么仅研究个别平台是不够的；相反，我们需要理解它们如何在更大的互联背景下共同演变，并剖析支撑这一过程的文化逻辑。因此，我建议将不同的平台看作微系统。所有平台的组合构成了我所谓的连接媒体的生态系统，这种系统既滋养了社会与文化规范，反过来又为社会和文化规范所滋养。每个微系统对生态系统其他部分的变化都很敏感：如果脸书改变其界面设置，谷歌就会通过调整其平台来做出反应；如果维基百科的用户参与度减少，那么谷歌的算法补救措施可能会产生奇迹。为连接媒体增长的第一个形成阶段绘制错综复杂的地图很重要，因为从中可以知晓当前和未来的权力分配。

在过去的十年中，一些学者或学术小组开始研究单一平台，并对其不同的表现形式进行了回顾。毋庸置疑，谷歌、推特、脸书和其他网站一直

是众多值得赞美的“内部”故事的主角，大多试图将平台的商业力量解释为用户或小型企业的力量，满足人们对“复杂环境”中内部事物如何运作的好奇心。[17]“一些平台已经得到了学者们的广泛关注，他们分析了这些平台的技术和操作的复杂性。”[18]此外，还有一些一般性的批判性研究，其研究了网络的技术特性（Galloway，2004），或将媒体生态视为新兴的技术、社会政治或历史系统（Fuller，2005；Lovink，2012；Gitelman，2008）。还有一些优秀的研究阐述了社交媒体的政治和经济意义，并着重于其如何利用基层活动家、政府和企业层面上的权力（Morozov，2011；Castells，2009；Fuchs，2011b）。上述这些连同其他研究都为本书中提出的论点提供了有价值的信息。 22

“连接文化”中采用的特殊方法旨在提供一个关于连接媒体最初十年的批评史，将五个特定平台的分析与更大的生态系统及其所发展的文化联系起来。我不是要详述或贬低这些平台的成功，而是试图通过跟踪它们的演变来阐明其特性及差异。通过剖析这些平台，我将寻找它们在功能和操作方式上的不同和相似之处。个体平台是如何对日常生活中特定的领域和品牌进行编码的？它们开发了哪些特定的用户功能，以及用户如何响应平台不断变化的技术？个体平台的策略和机制是如何相互关联的？它们是基于什么意识形态或政治假设运作的？什么样的社会和文化规范支撑着连接媒体的生态系统，它们（包括当下）是如何改变的，以及用户和所有者在这种改变中扮演的角色是什么？这些问题不仅要求对单一平台进行比较分析，还要求采用连接的方法。如何设计方法在一定程度上构成了本研究的挑战。

自千禧年以来，连接媒体的生态系统不断发展，直到今天，支持社交媒体平台的技术基础设施仍然不稳定。追踪五大主要平台即Facebook、Twitter、Flickr、YouTube和Wikipedia的命运，我希望提供一个系统的框架来理解它们相互依赖的发展。2012年是由平台社交日趋成熟的十年到形成以自动连接为核心的“语义网”的下一个十年间的短暂过渡。

自千禧年以来，连接媒体的生态系统不断发展，已有数百个平台“玩家”参与其中，吸引了数百万用户，并影响了全球和地方范围内的法律和规范。直到今天，支持社交媒体平台的技术基础设施仍然不稳定，并且很少有平台在这个不稳定的生态系统中获得过稳固的定义或使用标准（Feenberg，

2009)。我并没有假设可以覆盖整个领域，但通过追踪五大主要平台即 Facebook、Twitter、Flickr、YouTube 和 Wikipedia 的命运，我希望提供一个系统
23 的框架来理解它们相互依赖的发展。[19]最后一章将特别讨论微系统与整个互联生态系统之间的联系：所有平台如何在日益分割的基础设施中互相连接？它们如何实现使网络更具社交性和让世界更透明的承诺？展望未来，工程化的社交平台渗透到我们日常生活的趋势只会随着移动应用和设备的飞速发展而变得更加显著。随着“大数据”处理等技术的发展，生态系统也越来越重要。2012 年是由平台社交日趋成熟的十年到形成以自动连接为核心的“语义网”的下一个十年间的短暂过渡。[20]

尽管谈到了阿尔文一家，但这本书并没有继续描述用户的微观行为或历史上某个时刻家庭的日常活动，而是关注过去十年里社交媒体在（西方）世界中如何渗透社交及其创造性的方式。青少年和年轻人再也无法想象不围绕社交网络开展的社交生活；新闻机构也已经接受 Twitter 是突发新闻的主要来源之一；一个谴责 YouTube 病毒营销的流行乐队也可能会谴责其粉丝群；Flickr 和 Facebook 已经成为数字快照的全球分销中心；很少有学生能够在不访问维基百科、谷歌学术或其他搜索引擎的情况下撰写期末论文。本书旨在提供一种分析模型，以阐明平台如何成为构建社交的核心力量，所有者和用户如何塑造在线社交，又如何被其塑造；换句话说，即帮助人们从历史高度形成关于社交媒体对像阿尔文这类家庭日常生活影响的理解。

当批判性地审视平台的历史和它们赖以发展的生态系统时，我们需要创建一个功能性解剖仪器，一个多层次分析棱镜，使我们看到的不仅仅是由用户塑造并由平台所有者运营的技术平台。由于既没有现成的分析模型，也没有明确的理论来系统地解决这一问题，我们将在下一章概述社交媒体的多层次分析方法。

第 2 章 拆散平台，重组社交

在勃兴的连接文化的背景下理解社交媒体平台和社交的协同演变，这是本书的研究重点。

行动者网络理论和政治经济学方法各自提供了对平台动态复杂性的部分分析。将上述研究方法结合起来，并将这种共生性与其他一些附加元素相互补充，可能有助于为本书提出的多层模型提供信息。该模型的第一部分集中于对作为技术文化建构和社会经济结构的个体平台（微系统）的剖析。将平台视为技术文化建构，我们需要密切分析技术、用户和内容；将平台视为社会经济结构，我们将仔细审查其所有权状况、管理和商业模式。

本书首先将五个不同维度的单一平台（Facebook、Twitter、Flickr、YouTube 和 Wikipedia）——拆解，然后在其相互支撑的环境和赖以前进的连接文化的背景下，将它们重新组装。

2.1　引言

当史蒂夫·乔布斯于2001年1月推出iTunes时，就知道这不仅仅是一 24
款音乐管理软件，而会把计算机变成数字中心。[1]八个月后，苹果音乐播放
器（iPod）的诞生使一种全新的播放收听唱片音乐的社交习惯具体化了，相
比于20世纪80年代索尼随身听所引领的收听体验是一次重大的飞跃。在控
制终端用户体验方面，苹果公司展示了硬件和软件集成开发的优势。iPod/
iTunes也开辟了一种新的文化形式，这是自慢转唱片专辑以来，单曲第一次
成为音乐录制的首选单元，因为该设备倾向于用户编辑播放列表和随机
“播放”，而不是传统的播放形式。换句话说，技术如硬件、软件和设计的
发展，与不断变化的用户体验和内容的重新定义紧密地交织在一起。

事后看来，iTunes和iPod引发了音乐产业的重大转变，包括其传统的
盈利模式。在2003年，当MP3播放器还是消费者最受欢迎的产品时，
iTunes商店就开启了它的虚拟时代。苹果公司的首席执行官不遗余力地劝诱
音乐界的艺术家、内容生产者和版权所有者加入，以打击像Napster这样的
网络音乐软件爆发式的非法下载行为。一种新的商业模式出现了：每首歌
99美分，消费者可以下载任意歌曲到他们的移动设备中，这导致了在线收
听的消费文化的转变。在随后的几年里，除了iTunes之外，用户生成内容 25
服务商和在线分销商还包括聚友网（Myspace）（2003）、流媒体音乐平台
Spotify（2006）、线上音乐分享平台SoundCloud（2007）、谷歌音乐（Google
Music）（2011）以及一大批小型平台，这彻底改变了音乐制作和发行的格
局。它们不仅相互竞争，而且与传统的音乐产业、艺术家和消费者建立

> 社交媒体所呈现的多层面特性对现有的媒体分析模式提出了相当大的挑战，微系统和生态系统之间的动态关系，很难用单一理论或分析框架来精确描述。行动者网络理论和政治经济学的一些方法为分析技术和社会的变革提供了有效的视角，它们的结合为启发式模型的设计提供了依据。

了新的关系。iTunes 平台在推出十年后，已成为全球领先的流行音乐供应商。

这个微系统的短暂历史说明了为什么新技术的开发与用户实践和内容的兴起密不可分，以及平台组织层面的重要作用。如果苹果公司没有同时推动社会经济环境的改革，iTunes 和 iPod 的商业模式和在线“商店”概念——在定制用户资料的同时规范大规模的分销——很容易被证明是失败的。在开发平台的过程中，苹果公司还帮助改变了音乐制作和发行的市场和法律条件。iTunes 在许多其他新兴平台中为自己获得了新的利基市场。一个微系统最终对更大的连接媒体生态系统产生了深远的影响；竞争平台适应了内容制作和发行的创新，其新的商业模式反过来影响除音乐之外的其他领域，尤其是出版、电视和新闻。

微系统和生态系统的“互塑”构成了本研究的核心。社交媒体所呈现的多层面特性对现有的媒介分析模式提出了相当大的挑战。正如我在前一章中所解释的那样，现有分析模式倾向于将用户技术交互与组织社会经济结构分开，而这两个层面的密切联系，以及微系统和生态系统之间的动态关系，很难用单一理论或分析框架来精确描述。启发本书灵感的两种理论方法，即行动者网络理论和政治经济学的一些方法，为分析技术和社会的变革提供了有效的视角，它们的结合为启发式模型的设计提供了依据。该模型包括两个配置：第一个有助于分拆微系统，通过将单一平台分拆为其组成部分，我们可以将平台上的观点结合起来作为技术文化结构和有组织的社会经济结构；但分拆平台是远远不够的，我们还需要重新组合交互操作平台的生态系统，以便识别哪些规范和机制促进了社会性和创造性的构建。

如果我们不考虑这个组合所产生的更大的文化矩阵，那么一种旨在分
26 拆平台和重新组合社交的连接方法就很难成功。平台上的每一次调整都会波及包括现有和新的媒体播放器在内的整个生态系统，iTunes 一例就是明证。当然，即使应用了多层分析，它也不可能对整个系统进行彻底的审视，

因为每个模型都有自己的缺陷。然而，如果我们不选择这种综合分析方法，而仅仅将视角限制在一两个特定元素或一两个特定平台和公司，我们就很难把握社交媒体和连接文化的相互塑造。

2.2　两种方法的结合

在研究媒介网络的复杂动态时，行动者网络理论（ANT）和政治经济学往往被认为是不可调和的，因为它们在不同的层面上运作：前者集中在共同发展的人和技术的网络上，而后者则强调经济和法治基础作为网络发展的条件。由布鲁诺·拉图尔（Bruno Latour）、米歇尔·卡隆（Michel Callon）和约翰·劳（John Law）开发的行动者网络理论支持将平台视为社会技术集合和表现行为的基础设施。行动者网络理论没有对“社会”本身进行研究，而是旨在描绘技术与人之间的关系，并试图解释这些关系如何既具物质性又具符号性。行动者网络理论的另一个重要的优点在于它同时承认由机构帮助塑造互动过程的人类和非人类“行动者”，这一过程具有偶然性和诠释弹性。在这个图景中，平台不会被视为构件，而是一组不断运行的关系；所有类型的行动者都将意义归因于平台。根据行动者网络理论原则，一项对社交媒体平台的研究引发了诸如以下问题：“哪些机构会被援引？它们被赋予了哪些形象？它们采用了哪些行动方式？我们是在谈论原因及其中介还是关于介质的连接？”（Latour，2005：62）。鉴于这些原因，行动者网络理论在审视连接媒体演变形成阶段的社交时，会是一个有用的灵感来源。

尽管行动者网络理论有其自身优势，但在分析范围方面也受到限制。首先，拉图尔的观点否定了技术与其社会维度（用户自主性）之间的先验区别。当然我在本体论层面上赞同这种观点，但出于分析的目的，如果只是为了解释它们不可分割但不断变化的关系，区分这些行动者通常是有用的。此外，行动者网络理论很少关注技术和用户建设中的内容或文化形式。在社交媒体的背景下，内容和形式是重要因素，正如我们从上面的苹果音乐 27
播放软件 iPod 示例中学到的：单曲和随机播放可以同时被视为技术、用法和内容的属性。最后，批评者反对说，从技术产生的经济和法律矩阵的角度来看，行动者网络理论几乎无法解释现有的权力结构；虽然我并不完全赞同这一观点，但我认为在社交媒体平台环境下，从一开始就将经济和法律结构整合为形成因素是不可避免的。[2]

政治经济学方法的支持者选择组织结构作为他们的主要关注点：他们将平台和数字网络视为机构生产者和个体消费者之间权力关系的表现。社会学家曼纽尔·卡斯特（Manuel Castells，1996，1997，1998）借鉴经济学、法学和政治学，将信息网络可以发展成为强大工业参与者这一认识的政治经济环境进行了理论化。卡斯特（Castells，2009）在他后期的作品中认为，Web 2.0 充满了主张交流和创造自由的用户和限制用户拥有新技术力量的平台所有者之间的冲突。当他建议理论应该确定“具体的社会行动者是权力持有者”并“检视他们的全球网络及其本土运作”时（Castells，2009：430），他的分析更多地涉及机构代理而非用户活动。机构行动者可能涉及参与商业计划（收购、合并）或法律程序（诉讼、监管）的政府或企业，但也可能涉及使用社交媒体作为对抗权力手段的政治基层群体。控制社交媒体领域的斗争是由称为“程序员”和“转换者”的权力持有者领导的，“程序员”指的是那些为网络和平台编程的人，“转换者”指的是那些有能力连接并确保不同的网络可以合作的人。换句话说，个人、群体和组织都可以抵制权力持有者。

卡斯特关于网络的政治经济学恰恰是对行动者网络理论在经济与法律方面的补充。然而，尽管卡斯特的方法解释了先前存在的权力结构，但他的方法缺乏行动者网络理论解释如何通过技术和运算系统——如用于文件共享的接口或编码系统——行使权力的能力。而虽然行动者网络理论为理解技术本身及其与人类互动的整合提供了必要的分析工具，但卡斯特的政治经济学又能够直接进入权力运用的制度层面。[3]此外，尽管卡斯特的理论工具有很多优势，但它永远无法洞察社交：社交媒体的“社交”是什么？平台如何塑造和渗透不同类型的社交？当“权力持有者”声称他们想要使
28 网络更具社交性，而隐私只是一种不断发展的规范时，这意味着什么？“程

序员”实际上是如何编码社交的，以及用户又是如何抵制或屈从被赋予的定义的？换句话说，仅凭制度权力结构并不能让人们深入了解平台如何与其用户和内容同步发展；经过必要的修正后，仅凭社会技术集合本身也不能解释更大的权力关系对其发展的重要性。行动者网络理论在社会技术层面提供了卓越的见解，但它将其行动者的范围限制为技术和用户，从而忽视了内容和组织结构。就政治经济学家而言，他们关注的是所有者和用户之间的社会经济权力斗争，但技术和内容很可能会逃过他们的视线。此外，这两种方法都低估了文化价值观和社会规范的重要性，而文化价值观和社会规范则构成了在这一领域争夺主导地位的支柱。

这让我回到本书的重点：在勃兴的连接文化的背景下理解社交媒体平台和社交的协同演变。行动者网络理论和政治经济学方法各自提供了对平台动态复杂性的部分分析。将这些观点综合起来，并将这种共生性与其他一些附加元素相互补充，可能有助于多层模型的建立。该模型的第一部分集中于对作为技术文化建构和社会经济结构的个体平台（微系统）的剖析。这两个层次中的每个层次都将聚焦于三个构成要素或行动者：将平台视为技术文化建构，我们需要密切分析技术、用户和内容；突出平台的社会经济结构属性，我们将仔细审视其所有权状况、管理和商业模式（见图2.1）。

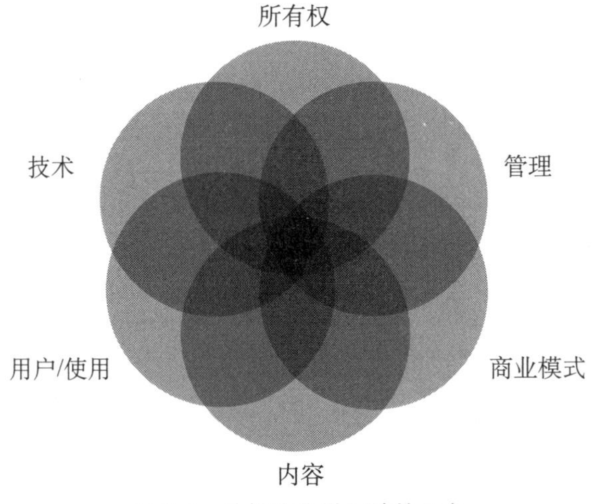

图2.1　分拆作为微系统的平台

29 在我们系统地将微系统的层次连接到更大的生态系统之前，本书接下来的两个部分将更详细地描述这六个组成元素中的每一个。

2.3 作为技术文化建构的平台

技术

正如塔尔顿·吉莱斯皮（Tarlton Gillespie，2010）清楚解释的那样，“平台”一词具有多重含义：平台是计算和架构，但也可以在社会文化和政治意义上理解为政治舞台或表现行为的基础设施。[4]在行动者网络理论看来，平台是转义者而不是中介者：它不仅仅促进，同时也塑造了社会行为的表现。从技术上讲，平台是软件、（有时是）硬件和服务的提供者，有助于将社交活动编码到计算架构中；它们通过算法和格式化协议处理（元）数据，然后以用户友好界面的形式呈现其解释逻辑，默认设置反映了平台所有者的策略选择。

就定义的第一部分而言，本书将主要关注社交活动转变为计算架构的软件和服务，几乎不关注硬件或设计。[5]软件研究专家一再强调编码技术社会和文化的重要性。马修·富勒（Matthew Fuller，2008）和戴维·贝里（David Berry，2011）强调理解代码需要对其不断变化的表现形式及其历史上不断变化的技术环境保持敏感。[6]随着软件越来越多地构建世界，“（软件）也退出了，当被嵌入、被隐藏、偏离或仅仅被遗忘时，（软件）变得让我们越来越难以专注于它（的存在）”（Berry，2011：4）。我们面临的挑战是使隐藏的软件可见，并展示其如何日益量化和衡量我们的社会和日常生活；软件有助于将我们的社交行为转化为计算机语言，反之亦然，也可将计算机语言应用于社交行为。[7]例如，亚马逊对客户的品味偏好和购买行为进行编码，而领英则对专业人士或求职者与雇主之间的联系进行编码；接着，两个

“平台”一词具有多重含义：平台是计算和架构，但也可以在社会文化和政治意义上理解为政治舞台或表现行为的基础设施。在行动者网络理论看来，平台是转义者而不是中介者：它不仅仅促进，同时也塑造了社会行为的表现。

平台都将这些编码的社交活动转换为程序化指令，以引导用户行为。

如果我们对上述定义的第二部分进行分析，我们可以区分出五个有助
于解析技术维度的重要概念：（元）数据、算法、协议、界面和系统默认 30
值。这些术语具有共同含义，它们都从技术领域延伸到了社会和文化领域。[8]编码技术的基本资源是数据和元数据。数据可以是适用于计算机的任何类型的信息，例如文本、图像、声音和数字。数据也可以是个人资料，例如姓名、性别、出生日期和邮政编码，通常由用户遵循网站的注册和输入协议提供。元数据包含用于描述、解释和定位信息资源的结构化信息，或者使其更容易检索、使用或管理。[9]手动提供元数据的一个例子是 YouTube 用户附加到其视频条目上的标记，例如内容和类型上的关键字。自动派生的元数据包括地理空间和时间戳，当数码相机的图片被上传到 Flickr、Picasa 或其他在线图片网站时，这些信息就会被传输。元数据也来自未经用户同意而生成的小型文本文件（cookies）；通过这类小型文本文件可以挖掘与搜索历史或浏览策略相关的行为数据，并将这些数据连接到特定的 IP 地址上。

至少需要对数据和元数据有一些技术上的理解，才能想象出编码技术对于社交媒体环境所具有的重大的法律、社会和政治意义。自动或嵌入式元数据仍然是消费者与平台所有者之间针对权利的法律斗争的根源。例如，一些国家的法律要求音乐 CD 必须包含一层元数据，其中包含艺术家姓名、唱片类型、版权所有者和录制日期，这样可以在别人非法下载时自动识别元数据。对（元）数据的控制通常是引起关于用户权利激烈争论的原因。例如，LinkedIn 等网站是否被允许向其广告客户、企业用户、政府或情报机构出售由其成员有意识提供的数据？如果 Twitter 上传的内容包含自动地理标记和时间戳，那么该网站是否被允许使用它们来追索用户的行踪，例如通过提供信息来协助执法部门？以及用户对分析其要求用户公开的数据这一行为有什么看法呢？这只是平台如何利用（元）数据对社交进行编码同时谋取利益的部分例子。

除了收集（元）数据的能力之外，社交媒体平台的计算能力还包括它们处理数据的算法。在计算机科学中，一种算法是用于计算函数的一组有

限定义的明确指令，是一种用于处理或自动推理的分步指令，命令机器从给定输入中产生特定输出。例如，亚马逊使用了一种可以聚合数以百万计
31 的元数据的算法，这些数据包括客户的分析数据、购买行为数据和购买内容数据，通过这种算法来计算品味与买方偏好之间的关系。亚马逊的推荐系统以其营销口号而闻名，例如“购买此商品的顾客也购买了……”就是算法处理的直接结果。但亚马逊采用的品味推荐系统不仅仅包括自动输出，算法通过数据分析渗透到社会行动中，并在此基础上将结果转化为商业社交策略。算法通常是商业秘密，类似于专利或享有知识产权的其他类型。

除了算法之外，平台的编码架构还使用了协议。协议是对数字消息格式的正式描述，补充了用于在计算系统内部或其之间规范这些消息的规则。根据美国媒介理论家亚历山大·加洛韦（Alexander Galloway，2004：121）的说法，协议是一组技术规则，它们的可用性取决于如何被编程，以及它们如何被所有者控制或管理。控制协议提供了一组指令，如果用户想要通过中介参与交互，则必须遵守这些指令。例如，由于 Facebook 希望用户与尽可能多的人共享信息，因此平台会通过编程加入列表、群组和粉丝页面等功能。Facebook 的协议引导用户通过其所制定的指令，将霸权逻辑强加到通过中介实现的社会实践中。然而，用户也可能通过修改软件或设计新的应用来颠覆或抵制这种固有逻辑。平台所有者的原始控制经常会遇到来自有反抗意识的用户的原始抵抗，后面我还会讲到这个问题。

协议隐藏在不可见或可见的界面之后。内部接口对用户隐藏，用户只能看到前端或可见界面。一个不可见的内部界面贯通软件与硬件，将用户连接到数据源（Fuller，2008：149）。显然，平台所有者控制着内部界面；他们对内部界面所做的更改不一定显示在用户可见的图标和功能中。某些平台，如 Flickr 和 Twitter，允许用户或第三方免费或付费访问其数据集，以开发所谓的应用程序接口，即一组用于指定数据、软件和硬件之间协议关系的代码。可见用户界面通常包含技术特征（例如按钮、滚动条、星号、图标）以及管理特征（例如在进入网站之前需要提供个人资料的规则），它们会主动引导用户和内容之间的连接。平台的内部界面和可见界面都是一

个控制区域，其中编码信息的含义被转换为特定用户操作的指令。

最后，界面通常是系统默认的，是自动分配给软件应用程序以某种方 32
式引导用户行为的设置。默认不仅仅是技术性的，也是意识形态上的操纵；如果更改默认需要花费精力，那么用户更有可能遵循网站的决策架构。脸书的一个“臭名昭著”的默认设置是向所有人发布信息，而不是仅向朋友传播（Lipford，Besmer & Watson，2008；Stutzman & Kramer-Dufeld，2010）。因此，默认设置是有意识地努力将用户诱骗到某个特定程序中：与所有人共享所有图片，或把某个平台所有者所推崇的软件预置在浏览器中。[10] 默认通常是字面意义上社交争夺战中的赌注，这在有关隐私的法律纠纷或与用户信息控制有关的纠纷中最为突出。

从这些特征的描述中可以清楚地看出，与行动者网络理论的论点一样，技术和用户自主性很难被区分开来，因为它们是不可分割的。媒介理论家戴维·比尔（David Beer）把创造日常生活的强大的、隐晦的、只有部分可见的信息设备称为“技术无意识”。他指出，那些强大而活跃的技术环境在“不知道它们对谁产生影响”的情况下运行（Beer，2009：990）。算法、协议和默认设置深刻地塑造了活跃在社交媒体平台上的人的文化体验，尽管用户往往的确没有充分意识到他们的交流实践所依据的机制（Skageby，2009），但他们不是技术的“受骗者”，也不是不加批判的采用者。为了充分描述这些紧张关系，有必要将用户自主性看作需要就其自身定义来描述的分析类别，而不是由技术区分的行动者。

用户和使用

在社交媒体的背景下，用户自主性是一个复杂而多面的概念，尤其是因为它包含有意识的人类活动和“技术无意识”。此外，用户是文化的接受者和消费者，生产者和参与者；他们可能被视为业余爱好者、公民以及专业人士和劳动者（van Dijck，2009）。关于用户对网络社区的独特贡献，以及通过平台形成身份认同的争论，

算法、协议和默认设置深刻地塑造了活跃在社交媒体平台上的人的文化体验，尽管用户往往的确没有充分意识到他们的交流实践所依据的机制，但他们不是技术的“受骗者”，也不是不加批判的采用者。

与意识形态问题有关：社交媒体平台是促进了公民参与的积极性，还是已
38 经集体成为自动连接的同义词？用户在多大程度上得到平台的授权或受其约束，以塑造其独特的身份并将其自我呈现风格化？在这里我不是要解决这些意识形态上的争论，而是要探索用户自主性在塑造在线社交规范方面的影响力。与平台的编码策略类似，用户自主性是一个经过协商但陷入困境的概念，用户在多大程度上拥有控制自己行为的权力是关键所在。

在线社交越来越成为人与机器的共同产物。将用户自主性看作一种技术文化建构进行分析，需要在内隐性和外显性用户参与之间进行概念上的区分（Schaefer，2011：51）。内隐性参与是通过上一节中描述的编码机制在工程师设计中实现的。[11]外显性使用是指实际用户如何与社交媒体互动，而术语“外显性用户”可以以多种不同方式体现。首先，它是人口统计学或统计概念。例如，网站发布关于其用户活跃度的实际数据（如月访问量），国家和全球用户多样性以及相关的人口统计数据（性别、年龄、收入阶层、国籍等）。其次，外显性用户还是实验对象。例如，可以选择多个用户来执行任务，以便研究人员可以观察他们控制隐私设置的能力（Leon et al.，2011）。最后，将外显性用户形象作为民族志研究对象，可以就地观察和分析他们对社交媒体的使用情况；也可能会针对社交媒体的使用习惯或实际用途对其进行访谈（Boyd & Ellison，2007；Cox，Clough & Marlow，2008；Stutzman & Kramer-Dufeld，2010）。尽管出于尊重的考虑本书纳入了部分有关用户及其行为的人口统计学或民族志及其他实验结果，但并未积极获取数据。

根据本书的核心主题，即在勃兴的连接文化的背景下理解社交媒体平台和社交的协同演变，我将集中讨论一种特定类型的自主外显性用户的反应。在过去十年中，用户积极回应社交媒体的变化，并且经常通过网络出版物、博客或社交媒体内容公开传播这些回应。[12]最常见的是用户对影响其在线体验的平台的变化做出反应的自发评论。平台满意度高的用户倾向于遵守平台强加的改动，很少留下评论，但批评可能采取多种形式，如手动更改默认设置可能被认为是最温和的反抗形式之一，就像填写虚假的个人信息一样。通过积极修改应用程序或以黑客行为攻击网站，用户可以

将修改其技术环境作为社会抗议的一种形式。用户的最终影响力是完全退 34
出网站或加入另一个竞争平台。每个用户的攻击都是一种占有行为或一种抵抗行为。内隐性用户和外显性用户之间的对抗部分体现了平台所有者和用户之间为控制信息交换的条件而进行的协商过程；这种斗争也暴露了有争议的规范和价值观。像社交塑造技术一样，我们也可以通过用户反应部分地追踪技术塑造社交的过程。

在社交媒体兴起的第一个十年中，用户激烈地争论平台重新配置社交和影响身份形成的能力。用户将用户生成内容和社交网站作为表达并向他人展示自我的手段；平台通过连接用户和他们的好友，控制他们的自我展示或社区关系，从而赋予个人权力。对平台的比较研究，可以看出不同站点的架构如何培养独特的连通性及其自我呈现和品味表现风格（Papacharissi，2009；Luders，2008）。出于同样的原因，平台的架构趋向于控制用户的自主性：大多数平台所有者在了解用户的“真实”身份、偏好和行为数据方面有着既得利益。大多数主要的社交网站禁止使用假名或匿名身份（如Facebook、Google+），但还有一些站点（如Last.fm）鼓励使用别名、假名和多个身份，从而导致身份或自我表现的不同配置（Baym，2010；Haythornthwaite & Kendall，2010）。个性、隐私、社区和身份的概念通常在用户响应中表达，因而与更大的信息控制斗争相关。

本书中的案例研究还突出了外显性用户，因为他们对平台不断变化的所有权状态或盈利策略的问题做出了回应，这些因素将在本章的下一节进一步阐述。多年来，尤其是那些由用户社区发起的平台的所有权状态或管理方面的变化引起了用户的强烈反应。如果用户将新引入的商业模式或修改后的隐私规则与旧版本进行比较，则回应通常包含对“集体”或“剥削”的明确判断。更改使用条款通常会引起对用户与平台关系的重新评估，从而更多地揭示用户和所有者在规范和价值的协商中所涉及的利害关系。用户参与还可以通过声称对自己所贡献的内容拥有部分所有权，或声称自己应控制自己的数据来体现。简而言之，外显性用户的回应为研究多年来特定平台的变化提供了相关的材料，为对平台进行历史分析提供了依据。

35

内容

在社交媒体中，内容作为一个构成元素经常被忽略，我们需要把它作为重点单独加以研究，即使其表现形式通常与技术和用户自主性相关联。2000 年至 2006 年，当社交媒体平台兴起时，以用户为基础的用户生成内容网站普遍受到欢迎，成为扩展创造力和业余文化内容的载体。YouTube、Flickr 和 Myspace 等用户生成内容平台为多模式内容（视频、照片、文字和音乐）的在线制作和发行带来了前所未有的推动力。平台引导的内容激发了新的流派和形式，例如在线视频的“网络剧集”。内容共享增强了人与人之间的联系，也有助于许多人获得公开的（全球）舞台。最重要的是，无论是文本、音乐还是视频的文化内容都能够表达出人们的观点，如喜欢或不喜欢什么、贪图或厌恶什么，以及对什么感兴趣或对什么不感兴趣。平台可以通过引导共同的品味和欲望来发现和驾驭群体联系，也提供了有关社会趋势和消费者偏好的宝贵信息。

用户和所有者的共同目标是通过复杂的生态系统来共享“优质内容”，但他们的利益也有分歧。首先，在用户喜欢多种形式和格式的情况下，平台更倾向于内容的标准化和统一发布。例如，YouTube 和 Facebook 会限制上传视频的长度，Twitter 有 140 个字符的发布限制，LinkedIn 在每个成员的主页上强制设置了按时间顺序排列的简历。某种程度的标准化对于促进连通性（帮助人们找到内容）很重要，也有助于增强连接：如果输入是统一的，算法就会更好地工作。当我们在观察随时间推移而发展的社交媒体平台时，我们可以通过界面功能的实现来辨别内容呈现上的逐渐变化。用户经常评论这些强加变化的利弊，通过这些回应可以揭示价值判断，从而洞察体现为文化形式的政治。

> 关于内容地位的定义经常出现在有关版权和知识产权的法律冲突中。对于许多平台所有者而言，内容只是数据的另一种表述；他们感兴趣的是通过其拥有的渠道流动的、可被视为聚合计算资源的数据流量。

对内容具体形式的争论主要集中在对其重要性的要求上：与主流媒体精致的成品相比，用户生成的内容被认为是未完成、可循环利用的。这些辩论中隐含的是“业余”和“专业”内容之间的区别。

关于内容地位的定义经常出现在有关版权和知识产权的法律冲突中；在这些法律挑战的背后，是用户、创作者、平台所有者和工业生产者之间的争论，它使我们能够深入了解什么是内容，以及谁拥有和控制内容。对于许 36
多平台所有者而言，内容只是数据的另一种表述；他们感兴趣的是通过其拥有的渠道流动的、可被视为聚合计算资源的数据流量。

技术、用户自主性和内容是平台为创建网络社交结构而编织在一起的三种“纤维”。正如上面的描述所证明的那样，这些技术文化参与者很难从平台运作的社会经济结构中分离出来，所以让我们更仔细地来研究构成这一层的三个要素：所有权状态、管理和商业模式。

2.4 作为社会经济结构的平台

所有权

平台的所有权模型是其作为生产系统运作的一个构成要素。虽然许多平台一开始还面临不小商业风险，但正如前一章所述，许多社交媒体平台的所有权状态随着时间的推移从非营利的、集体所有的、以用户为中心的组织转变为以企业所有者为中心的营利性企业。我们可以看看几个由小型初创公司迅速发展成为全球公司的例子，如 Facebook 和 Twitter。Facebook 在 2012 年 5 月的首次公开募股标志着其所有权状况发生了重大变化：该公司的领导者现在不得不向投资者交出权力，这可能会以牺牲用户为代价，而用户并不愿承受增加该网站盈利前景的越来越大的压力。Twitter 仍在考虑“上市”①。此外，还有一些非营利非市场化的网站，而另一些网站已尝试过介于两者之间的状态。[13] 对每个微系统的分析都会针对其所有权状态和结构提出具体问题：品牌如何在市场或非营利领域发展？所有者珍视的平台形象是什么，这个形象是否符合用户对其平台的评价和判断？

---

① 本书写作于 2012 年，Twitter 已于 2013 年底在纽交所正式挂牌上市。——译者注

在网络媒体不稳定的生态系统中，所有权状态是一个重要的讨价还价筹码。每天都会增加新的创业公司，而成功的公司则被“老牌”公司买卖。“老牌”公司这个说法似乎不适用于这个行业，其本身也不过发展了十几年，但规模却也惊人。[14]庞大的、活跃的和人口统计学意义上的主力用户
37 基数通常是平台最宝贵的资产。社交媒体公司的价值通常被表达为每个客户的价值，往往具有投机性，并且总是不稳定的。[15]除了扩大用户基数之外，谷歌和脸书等公司还在不断寻求收购猎物，以获取其他公司拥有的工程专业知识或有价值的算法和专利。就谷歌而言，搜索引擎、操作系统、浏览器、基于用户的软件系统、在线广告系统、内容提供商以及许多其他功能的垂直整合保证了对最终用户体验的更多控制，从而可以更好地掌控用户数据。[16]

虽然合并和收购是硅谷激烈残酷竞争文化的一部分，但收购的一个新变体是合伙企业。合作伙伴关系是平台与其他数字媒体公司或基于应用程序接口的服务之间的协议，用于按动对方的按钮并访问对方数据流。例如，Facebook 宣布与 Spotify 和 Skype 合作，以促进更全面的用户体验；显然，这些伙伴关系也旨在使数据库相互获利。在垂直整合方面值得注意的还有另一种类型的合作伙伴关系：在线社交媒体与“传统媒体”合作，特别是在出版和电视行业，例如 Facebook 在 2012 年伦敦奥运会期间与美国国家广播公司（NBC）的联盟。由于企业似乎不愿意公布管理的细节，因此追踪互有联系的企业动向和合作伙伴关系往往是一个相当大的挑战。然而，重要的是要在不断扩展的连接媒体生态系统中追踪权力关系，以确定制度结构如何控制社交规范。

在非营利的层面上，剖析平台的运营管理同样重要。无论是基于公共管理的，或基于社区的，或基于非营利组织的还是公司所有的平台，其所有权状态都是关于该由谁来控制社会进程的争论的焦点。就像基因和草药在被生物技术和制药行业占有之前属于公共资源一样，各种类型的社交正在从公共空间转向企业空间；即使是在十年前，将社交行为编码为专有算法还是不可想象的，更不用说这些过程的品牌化和专利化了。今天，脸书、谷歌、亚马逊和推特都拥有自己的算法，这些算法越来越多地决定了我们

喜欢、想要、知道或发现什么。关于软件和硬件所有权的争论，是关于什么构成了公共、非营利或企业空间的更为深刻的争论的核心，特别是对这些空间的区分在意识形态上陷入困境的时候。

管理 38

要分析社交媒体网站的管理结构，需要通过了解管理信息和数据流量的机制入手。在 Web 2.0 时代的早期，用户经常在他们自己的网站上游荡，几乎不依赖任何规则。大多数平台一旦被公司接管，就会逐渐实现专业化和（半）自动化的管理形式。如上一节所述，内容管理系统包括技术协议和社交协议，用于制定用户活动的内隐性或外显性规则。外显性规则还用于规范财产、隐私和可接受行为领域的索赔要求，通常通过最终用户许可协议（EULA）或服务条款（ToS）来阐明。

最终用户许可协议或服务条款是用户每次登录平台时所需履行的合同关系，附加了强制性的约束和义务。它们触及了现实世界有关财产权、身份、隐私和制裁不当行为的社会规范，也就是现实中的法律。然而，最终用户许可协议和服务条款并不是法律。它们构成了一个灰色地带，利益相关方参与（重新）制定隐私、财产和行为的规范，例如禁止发布露骨的性和种族主义内容，或单方面拒绝向偏离某些规则的用户提供服务。与算法和用户自主性一样，网站的服务条款是制定和争夺社会规范的竞技场，这场斗争可能最终影响法律裁决（Grimmelmann，2009）。这种关注引发了如何进行控制的问题：服务条款中的规范是如何制定的？又是如何被协商和争论的？

用户点击同意之前通常不会阅读最终用户许可协议和服务条款；用户每天进行大量的在线活动，但他们几乎不了解规则（Madejski，Johnson & Bellovin，2011）。一方面，脸书的隐私政策比美国宪法更复杂、更冗长。然而，即使不阅读这些规则，脸书用户也会因界面的改变遇到管理的变化，且通常没有来自平台所有者的正式通知，这种策略已经激怒了用户和消费者群体。因此，管理方面的修改与技术、用户自主性和内容的变化错综复杂地交织在一起。网站的管理规则并非一成不变。例如，当用户反对撤销规则或者破坏特定政策时，这些规则就变成了一种持续的谈判目标。[17]

除了隐私和适当的行为之外，服务条款还规定了服务商和第三方对元
39 数据的使用。大多数服务条款包括平台所有者使用或销售（元）数据的权利，但很少有服务条款给予用户访问其数据的权利。实际上，通过登录网站，用户通常都同意交出他们的数据用于挖掘和转售。由于网络平台是一个相对较新的社交流量空间，法律尚未全面覆盖该领域；因此，用户可接受的法律管辖边界往往需要不断测试。使问题复杂化的是，法律是在国家和文化的特定背景下产生的，比如德国的隐私法就比美国更严厉。当然，服务条款通常会根据一国惯例进行调整，但大多数平台的服务范围覆盖全球，使得所有者在监管方面会超越地方政府的权限。服务条款主要由所有者控制，他们可以随时调整条件，无须用户事先同意。

商业模式

适用于管理的也同样适合商业模式：从文化产业和日常生活的中介角度理解，商业模式与管理模式有共通之处。在过去的十年中，文化产业领域的重点已从产品转向服务，这迫使媒体公司开发了将在线创意和社交变现的新方式。在二十世纪的大部分时间里，文化产业在标准化消费品（如书籍、唱片和电影）的大规模生产中蓬勃发展。传统上，文化产品变现的主要方式有三种：销售复制品（CD、书籍、DVD）的利润，从用户的观看或订阅中收取的费用（电视节目、电影、视频租赁），以及通过广告产生的利润。这基本上就是将观众的注意力与文化娱乐内容并列或穿插在一起进行销售。

随着互联网的出现，特别是 Web 2.0 时代的到来，大规模复制文化产品的工业逻辑被彻底根除；产品变得虚拟化，下载后也很难销售，因为它们不符合“产品”的传统定义。

随着互联网的出现，特别是 Web 2.0 时代的到来，大规模复制文化产品的工业逻辑被彻底根除；产品变得虚拟化，下载后也很难销售，因为它们不符合“产品”的传统定义。

苹果公司的音乐软件 iTunes 是首批将歌曲下载作为商品出售、同时将歌曲作为产品定价的企业之一。从行业的角度来看，将（合法）下载定义为可销售对象存有争议，就像 CD 最初被认为价值低于

黑胶唱片一样。内容的价值是相对的，其随着新的数字形式的出现而变化；而下载反过来则被视为更“有形”的，因此这比流媒体内容更具可销售性。

更有争议的是社交媒体对观看或订阅收费这种新的商业模式，该模式 10
不适于用户深度参与并培养了习惯于免费内容和服务的文化。一些用户生成内容网站尝试了订阅模式，通过收取（低）月费来提供无限制访问；其他网站推出了所谓的免费增值模式，在为“付费”用户提供无广告订阅模式的同时，还推出了以广告为支撑的“免费”模式。正如经济学家克莱蒙斯（Clemons，2009）所指出的那样，社交媒体的商业模式是用户信任与所有者变现意图之间微妙的协调行为所塑造的。用户如果认为他们被操纵或被利用，就会退出网站，导致平台失去其最重要的资产。[18]

免费服务和免费内容只有通过广告来实现才能维持，这是传统广播媒体早期开发的模式，并牢牢扎根在注意力经济的基础之上。然而，规模经济变成了范围经济，这迫使媒体公司和广告代理商开始重新考虑支撑注意力经济的根本原则（Vukanovic，2009；Doyle，2002）。吸引大众的传统广告策略不再适用于由用户生成内容和社交网络主导的世界；在由“好友”组成的在线社交环境中，用户既不期待也不容忍商业活动。因此，在最初的几年里，网络平台出于对大量用户不满的担忧，会避免使用弹出式广告。

然而，同样的技术也阻断了广告的大范围投放，使得自动化定制和个性化的广告投放成为可能。与之前的大众媒体广告模式相比，通过（元）数据计算而定制的广告品味特征更加有效和有针对性。以横幅或侧栏形式出现的定制广告迅速流行，但这是社交媒体引入的最缺乏创新的策略。更隐蔽的是联系人和“好友”的个人推荐：毕竟，“好友”的推荐比广告宣传更有效。寻求“有影响力的人”（即拥有庞大的粉丝量和“好友”网络的人）在线推广产品现在是一种常见的营销策略。随着推广方法的日新月异，广告文化正逐渐转变为一种推荐文化。

除了销售虚拟产品、创新订阅和广告模式之外，数字媒体公司还探索了一系列与数据和元数据开发相关的其他商业模式。平台所有者已经敏锐地意识到自己所掌握的宝贵资源，用于分析聚合数据和预测社会趋势的复

杂数学模型正在将持续不断的数据流转变为一种潜在的有利可图的连接资
41 源。然而，重要的是，不应将货币化策略视为静态的“剥削”模式，而应将其视为塑造社交和创意过程中的动态中介。社交媒体平台不断发展，商业模式也在不断调整和改变，以检验它们的发展实力（Potts，2009）。平台尝试用不同的模式呼应生态系统中的其他玩家，同时也尝试找出它们的用户对个人空间受侵犯程度的容忍上限。显而易见，用户容忍商业规范的上限正在逐渐延伸和扩展，甚至对新的手段和商业模式的容忍度也在慢慢变强。许多用户都非常清楚平台的商业动机和利润驱动策略，但仍然会根据将从中获益多少来决定是否使用它。因此，出于分析角度，我们不仅要考虑网站具体的变现策略设计和变现目的，还要考虑它们对用户的影响，如用户在实际反应中所表现的那样。

2.5 连接平台，重组社交

在前几节介绍的作为微系统的平台分析模型，将系统划分为两个层次和六个构成要素。然而这些单个要素并非该模型的解释目标，要解释的是它们之间的联系。例如，元素和层次的相互依赖表现在记录用户交互的算法、校准内容的服务，以及引导界面架构的商业模式中。每个平台都实施了复杂的编码和品牌策略方案，以塑造特定的在线社交领域。只有通过拆分平台的构成要素，才能看到它们的整体性能。但是，改变界面或尝试新商业模式的决定很难是独立的选择；相反，平台所有者将它们作为战略工具，开辟了竞争平台的利基市场。一个公司将其平台塑造成更大的竞争和协作平台的一部分。因此，在更大的连接媒体生态系统以及传统媒体的背景下，仔细研究微系统如何相互响应是非常重要的。

这个生态系统最突出的特点是平台之间的相互依赖和相互操作性。如果在所有平台上对这六个构成要素进行一致的分析，我们就可以揭示生态
42 系统中的特定模式。分享、趋势、关注和收藏这些意义不同的按钮功能背后也有共同的逻辑；竞争平台的按钮的通用不仅是一次技术调整，还是

流量和渗透用户习惯的战略行动。例如，推特的“趋势”按钮将许多提升用户平台及电视新闻和娱乐等传统媒体整合起来，这个做法深刻地影响了记者的专业实践和其他用户的使用习惯。技术的跨平台集成以及用户和内容的“相塑”让独立针对某一微系统的研究很难展开。

在连接媒体生态系统中竞争与合作是两种可能产生矛盾的决定性力量。竞争与合作不仅限于公司或管理层面，在技术和用户层面上也相互作用。

产业间的相互依存关系也体现在社会经济层面上。在连接媒体生态系统中竞争与合作是两种可能产生矛盾的决定性力量。从政治经济学的角度来看，竞争主要与网络的公司结构有关，可用以解释商品化的过程。[19]竞争还与全球信息和通信市场的发展相关联，以描述创新过程（Cowhey & Aronson，2009）。竞争与合作不仅限于公司或管理层面，在技术和用户层面上也相互作用。互惠的数据交换或互斥的编码特征可能最终会形成分配渠道和流量的流动性，或者可以用来定义由谁访问了哪些内容。各国政府和公民确立其政策和法律战略时，必须在相互依存的微系统的整体动态中确定这些模式。

分析特定的平台，然后重新组合其构成要素以发现生态系统中更大的模式也是至关重要的，因为它引发了关于社交形成和社会更广泛的问题。计算机代码和商业模式重新配置了社会规范；反过来，不断变化的社会规范也会重塑网站的运作方式。平台通过编码以及品牌化的在线社交活动来设计连通性和连接性，但这些过程不会使任何其所涉及的代理保持完整。2013年的用户和所有者与2006年或2002年的不同；商业模式和内容随着管理政策和界面的变化而变化。每个单一的平台调整都被纳入一个更大的规范和监管变革方案。这些平台相互占据什么样的私人、公共和企业空间，它们的交集如何影响我们对这些空间的相对概念？各种平台的架构和监管协议如何影响社会的法律规范，影响信任或隐私观？平台如何回应在货币化方案中彼此的变化，以及共享数据的机制是什么？简而言之，这种分析模型并 43
没有揭示在线社交是什么，而是旨在解释平台和社交是如何相互构成的。

研究社交媒体现象的一个明显问题是，它涉及多种探究角度，每个角度都需要不同的学术专长。如果认真对待上述问题，我们至少需要从信息

研究社交媒体现象的一个明显问题是，它涉及多种探究角度，每个角度都需要不同的学术专长。如果认真对待上述问题，我们至少需要从信息技术、社会科学、人文学科、经济学、法律和政治传播这六个视角来洞察社交媒体的全貌。这很可能导致每个视角只突出显示该现象的一个方面。

技术、社会科学、人文学科、经济学、法律和政治传播这六个视角来洞察社交媒体的全貌。这很可能导致每个视角只突出显示该现象的一个方面。信息科学家致力于探索由 YouTube 或 Flickr 提供的大型数据集，以便分析和设计算法；社会科学家研究数据以检测用户的行为模式；来自人文学科的学者通常将他们的注意力放在审视内容和文化形式上；经济学家和工商管理硕士们关注商业模式；法律学者关注隐私和知识产权问题；政治学家或社会学家关注社交媒体对更大范围内的信息秩序的影响。事实上，这些学科的许多观点都产生了重要的研究成果和引人入胜的见解。[20]然而问题在于，每个学科都在各不相容的词汇和方法论的轨道上运行。

我提出了一种理论方法的结合，部分是实验性的，部分基于已验证的见解，以解决社交媒体发展过程中的复杂现象；这是一种将拉图尔的技术文化和卡斯特的政治经济学观点混合而成的多层次分析模型，可能会引发反对，认为其标准不一致或解释不充分，也有些人因这种方法过于大胆或其折中倾向而提出质疑。然而，正如法律学者朱莉·科恩（Julie Cohen）恰当指出的那样："任何关于法律在网络信息社会中的作用的严肃研究中，方法论上的折中主义不是放纵，而是必要的。"（Cohen，2012：20）虽然提出的模型既不完美也不全面，然而我对折中主义的偏爱是有理由的。我需要采用务实的分析方法，一种可以为经济学家、律师、政策制定者和信息科学家提供新视角的模型，通过这种模型可以看到深深根植于争论背后的文化假设和不断变化的规范。

在本书的其余部分，我将使用这个多层次分析模型，首先将五个不同维度的单一平台（Facebook、Twitter、Flickr、YouTube 和 Wikipedia）一一拆解，然后在其相互支撑的环境和赖以前进的连接文化的背景下重新组装。通过事后仔细审查平台的构建，我们应该对过去十年中网络社交的演变情
44 况有一个全面的了解。正如上一章所讨论的，连接媒体的生态系统不仅仅

是单个微系统的总和，更是一个动态的基础设施概念，它可以塑造文化，也会被总体上的文化塑造。这种分析既不中庸也不武断：它引发了与支撑这一生态系统的意识形态和政治相关的各类问题。我希望，这次对连接文化的研究能明确网络空间中有关地理和政治的涉及信息控制的重大问题。

连接媒体的生态系统不仅仅是单个微系统的总和，更是一个动态的基础设施概念，它可以塑造文化，也会被总体上的文化塑造。

第 3 章　Facebook 和“分享”的必然性

开放性和连通性的价值典型地反映在脸书高管最喜欢的词语——分享——中。

在连接媒体的语境下，分享是一个含糊的术语：它涉及用户之间分发个人信息，也意味着将个人信息传播给第三方。脸书的分享思想几乎为其他平台和整个生态系统设定了标准。由于其在社交网站领域的领先地位，脸书平台的实践大大影响了强化隐私保护和数据控制等拥有法律价值的社会和文化规范。

分享的社会意义往往是与“隐私”这个法律术语背道而驰的，马克·扎克伯格提及，“隐私”是“不断变化的标准”。与扎克伯格的说法相反，本书作者认为，分享，而不是隐私的标准，才是不断变化的。

3.1 引言

2010年5月，马克·扎克伯格在接受《时代周刊》记者丹·弗莱彻 45
（Dan Fletcher）采访时表示，脸书的使命是建立一个“默认社交”的网络，以便“让世界更加开放和连通”[1]。同时其他高管也公开强调了公司的理念。脸书公关和公共政策总监巴里·施尼特（Barry Schnitt）在接受采访时透露：“通过让世界更加开放和连通，我们正在促进人们之间的理解，并让世界变得更具同情心。”[2]首席运营官雪莉·桑德伯格（Sheryl Sandberg）在接受英国《卫报》采访时宣称：“我们有非常伟大的理想，那就是让世界变得更加开放和透明。我们觉得这种理想用‘使命’来定义比‘公司理念’更贴切。”[3]脸书的口号显示的是，该公司追求的并非公司利益，而是全社会的利益。而这个口号在公司首次公开募股前夕被不断重复。[4]

截至2012年3月，脸书在全球拥有8.35亿用户，是欧美最大的社交网站，在互联网用户中的渗透率最高。[5]脸书的规模和优势无疑是本书选择其作为第一个剖析平台的最重要原因，还有一个重要因素就是用户对在线社交网络的规则常常直言不讳。开放性和连通性的价值典型地反映在脸书高管最喜欢的词语——分享——中。在连接媒体的语境下，“分享”是一个模糊的概念：它涉及在用户之间分发个人信息，也可表示将个人信息传播给 46
第三方。分享的社会意义往往是与“隐私”这个法律术语背道而驰的，马克·扎克伯格在接受《时代周刊》采访时也同样提到，“隐私”是“不断变化的标准”，与“开放”相对，“隐私”一词意味着不透明和保密。如果类比连通性，这个词代表着个人主义和不愿意分

> 由于其在社交网站领域的领先地位，脸书平台的实践大大影响了强化隐私保护和数据控制等拥有法律价值的社会和文化规范。

享。与扎克伯格的说法相反，我认为“分享”的标准才是不断变化的。这个规范并不是简单地“摆在那儿”并在网上反映出来；关于它的讨论从2004年脸书的早期用户在哈佛大学的网络上谈论共享的意义开始，直到2012年在纳斯达克才首次亮相①。

但在这个时期，分享的具体意识形态意义是如何与“交友”和“点赞”紧密联系的呢？通过对六个相互依赖的元素的多角度分析，这些概念的转变路径显现出来了。通过实施各种编码技术和页面设置方式，脸书为如何进行在线社交互动撰写了答案。用户一开始就半推半就地抵制这种转向。在随后的抗争中，格式化内容、管理政策和商业模式成为干预的主要工具。脸书的“分享”堪称为其他平台和整个生态系统设定了标准。由于其在社交网站领域的领先地位，脸书平台的实践大大影响了强化隐私保护和数据控制等拥有法律价值的社会和文化规范。

改变分享的含义对于改变有关隐私的法律以及社会接受新的变现模式至关重要。“隐私”一词通常涉及司法领域，但“分享”却涉及社会和经济规范、文化以及法律价值。因此，脸书在西方作为首选社交网络引擎，其广泛的应用值得仔细审视。在分享的意义被广泛接受和“合法化”之前，该平台如何促进了分享概念的规范化？脸书在生态系统中的强大地位使人们无法低估其对网络社交表现的影响。

3.2 编码 Facebook：默认的恶魔

技术

从技术的角度来看，“分享”的两种含义涉及两种不同类型的编码机
47 制。第一种编码类型涉及连通性，引导用户有针对性地设计页面来与其他用户共享信息。脸书的页面允许用户创建包含照片的个人资料、喜爱主题

① 指脸书于2012年5月于纳斯达克上市。——译者注

列表（如书籍、电影、音乐、汽车、猫）以及联系信息；用户还可以通过聊天和视频功能加入群组并与朋友进行交流。有几项功能可以引导社交互动，包括信息流，用于人物和网页故事的更新，起公告作用的“公告墙”（Wall）功能，用于吸引关注的“戳”（Poke）功能，以及告知其他人有关你的行踪或情况（如关系、职业）的“状态”（Status）功能。“你可能认识的人”（PYMK）等功能可以帮助你找到朋友：脸书会自动向你推荐可能感兴趣的用户，并将根据算法计算出的用户推荐到你的添加列表里；给图片中的人标记姓名有助于识别和追踪整个网络中的“朋友”。第二种编码类型涉及连接性，因为它们旨在与第三方共享用户数据，例如“信标”（Beacon）（现已停用）、“开放图谱”（Open Graph）和“点赞”（Like）按钮。

区分这两种分享及其编码结构可以解决信息控制问题：谁可以分享什么数据以达到目的？平台所有者在用户方面完全公开地拥有既得利益；他们对用户的了解越多，可以与第三方分享的信息就越多。他们将数据聚合并处理成有针对性的个性化策略，从而通过数据创造价值。用户可能会敦促该平台在连通性的最大化上投资，而用户建立的连接越多，他们积累的社会资本就越多（Ellison，Steinfeld & Lampe，2007）。在许多方面，脸书的连接功能提供了强大和丰富的社交体验。然而，完全开放并不总让用户获利，用户可能希望控制第三方对于他们自愿或非自愿提交给脸书的信息的访问权。因此，在推广第一类机制的同时，脸书致力于将用户注意力从第二类机制上转移走：用户对于他们个人信息的走向知道得越多，他们就越倾向于提出反对意见。因此，脸书所有者对编码技术的掌控使其在信息控制战中有明显优势。

在脸书编码机制的发展过程中，无论对于第一类机制还是第二类机制，共享的变革性意义都变得极为明显。根据本章宗旨，我将把重点放在第二类机制上。在成立的第一年，当该网站在哈佛大学校园启动时，脸书的虚拟空间与相对受保护的教育环境空间重叠。默认情况下的信息共享意味着指定的朋友和其他学生会共享你的信息。从2005年开始，脸书向学生以外的用户开放网站，并小心翼翼地开始在受保护的社交网络环境中放置（横 48
幅）广告。2007年11月，信标的推出引起了不小的轰动，因为它明确促进了与商业代理的用户信息共享。44 个商业网站，包括电影票服务机构 Fandango、《纽约时报》网站和猫途鹰（Tripadvisor）都注册了信标功能，允许脸书将用户在这些网站上的最新购买信息发送给其交友主页上列出的买家朋友。用户都是在默认情况下注册信标的，且最初并没有退出选项。在激烈抗议之后，平台满足了用户的需求。扎克伯格公开道歉，并于 2009 年 9 月完全终止了该服务。

信标的问题并不在于对信息共享的意图不够开放，而在于脸书过于明确其协议中的意图。用户可以轻松地觉察到他们的个人购买数据被分发给所有朋友及其他人，并明白其中所产生的利益冲突。另一个错误是明确公开参与该计划的商业代理，这样就暗示脸书是服务于这些公司而非其用户的利益。但是，最重要的是，在社交网络环境中将信标设置为默认开放是一个错误。早在 2007 年，人们还不能将“与第三方共享”视为常规操作。脸书很快改变了它的策略，开始致力于改变常态，取而代之的是更广泛的“共享”的含义。这项新战略的一部分是向其他有兴趣与其用户建立联系的公司开放平台技术。利用平台的火热，公司在 2007 年提供了一套应用程序接口和工具，使第三方能够开发应用程序，用以支持脸书与整个网络的集成，而且确实奏效了。从那时起，开发人员创建了数百万个将脸书连接到其他服务和平台活动的应用程序，“连通性”和“共享”的语境意义从社交网站内的交互转移到与外界的所有虚拟生活的交互。

2010 年 5 月，脸书发布了两个新功能，让这一过程水到渠成：“开放图谱”和“点赞”按钮的引入。这两个新的功能都体现了从第一个到第二个共享意义的明确转变。开放图谱允许外部网站使用脸书收集的用户数据，以在自己的网站上创建个性化体验，即所谓的社交插件，旨在连接网站的
49 不同角落并将它们全部拉到一起。这项工作的一部分目的是识别并调整不一致的对象、人和观念，制定一项旨在为每个对象提供唯一 ID 的标准——无论是人类还是非人类，具体的还是抽象的。在这方面，脸书与雅虎和推特合作，共同采用 OAuth 2.0 身份验证标准。该标准

> 点赞按钮的大量使用已经将“第三方的个人数据共享”转变为在线世界中公认的做法。因此，点赞按钮集中体现了对社会规范的深刻改变。

允许用户将在一个站点上存储的私人资源（例如照片、视频、联系人列表）共享到另一站点，而无须提供凭证，通常是只需用户名和密码。

备受争议的点赞按钮背后的原则是要连接人、事和想法，这个功能可以让用户表达他们对特定想法或项目的赞同并分享出去。例如，如果通过电影数据库发现电影并进行标记，此偏好设置会自动显示在脸书好友的信息流上。此功能推出三个月后，在超过350 000个外部网站上线，这对其发明者非常有利。在这些外部站点上收集的所有用户数据（包括IP地址）将自动返回给脸书。实际上，脸书会记录所有用户在有点赞按钮的网站上的行动，包括非会员和已退出的用户。点赞按钮使脸书得以了解有多少用户以及他们的朋友按了"赞"。界面的可见部分引起人们对用户与用户交互的关注，表明信息保持在共享的第一个意义之内。然而，不可见的算法和协议执行着"点赞"的编程社交任务。点赞功能无处不在，个人数据被转换为公共连接，脸书也不再被视为此功能的独家所有者。与信标功能不同，点赞按钮的大量使用已经将"第三方的个人数据共享"转变为在线世界中公认的做法。因此，点赞按钮集中体现了对社会规范的深刻改变。

这些功能的基础是专有算法边际排名（EdgeRank）和图谱排名（GraphRank），它们过滤用户生成的数据并将其塑造为特定用户有意义的信息流。在对边际排名的详细分析中，媒介学者塔尼亚·布赫尔（Tania Bucher，2012a）证明了该算法在用户身上有偏向。例如，与用户频繁或更"亲密"地（如通过聊天功能）交互的朋友，比不经常联系或仅仅出现在你页面上的朋友更重要。边际排名提供了一个隐藏的对朋友重要性进行排名的过滤器，而用户无法准确知道此过滤器的工作原理。添加到脸书的功能大多附加了隐性算法和协议，这些算法和协议在很大程度上控制着朋友、新闻、项目或想法的"可见性"，目的显然是个性化地优化个体的在线体验，也可 50
能是推广某事或某人。不过想要证实这个目的必须深入了解其功能的技术细节，以及了解其对用户和整个社会的影响。这常常是困难的，因为脸书一直不愿意分享有关其专有算法的信息。

在宣布点赞按钮和开放图谱功能上线的新闻发布会上，扎克伯格并没有从技术进步或市场价值方面解释其上线理由，而选择了从社会角度切入。他说："互联网正处于一个非常重要的转折点。目前，网络上的默认设置大多数不体现'社交性'，同时不采用真实身份。"他补充说，这些变化的引入将使网络"更聪明、更有社交性、更个性化、更具语义意识"[6]。在这次阐释中，"默认"一词并不是指技术或经济潜力，而是指社会态度。实际上，软件的运行需要的不仅仅是技术，还要求文化上的转型（Fuller，2003）。脸书生产工具是因为人们希望网络以个性化的方式为用户提供服务，帮助他们与之想要和喜欢的所有人和内容连接。在这种以用户为中心的连通基础之下，是以所有者为中心的连接逻辑：脸书的界面突出了用户连接的需求，但部分隐藏了网站与其他人共享用户数据的机制。

用户

脸书多年来的独特卖点是它的用户，其不仅在数量方面快速增长，而且在多样性和全球影响力方面也与日俱增。[7]这些令人印象深刻的数字背后隐藏着更为复杂的问题——这些用户是谁？他们的人口统计学数据、国家和全球地理分布以及他们的在线行为模式是什么样的？正如前一章所解释的，本书并不关注作为经验主体的用户，而是试图探寻平台触发用户反应的种种手段。在过去八年中，脸书用户不断地评论网站并对界面中的变化做出反应。用户是如何运用脸书编码技术的规范架构的？他们是否支持平台所共享的（变更的）社交规范？解释上述问题需首先解释用户加入脸书的动机，然后再转向各种阻力模式。

51 越来越多的用户愿意使用这项服务，证明该网站正在成为组织社交生活的核心力量。用户从中获得的主要好处首先是获得并保持连接，其次是维持高质量的连接。尽管通过网站的人际接触从未取代线下社交，但社交网站可以说是取代了电子邮件和传统手机功能，成为年轻一代的首选互动媒介（Raynes-Goldie，2010）。"接触"和"保持联系"现在是完全以社交网站为中心的活动。这些服务有助于弥合空间和时间，帮助人们了解朋友的最新生活动态。Facebook 的设计让订阅者感觉就像与实用程序直接挂钩，一旦成为会员，保持联系的社交推动是潜在的，特别是对于年轻人而言，因为不在 Facebook 上意味着失去被邀请参加聚会的机会，也无法获知重要事件的新进展，简而言之是与吸引人的公共生活动态脱节。研究人员证实，社交网站已经成为积累社会资本的主要空间（Valenzuela，Park & Kee，2009）。

> 与其他大众媒体相比，社交网站为个人用户提供了一个舞台，它制作一个自我形象，并将这个形象推广到亲密的圈子之外。人气和暴露是同一枚硬币的两面，它们反映了如上所述的“分享”的双重含义。

出于同样的原因，Facebook 已经把自己标榜为普遍意义上的带领用户成为好友网络中心的领路人。“交友”的概念涉及现实生活中存在的关系，但同样可以指弱关系和潜在关系。在网络环境中，人们需要表明他们是谁，会通过共享信息来建构身份产生既得利益，因为披露有关自己的信息与受欢迎程度密切相关。心理学研究人员克里斯托菲德斯、缪斯和戴马雷认为，“身份是一种社会产品，不仅是由你所分享的东西创造，而且是由他人所分享的东西创造的……最受欢迎的人是大家最积极参与其身份建构的人”（Christofides，Muise & Desmarais，2009：343）。由于 Facebook 是最大的社交网络，它为卡斯特（Castells，2009）所说的“大规模自我沟通”提供了最大的潜力。[8] 与其他大众媒体相比，社交网站（尤其是 Facebook）为个人用户提供了一个舞台，它制作一个自我形象，并将这个形象推广到亲密的圈子之外。人气和暴露是同一枚硬币的两面，它们反映了如上所述的“分享”的双重含义。

动词“成为好友”（friending）几乎已经成为 Facebook“在线友谊”的同义词，而且，就像“点赞”的情况一样，这个概念含混不清。如前所述，友谊不仅是自发的，基于人的（内部）行为的结果，而且是被“你可能认识的人”按钮和“朋友的朋友”算法所程序化社交关系的结果。这种技术和用户的“友谊组合”由此定义了“我们的朋友是谁、有多少，以及做了什么”（Bucher，2012b）。但是，如果我们查看具体用户对友谊的表述以及 52
他们对 Facebook 在线关系的看法就会发现，用户会与网站积极地互动，巧妙地展开各种层次的友谊，并利用网站蕴含的自我表达和交流的潜力建立社会资本（Ellison，Steinfield & Lampe，2011：888）。正如埃利森和她的同事所总结的那样，用户在评估友谊的质量时会区分 Facebook 上的朋友和“真正的”朋友。实际上，用户即使意识到网站会积极引导他们友谊的在线体验并将他们的社会资本转化为经济资本这一事实，仍然可以享受这种体验。

因此，界面中所描述的“友谊”不是简单地被接受，而是被用户占据和争夺的。虽然大多数 Facebook 的用户会从自身利益出发遵守网站的在线社交协议，但其中很大一部分用户还是会表现出对数据使用的担忧。[9] 一小部分用户明确反对网站不断改变界面功能。正如前面简要提到的，当信标功能推出时，平台面临着大量的抗议活动。行动小组 MoveOn. org 组织了一次请愿活动，在该功能上线后不到两周就有五万名用户参加。2008 年，用户针对 Facebook 和通过信标功能招募的 44 家公司中的一部分提起集体诉讼，最终双方在法庭达成和解，该服务也宣布停止。这是信标功能上线以来，影响最大的一次抗议活动。在 2009 年 Facebook 对其信息流功能进行重大更改时，超过一百万用户加入了“让 Facebook 改回正常！”群组。[10] 但是，在 2007 年，五万名抗议者就占据了用户的很大比例，而到了 2009 年，一百万抗议者只占网站用户的一小部分。抗议活动只激起了涟漪，改造后的信息流功能仍旧运行。

Facebook 用户抵制数据控制策略的另一种形式是在技术层面上进行干预。有许多用户企图阻挠平台的控制。例如，有黑客曝光了 Facebook 会通过 cookies 跟踪用户偏好，即使用户已注销或尚未订阅。[11] 其他形式的抵抗包括加洛韦（Galloway，2004）所说的“反协议逻辑攻击”：用户编写的脚本介入网站界面设计并故意阻止协议。如在网站 userscripts. org 上提供的 App，它允许用户解除所有“点赞”按钮功能。[12] 另一种明显的反抗来自网
53 站 UnFuck Facebook，由一名大学生运营，该大学生利用 Facebook 平台来推广自己的脚本，帮助用户从他们的日志中删除广告和最近活动列表。Facebook 立即做出反应，将广告和活动列表列为默认设置项。正如 UnFuck Facebook 的创始人于 2010 年 11 月 15 日在他的网站上说的那样：

> 我相当肯定 Facebook 一直在故意破坏这个脚本。每次我发布一个修复程序，几天后他们就会破坏脚本。我这样做了好几次，疲于抵抗。[13]

抵制或颠覆默认设置需要技术上的能力和持久的动力。Facebook 为了自身利益一定会在默认设置中尽可能公开用户信息。[14]它会在最细微的技术细节上，与反抗信息控制的用户展开斗争。

批判 Facebook 的一种微妙形式是让记者发现和披露该平台默认策略的技术细节。例如，2011 年 10 月，《今日美国》记者拜伦·阿奇多（Byron Acohido）通过询问 Facebook 高级职员关于社交网络如何密切关注其用户的技术细节[15]，发现他们通过 cookies 来跟踪忠实用户、注销用户和非会员访问者。除 IP 地址外，这些 cookies 还记录个体使用点赞按钮或使用插件访问网站的时间和日期。个人数据和网络浏览习惯之间的相关性可用于揭示消费者的政治背景、宗教信仰、性取向或健康状况等信息。面对调查结果，Facebook 声称使用这些策略是出于安全原因，但显然，跟踪这些相关性也可能带来诱人的商业利益。

一些不满的用户决定完全退出网站，无论是作为个人还是作为集体抗议的标志。但通过取消订阅退出说起来容易做起来却难。深入引擎的默认设置是一个协议，它会向退出用户发送一些包含“朋友”照片的自动消息，并说如果你停用账户，他们会想念你的。很少有用户可以承受这种内疚感，但即使战胜了内疚，也不确定他们是否能够永久地退出网站。要删除账户，必须真正搜索到合适的链接，如果你只是按“停用”按钮，而不是通过按“删除”按钮选择不接收电子邮件，仍然可以被标记并收到 Facebook 的垃圾邮件。[16] 2010 年 5 月 31 日，一群抵抗者呼吁采取集体行动，并将这一天命名为“退出 Facebook 日”。[17]号召信是由用户发布的，他们不仅关心隐私问 54
题，还关注网络“开放、安全和人性化”的未来。一年多以后，近四万名用户实际上已经注销了会员资格，而这个数字在网站每月增加的用户数量面前不值一提。

在八年的时间里，Facebook 所有者和用户之间经常发生关于默认设置控制的小规模冲突。虽然 Facebook 已经屈服于某些要求（如信标功能的取消），但却忽视了其他。平台向前推动了三步，然后用户的要求迫使他们向后退一步。更明确的是，编码技术和用户占有是促进共享意义的工具。Facebook 希望其首选的共享意义——暗示完全开放和与第三方最大限度地交换数据——成为“共同规范”。一些用户公开发声对这种意义提出异议。尽管大多数抗议活动被媒体认为是出于隐私问题，但这些反应表明用户和所有者在通过信息控制获利方面存在更大的冲突。

内容与文化规范

Facebook 正逐渐把以用户为中心的连通性转变为以所有者为中心的连通性，将内容的组织从数据库结构转变为叙事结构。在平台的早期阶段，内容通常围绕用户连接、新闻和好友更新，以及积极的互动讨论进行组织。正如英国研究者加德-汉森（Garde-Hansen，2009：141）观察到的那样，Facebook 的界面被呈现为用户和用户的数据库，其中“每个用户的页面都是他们生活的数据库，使该社交网站变成一个收藏集”。对于一些用户来说，他们在主页面提供了个人档案，一种与选定的其他人（或所有人）分享生活经历和记忆的方式。对于其他人来说，社交网站似乎是“数字游戏的舞台”，一个“看见和被看见”的地方（Boyd，2007：155）。内容的多样性使用户能够通过网络满足需求。在几年的时间里，平台的所有者显然在努力实现数据输入的统一，并开始在界面中引入特定的叙述功能，这一转变最终促成了 2011 年“时间轴”功能的实施。

随着时间轴的出现，上传的每一段数据——文本、图片、视频、声音
55 还有赞、戳等等，在打开时会自动以新的默认格式排列。新的界面不再像一个随机的数据库（Manovich，2001），而更像是记录个人生活的传记。这个结构是从事后进行叙述的，从后往前追溯生活中发生的事件。从最近几个月开始，当你滚动到底部时，就会从几个月滑落到几年。页面的左侧充满了各种活动，“生活中的故事”由图片、朋友发布、喜欢的音乐、交换的食谱、所有的赞和戳、更新、你去过地方的地图，以及其他活动组成。叙述性演示为每个成员的页面提供杂志般的外观和质感——一份以你为主角的刊物。随着时间轴的引入，Facebook 深入人们的生活，其叙事原则模仿人们习惯的讲故事惯例，从而将用户更紧密地绑定到连接的结构上。

响应时间轴的用户注意到了这种效应，并对记忆和情感构成的体验作出了评价。时间轴提示会员们可以发布过往的照片——婴儿时期的、家庭的、读书时的、老朋友的、大学时代的、婚礼和蜜月的，从中体验Facebook诞生前的生活故事。正如一位博主解释的那样：

> 岁月的回忆在我面前闪现，老朋友、老地方，以及我忘记多年的事情。记忆被瞬间拉回从前，我被带回过去的时光，仿佛站在我妈妈的旧雪松木箱前。那是一个装满了童年玩具和照片的箱子，记载着我们家庭的历史。Facebook这个看来无害的社交网络工具居然能通过唤醒记忆来捕捉情绪，给我的个人信息和时间开足了高价，它的活儿干得可真够好的。[18]

虽然时间轴的推出让不少用户体验到了熟悉、怀念和感动，但也引起了其他人的怀疑和不满，特别是会暴露更多个人信息。当切换到时间轴时，每个以前插入的数据都会被默认设置为“公共”，即使你之前已将其设置为“仅好友可见”。用户有七天的宽限期用来决定对其内容的改进。[19]每一条新数据和旧数据都必须决定其可见范围：朋友、更广泛的圈子或一般用户。虽然研究表明Facebook用户运用受众评估技术日益熟练（Marwick & Boyd，2011），但仍有大量用户可能接受了对隐私设置的自动转换，原因是他们不会设置， 56
或是对此并不在意。有反抗精神的用户针对非自愿失去隐私的情况表达了不满。对于一些用户来说，警钟已经响起，“这提醒了我更新了多少照片、分享了多少东西、我加入了多少团体以及我点了多少赞”[20]。用户同时也担心别有用心之人会利用此功能来冒名骗取警惕性较差的用户的信息。[21]

Facebook的新内容架构顺利地将叙述原则与连接原则相结合。除了网站界面的叙述结构使用户的内容呈现更加统一之外，该体系结构还简化了用户输入数据的流程，从而改进了数据管理并增强了算法的应用。例如，统一数据输入使企业更容易在婴幼儿母亲用户时间轴中插入尿布的个性化广告。与时间轴同时发布的另一个功能是“页面洞察数据”（Page Insight Data）。该功能使营销人员能够实时分析、逐步评估在时间轴中发布的广告的效果，并据此判断哪些广告有效，哪些无效，并进行优化调整。时间轴的引入所暴露的内容是网站所有者和用户之间争论的焦点，而这次的争论热度是继信标功能之后最高的。随着首次公开募股日期的临近，这次争论引发了人们的担忧，但与之前的大多数变化一样，Facebook 利用不同层面的策略来缓解阻力。一方面，它为用户提供了重新组织其内容并决定是否隐藏信息的机会；另一方面，它为广告商和第三方提供了更多可统一访问的用户数据。

在平台发展的前八年中，技术、用户和内容相互成就，到了 2012 年这些元素都与 2004 年不同。编码和内容功能影响了用户行为，而用户行为和反应促使平台调整其策略。诸如点赞和时间轴等功能也在平台之外产生了深远的影响，从而影响了在线社交。但在回归网站对社交的影响之前，我们首先需要看看 Facebook 建立品牌的策略——注册服务商标，管理其用户群，同时将其资源变现。

57

3.3 树立 Facebook 品牌：所享即所得

所有者

共享意识形态如何在企业所有权层面发挥作用？Facebook 于 2004 年诞生时，它与如 Friendster、Myspace 和 Xanga 等其他平台竞争，最终成为用户在线社交网络的首选品牌。8 年后，大多数早期竞争对手已经消失，或者作为“失败”的网站被遗忘，用户数量也逐渐减少。很少有公司像 Facebook 那样迅速崛起。从 2004 年到 2012 年，该平台一直掌握在其最初的所有者 Facebook Inc. 手中。该公司拒绝了微软和谷歌这样的巨头提出的一些报价，并且很快壮大到无人能收购得起的阶段。该公司在全球拥有2 000名员工和 15 个办事处，在 2012 年 5 月首次公开募股时，其净值相当于近 1 000 亿美元。

多年来，Facebook 作为社交网络体验的品牌影响力稳步增长。正如吴修铭（Tim Wu，2010）所指出的那样，Facebook 的规模为用户带来了便利，为所有者带来了更多广告潜力。信息公司争相在某个利基市场谋求垄断地位，以此为基础即可以轻松地侵占其他领域。随着 Facebook 体量成倍增长，它通过赢家通吃效应迅速超越竞争对手的用户数量；在其全球影响力扩张的过程中，许多较小的（国家）社交网络服务被牺牲掉了。[22]该平台在将（美国）社会规范传播到全球其他国家用户社区方面发挥了重要作用。由于其规模和全球影响力，Facebook 不仅在竞争中处于领先地位，而且在定义特定利基市场中的媒介社交习惯方面也是领跑者。

尽管 Facebook 在社交网络市场迅速击败其早期的竞争对手（到 2009 年只有 Myspace 仍然在市场上），但该公司还是面临着大型互联网公司主导的其他利基领域的重大挑战，例如搜索。2011 年，Google 试图通过推出 Google + 来削弱 Facebook 在社交领域中的领先地位。根据 Google 的说法，为了从战略上对抗 Facebook，表达对该网站隐私政策的不满，Google + 在其界面中推出了圈子（Circles）和环聊（Hangouts）功能，这些功能为“与合适的人分享合适的内容”提供了更加完善的系统设计。[23]在此过程中，Google 将其新服务打上了品牌标签，重击了对手的缺点——有争议的默认设置。但 Facebook 几乎立即做出回应，增加了群聊和视频通话功能，通过与 Skype 58
的企业合作实现了实时通信。[24]另外通过与 Spotify 等其他应用程序的无缝集成，用户可以选择让每个人都看到他们正在收听的内容。

在企业层面，“共享”已被赋予了无缝连接这一附加内涵，并需同时在两个层面上奏效：第一，为用户从 Facebook 移动到其他平台提供方便，要实现一键转移；第二，通过 Facebook 连接第三方应用程序，并向各方提供所有数据来实现共同利益。用其首席执行官的话来说：“每个应用程序都将社交化。如果我们建立最好的服务，那就有巨大的价值。如果我们不这样做，其他人就会这样做。”[25]扎克伯格认为，让一切都变得社交化是一种企业意识形态，这种观念会越来越多地为其他社交媒体平台和第三方应用所接受。应用程序可以起到连接器的作用，和用户一起提高整体数据流量，所有公司都可以从扩展连接产生的“巨大价值”中受益。因此，Facebook 在连接媒体生态系统中加强其权力的策略具有双重焦点：在邀请对手与 Facebook 协手创造一个“真正开放的连接空间”之前，

应用程序可以起到连接器的作用，和用户一起提高整体数据流量，所有公司都可以从扩展连接产生的“巨大价值”中受益。

扎克伯格会不断强调变化是不可避免的（“一切都会社交化”），并以此向（潜在的）竞争者施压。

在硅谷的风险资本经济中，与竞争对手进行合作交易与打败竞争对手一样重要：所有公司在在线生态系统统一访问和共享方面都有共同的利益。特别是在过去三年中，Facebook 已经从其他领域邀请了合作伙伴（游戏、视频聊天、流媒体音乐），用以全方位地获取数据流量，并以更流畅的用户体验增强连接性。平台之间不受限制的数据流对于像 DoubleClick（由 Google 拥有）和 Advertising. com（由 AOL 拥有）等提供个性化信息服务的公司来说至关重要。Facebook 也在全球推广其叙事结构：对个人会员、公司和广告商都强制推行时间轴的架构，使其通过故事销售品牌，或讲述个人产品体验的故事。加入这个生态系统成为一种潮流，许多平台将企业战略与 Facebook 关于共享和开放的规范性定义相协调。

在首次公开募股之前的几个月里，Facebook 公司小心翼翼地将其企业形象塑造为一家以用户为中心、与他们分享所有权的公司，而不是为股东利益而工作的跨国公司。[26] 因此，在股东所有权的背景下，“分享”又拥有了另一种含混不清的含义。在公司上市后，所有者、用户、广告商和股东之
59 间的争议是一种警醒：通用汽车在 Facebook 首次公开募股前两天撤回其在平台上的广告账户；还有一群不满的用户对 Facebook 提起诉讼，指责公司未经用户事先同意，甚至在其不知情的情况下去给某个内容点赞。该纠纷于一个月后得到解决，但这无助于提升公司的公众形象。首次公开募股三个月后，Facebook 的股价已经跌了近一半，这让所有者和股东都感到失望。显然，其公司的上市增加了所有者的压力。公开募股使得网站更有利可图，却冒着进一步冒犯忠诚用户的风险，而这些用户对商业化扩张是持谨慎态度的。这种摩擦也表现在管理层面。

管理

Facebook 扩展的共享规范不仅在其界面和用户脚本中编码，而且精心设计于其服务条款中。网站对管理在线流量的政策规范做了折中，平衡了做

什么和不做什么、请求和免责声明、权利和责任以及合同协议。自2007年以来，Facebook的服务条款一直是其用户争论的焦点。反对者关心规范中隐私设置、监视和数据挖掘的程度，以及公司条款的长度和复杂性。反对意见来自政府机构、游说集团和用户。也许由于这些批评的存在，Facebook公司经常改变它的服务条款，而用户从未被明确通知其改变，因此很难跟上政策的调整。大多数用户从不费心阅读服务条款就点击同意，且倾向于使用默认设置或对隐私设置漠不关心（Stutzman & Kramer-Duffield，2010；Madejski，Johnson & Bellovin，2010）。尽管如此，Facebook创造的术语在定义共享内容的方面仍然扮演着重要角色。

我们如果更细致地观察Facebook的管理，首先就会发现其至少设计了五种不同的服务条款级别：Facebook的原则、权利和责任声明、隐私政策、数据使用政策和平台策略。[27]所有政策均源自Facebook原则。“共享”的根本模糊性体现在开场陈述中，它小心翼翼地说明了公司的使命：

> 我们正在通过Facebook让世界更加开放和透明，我们相信这将创造更多的理解和联系。Facebook赋予个人更大的分享和联系的权力，促
> 进开放和透明，并为实现上述目标建立原则。这些原则的实现，应仅 60
> 受法律、技术和不断发展的社会规范的限制。因此，我们将这些原则作为Facebook提供服务的权利和责任基础。

该声明完全根据用户的需求而不是公司的利益来阐述其服务，明确提到“不断发展的社会规范”是一种约束力，是Facebook之外的一股力量，但实际上，Facebook的原则才是指导这些规范的主要依据。

在Facebook前两条原则中，“共享”的双重含义被突出，其标题为“共享和连接的自由”和“信息的所有权和控制权”。第一个原则意味着，用户间有连接及交换数据的权利，“只要他们都同意”；第二个原则实际上破坏了平台自己的声明，即人们应该“拥有他们的信息”，并且应该有“设置隐私控制以保护选择的自由”，其中添加了以下免责声明：“然而，这些控制无法限制收到信息的人如何使用信息，特别是在Facebook的服务范围之外。”这最后一句话显然与第三方连接有关，而这正是Facebook积极追求的联系。多

年来，Facebook 确实通过添加隐私设置为其用户让渡了对数据进行技术控制的权力，但是这些设置不能干扰第二层含义上的“共享”，因此如果考虑到第二个原则中添加的免责声明，这些隐私设置的效果就都是虚幻的。[28]

分享在概念上一直以来的模糊性引发了对平台服务条款合法性的争议，质疑声不仅来自用户，还来自政府机构和消费者团体。2009 年，脸书宣布将用户的姓名、个人资料照片、朋友列表、性别和其他个人资料数据视为公开信息，电子隐私信息中心（EPIC）、美国图书馆协会和几个消费者权利游说团体要求美国联邦通信委员会（FCC）就此展开调查。2010 年 8 月在洛杉矶提起的一项诉讼称，脸书的“点赞”按钮有意让未成年人在不知情的状况下接触广告。一位加拿大的隐私专员和德国石勒苏益格-荷尔斯泰因州政府都提出了类似的担忧，他们认为所有政府机构都应该删除它们网站上的点赞按钮和类似的插件，因为它违反了国家数据保护法。[29] 2011 年 8 月，总部位于德国的“欧洲 vs 脸书”组织呼吁采取法律和政治行动，因为
61 它发现脸书长期保存了大量数据，却声称已将其删除。[30]

脸书对针对其隐私政策的诉讼及其他指责的回应，是听取用户的投诉，并根据法律要求对政策进行改进。如前所述，信标功能的失败导致脸书花费 950 万美元建立隐私基金会，并指定用户为董事会成员。[31] 在电子隐私信息中心提起诉讼之后，扎克伯格发布了一份新闻稿，宣称“像我们这样的公司”需要开发新的管理模式：“我们今天不是简单地更新使用条款，而是要建立一个开放的脸书，以便用户可以有效地参与到我们的政策设定和未来之中。”[32] 在一个被称为“在线民主”的举措中，脸书创建了两个用户组，帮助起草新的原则及权利和责任部分的内容。所有用户都可以登录“投票页面”，对这些原则和权利所要求的内容进行投票。有趣的是，平台要求该过程须在 30 天内完成，并且要收集至少 30% 的活跃用户投票结果才算有效。考虑到该网站已在 2009 年就有超过 2 亿用户的事实，这是一个完全不切实际的目标。不出所料的是，“开放管理”没能实现，但仍然被列为第 9 条原则：“Facebook 应该设立‘市政厅’式的通知和评论流程、鼓励参与的投票系统，并将修改这些原则或权利责任的讨论透明化。”尽管有规

定，但目前还不清楚脸书如何举行“市政会议”，或如何在未来的政策修订中体现对“开放管理”的重视。

在脸书的管理模式下，作为信息控制斗争工具的管理条例中，最引人注目的就是公司巩固用户间流量共享概念的策略。他们声称，虽然网站原则中包含商业利益，但是更偏重于透明度层面，以此来淡化自身的商业诉求，把重点放在了用户参与上。透明度和开放性显然适用于被迫尽可能多地分享信息的用户，但不适用于那些不接受用他们的信息换取商业利益的用户。只要该平台的商业战略不够公开透明，其建立的半民主式的管理结构仍然只是具有象征意义的一种姿态。而脸书对其变现的意图又有多开放呢？

商业模式 62

为了更好地理解脸书在共享意识形态中的变现能力，我们需要回归到连通性与连接性的双重逻辑中，它们在用户利益和所有者利益的强烈冲突中有所体现。除了连接之外，在线社交网络还产生两项潜在的经济价值：注意力和受欢迎度。在“注意力经济”中，注意力意味着吸引眼球或（无意识）曝光，这种价值是包括横幅、弹出窗口和网站上的付费广告空间在内的互联网广告的重要组成部分。获得知名度对于那些想要提高公众声誉的人来说非常重要，而确定知名度又与想要寻找有影响力的人或识别流行趋势的公司相关。然而，知名度不是放在那里准备着被测量的；确切地说是要通过算法来设计的，这些算法可以促使用户依据相关性对事物、想法或人物进行排名。

虽然受欢迎程度与真实性、信任度、客观性或质量等价值观无关，但人们通常会将它和这些价值观画等号。例如，用户将他们的私人档案数据托付给 Facebook，因为他们被朋友邀请加入该网络，通常作为现有离线网络社区的一部分，并在上线时加入其他朋友圈。当用户参与更多群组并建立更多联系时会受到更多欢迎。毕竟在 Facebook 上拥有众多好友可以提升你的个人市场价值。“可能认识的人”按钮运用知名度

> 注意力、受欢迎程度和连接性的价值逐渐谨慎地混合在一起，构成了 Facebook 商业模式的基础。

原则，从自动生成的数据和 cookies 中收集名称建议，来筛选你可能认识的用户。换句话说，植根于人们之间基于信任的相对联系的知名度被转化为自动化的、可量化的商品。当用户社区不断推送点赞和戳、发布建议、转发喜欢的项目或者表现对热门及非热门状态的偏好时，通过非正式网络获得的信息会在“商品交易大厅”产生真正的价值。

注意力、受欢迎程度和连接性的价值逐渐谨慎地混合在一起，构成了 Facebook 商业模式的基础。自 2010 年以来，Facebook 逐步开放用户数据，从网站中榨取更多价值，也因为不断侵蚀隐私和信任损失了大量用户（Nussbaum，2010）。经济上的成功在很大程度上是因为社交媒体是一种“聚会”场所（接触和社交场所）和市场（交换、交易或销售商品的场所）的混合体。Facebook 的所有者谨慎地经营着网站的声誉：网站需要许多访问者和高水平的连接活动，唯有这样才能从所有价值中获利。然而，由于社
63 交网站不仅仅是市场还是“聚会”场所，它们又与传统媒体不同。网络社区可以定义知名度，可以为有价值的劳动力所用，也可以担当元数据的传递者，但不能为注意力行业所“俘虏”。当用户兴趣丧失，或感到被操纵时，他们会直接转身离开（Clemons，2009）。换句话说，Web 2.0 平台的长期可行性取决于对社区的吸引和利用，以及取悦用户并让他们参与其中的原始平衡（van Dijck，2009）。用户的权力超过了一般消费者，因为他们创造了价值。基于对竞争甚至是相互冲突的激励和动机的理解，用户有能力做出有影响力的选择。因此，用户作为一种战略力量对 Facebook 的商业模式构成了重大挑战。

毫不奇怪，平台为建立起庞大而忠实的用户基础，同时测试哪些价值可获得盈利花费了几年。尽管 Facebook 用户在 2007 年仍然不愿意在非正式的社交环境中接收广告，但多年来他们对社交空间商业渗透的容忍度不断扩大。自信标功能崩溃以来，公司尝试了各种策略，在建立品牌的同时将连接变现，最常见的是侧栏条幅广告。与 Google 的广告联盟一样，Facebook 采用个性化定向广告，根据内容兴趣将特定的用户与广告客户联系起来。[33] 开放图谱通过点赞按钮和类似应用程序将公司与其自身服务之外生成的大

量数据连接起来，使之能够访问营销、用户兴趣和人口统计数据。正如我们现在所知，点赞按钮很容易受到像 Like-jacking 之类的恶意软件和个性化垃圾邮件的影响，用户定期在他们的信息流或“公告墙”上收到的由“朋友”发送的推荐，实际上是由第三方通过不知情的好友点的赞循迹而来，是广告策略。作为公司叙事策略的一部分，赞助商的“故事”号称比目标广告效率高出近 50%。[34]用户在签署服务条款时会默许此设置。

除了广告，Facebook 还有其他几个有利可图的商业模式，例如向主要和次要品牌售卖主页。事实上，从可口可乐到宝马的所有跨国公司都在利用 Facebook 进行营销，以及所谓的“大规模口对口”推广。它们为有影响力的——通常是有很多好友的用户付费，通过他们所在的群组和网络来推广品牌。由于 Facebook 拥有前所未有的定制（元）数据库，广告和公共关系在此成为科学和统计数据的混合体，形成了有利可图的商业模式。Facebook 64 的战略还包括综合薪酬服务。授予网站成员访问在线游戏或应用程序（如 CastleVille 或 Words with Friends），Facebook 可以分得这些网站收入的三分之一。除了社交网络之外，Facebook 越来越多地成为特定商品和服务的网关和身份提供者。平台成为一个封闭的会员联盟，其用户的数据代表了公司可以购买的有价值的营销和广告利基（Turow，2006）。

Facebook 的商业模式在刺激用户和利用用户之间所寻求的平衡注定充满争议。它的成功最终取决于用户是否愿意提供数据并在多大限度上容忍平台的数据挖掘行为。一些经济学家称尽管其开采方法的具体情况尚不清楚，但这种价值是其最宝贵的资源。[35]另一方面，评论家认为社交平台正在将互联网变成一个专有领域，在这个领域中，少数媒体公司坚持控制工具和服务，这些公司正在“推动控制和排斥作为手段，利用在线用户并将其重新定位为消费者”（Milberry & Anderson，2009：409）。[36]多年来，从公众的角度来看，有关 Facebook 商业模式的信息已经过精心设计。在 2012 年 5 月首次公开募股之前，公司面对使其拥有的“金矿”变得更有利可图的计划，表现得非常冷静。纳斯达克迫使 Facebook 公司开放收入来源和数据资本化的程度更深。[37]在 Facebook 上市的“前奏”中，我们可以再次观察到在一个完整的概念中，分享具有的不同含义。在上市前几周发布的路演视频中，公司为未来的投资者展示了光明的前景。[38] Facebook 的高层管理人员和首席执行官，以及该平台最大的两个广告客户本杰瑞冰激凌（Ben&Jerry's）和美国运通（American Express），以近乎布道的方式解释其业务战略，宣称该公司的“社会”使命是谋求经济利益。本杰瑞公司的发言人回应道：

> Facebook 上的信息不仅从企业流向消费者，还会从朋友传递给朋友。本杰瑞不仅仅是一家公司，还是人们真正的朋友。我们希望与社区、客户建立全面的关系，并与之进行大规模的对话。

在 30 分钟宣传视频的几乎每一分钟，都在强调连通性和社区的价值等同于连接价值，使商业模式与用户利益得以兼顾。根据新划分的“朋友兼
65 客户”的身份定义，客群即是社群，消费者等同于好友。让世界的社交性更强的口号意味着一种双赢的商业主张。正如我们所看到的，共享的双重逻辑不仅仅停留在网站的商业模式中，也渗透到公司理念的每一个层面——包括编码功能、用户实践、内容和所有权策略以及管理模式中。

3.4 连接媒体生态系统中的共同规范

围绕分享的意义的争论不仅反映了一家公司企图让代码和品牌社会化的努力，而且从文化上体现了为在线社交和沟通建立新的规范性秩序所面临的矛盾冲突。在冲突的早期阶段，Facebook 在塑造社会，技术、法律和市场力量也在塑造 Facebook。纵使它启发了年轻一代的生活方式，但 Facebook 设法将其意识形态强加于大量用户的原因，并不能完全由公司的技术创造力或其远见卓识来解释。Facebook 的分享模式已经变得普遍化，因为它的分享按钮被有效地输出到其他平台上，这是由无障碍分享策略推动的。即便不参与共享数据，游戏、付费服务、就业网站和大量其他在线业务模式也与 Facebook 合作，从其规模效应中受益。大多数网络公司会根据 Facebook 的连接原则来提供免费服务，收集用户使用服务时的数据，并根据这些数据销售广告。

也许比 Facebook 输出按钮和共享原则更重要的是，该平台能够接纳这

“共享”的含义由用户间的信息交换，巧妙地为一种意义所取代，使得与地球上任何人共享个人数据成为可能。

么多人的日常生活。曾经是私人领域的非正式社交活动如朋友们一起闲逛、交换他们喜欢的想法，成为商业领域中以算法为媒介的互动。然而，这种转变的重要性在共享、成为好友和赞的滥用中丢失了。[39]在不到八年的时间里，“共享”的含义由用户间的信息交换，巧妙地为一种意义所取代，使得与地球上任何人共享个人数据成为可能。对青少年来说，“建立尽可能大的联系网络”的“交友”概念——由知名度影响的社会荣誉感一直在稳步上升。“点赞”对具有高度情感价值的流行观念或事物的推动，是以牺牲在线宇宙中没有按钮的理性判断为代价的。“困难但重 66
要”不是社交媒体网站提出的判断，分享、成为好友和点赞是强大的意识形态概念，其影响力超越Facebook本身，从而影响社会的结构。

某个特定社会规则的正常化不可避免地会影响规范法制化进程，试图改变隐私法的社交媒体公司反复地引用改变的社会规范来支持它们的论点。例如，2011年12月，视频点播平台网飞（Netflix）支持美国国会的一项法案，该法案将修订20世纪80年代颁布的视频隐私保护法案，后者禁止在未经书面同意的情况下披露客户的个人或消费行为信息。[40]Netflix的律师认为这项法律已经过时，因为人们总是在Facebook和Spotify上分享他们的信息，那么为什么不能共享正在观看的视频呢？努力保护患者个人信息的医生对于患者在Facebook主页上发布自己疾病隐秘细节的行为感到困惑。与此同时，求职者在面试时被要求将他们的Facebook密码转发给潜在的雇主，以便能够检查有意设置为“仅好友可见”的信息。[41]新的在线共享准则在其他领域的应用，会剥夺个人权利，或被用来推动法律修订。

然而，Facebook的规范主导地位并不是固定的，还容易受到它所创造的连接环境中其他力量的影响。对于共享普遍定义起关键作用的反应来自个人、法律机构以及市场。首先，用户的强烈抵制往往出乎意料。据《纽约时报》报道，由于人们对平台隐私政策担忧的增加，Facebook的反对者数量在不断增加。[42]用户对于保护个人隐私信息的需求日益高涨，要求业界停止“开放”。[43]2012年5月，在对该公司首次公开募股的广泛关注中，一宗代表用户的集体诉讼案件在加利福尼亚法院被提起，声称 Facebook 不恰当地追踪和利用其用户。“为什么 Facebook 公开上市？因为用户无法弄清隐私设置。”这句带有嘲讽意味的玩笑话获得了广泛好评。除了成为美国政府部门的诉讼对象之外，Facebook 不断扩大其分享定义的举动一直是欧洲和美国监管机构、非政府组织以及数字民主中心等消费者权利组织积极监督的目标。

也许更有说服力的是市场对普遍的共享意识形态的反应。Google + 和其
67 他新的服务为那些对平台主导地位的原则感到不舒服的人提供了替代方案。它们瞄准了 Facebook 的优势和弱点所在，也就是它的通用用户基础和无差别的好友功能。许多较小的平台（如 Path、FamilyLeaf、ConnectMe、Diaspora 和 Pair）都提供网络服务，并且对用户数量、用户控制都进行了限制。在其他服务商的设想中，网络社交的未来意味着用户将更加重视他们的数据价值。研究表明，尽管许多消费者对网上公司收集个人数据的行为表示关注，但很少有人愿意为保护个人数据付费。[44]一些初创公司，如隐私保护企业 Personal，其经营基础就是帮助用户管理自己的数字足迹，并根据自身意愿决定售卖哪些数据以换取他们切实需要的服务。

Facebook 的运作逻辑确实形成了媒体生态系统中一股强大的力量，影响了诸多其他平台以及人们的社交生活。但它也有对抗力量，即使这个平台在其受欢迎程度的顶峰时看似不可战胜，也同样会受到其所在生态系统变幻莫测的影响，阻止它发展壮大。如果全世界的用户认定 Facebook 失去冷静卖掉了你的私人数据，或者屈服于审查，那么它的受欢迎程度可能会减少；如果立法者和政府获得公民的授权来对信息加以保护，Facebook 的商业模式可能会变得不那么有利可图；如果它的竞争平台能够吸引大量用户，并在社交网络领域占据新的专业领域，Facebook 的价值可能会迅速下滑。事实上，很多人预测，在公司首次公开募股之后的第一个月，其股票价值会大幅下滑。连接媒体的生态系统已经被证明是反复无常的，在这个环境中，平台的地位永远不会彻底稳固。

但即使 Facebook 失去了作为一家平台的冷静，它的意识形态也已经深

入网络社交的毛孔，以至于它的官方语言和口号会获得长期反响。Facebook 的目标不是成为一个让其内容和数据可被其他引擎尤其是 Google 抓取的开放的社交网络。相反，它希望成为社交内容的门户，成为通往数据基础设施的收费公路，以促进各种形式的在线商业化社交活动。在前文提到的宣传视频中，马克·扎克伯格表示其他平台可以以 Facebook 为核心构建自身，并把该平台定义为“一种可以体验任何在线社交的平台结构”，该公司的信条是使世界连接得更紧更透明，从而塑造了一个完整的闭环——在线社交的规则由 Facebook 定义，在线社交的世界就由 Facebook 驱动。

在线社交的规则由 Facebook 定义，在线社交的世界就由 Facebook 驱动。

第 4 章 Twitter："关注"和"动态"的悖论

在平台组织的层面上，是走向自主的通信网络还是成为适用于广告商的应用服务商?Twitter 不得不在实现野心抱负和面临商业压力之间走钢丝。

尽管 Twitter 的形象在网上作为网络交往的"市政厅"，仅仅是个人声音和集体意见的放大器，但这个平台已经越来越成为传播思想和操纵意见的有力工具。与编程的电视节目流相比，Twitter 流是一种不受限制的、未经编辑的、瞬时的、短暂的以及即时反应的实时流——一种据说可以触发观点和直觉的实时暗流。

如果从表面上理解 Twitter 的声明即 Twitter 是一个中立的基础设施，那么当前推文的要旨是不受其管道的影响，但这个雄心壮志会被这样一个事实反驳，即该系统是为了管理流量而设计的，并且被那些想要影响流量的超级连接用户操控。

4.1 引言 68

> 当我们不再谈论 Twitter、不再组织这种专题讨论，而只把它当作一种工具像电力一样使用的时候，Twitter 对我们来说才是成功的。它融于背景中，成为沟通的一部分。我们将其看作一种普通的通信设备，就像电子邮件、短信、电话。那才是我们的宗旨。[1]

当 Twitter 的联合创始人兼执行总裁杰克·多西（Jack Dorsey）在 2009 年纽约"未来的媒体"专题讨论会上预测 Twitter 的前景时，他强调，公司希望用户和开发人员将平台塑造成通用的基础设施，以支持线上交流和社交互动。当 Twitter 在 2006 年首次面世时，并没有人知道微博客到底是什么。在 2007 年的西南偏南大会上正式走红时，其早期用户已经尝试了该平台的很多种用法。Twitter 在被推出的 6 年之后已经成为世界领先的微博客服务网站，每月吸引近 5 亿新用户注册，月活跃用户达到近 8 800 万。[2] 而在过去的 5 年中，从一开始要靠发手机短信上传内容到可以发送即时直播评论，"发推"（tweeting）这个词有了多重意义。为了通过连通性可持续地盈利，在建立品牌的同时，Twitter 也尝试了各种商业模式和管理策略，并多次修改其技术设计。社会建构主义者会认为平台的发展是一个"诠释弹性"
的过程：技术仍然不断丰富，有时又相互矛盾，而在这种诠释达到稳定之 69
前大家都在下注（Bijker，1995；Pinch & Bijker，1984；Doherty，Coombs & Loan-Clarke，2006）。

多西所说的将平台变成像自来水或者电力一样的工具的目标带来了奇怪的悖论。"工具"这个术语假设 Twitter 是一个用户自由交流的中立平台，

Twitter 企图将平台发展为电话公司一般的运营商，但是这个目标同时也面临着使内容流盈利的压力。平台的各个方面都体现了在工程连接上实现连通性的悖论，即如何在确保盈利的同时维持传播的中立性。

就像网络本身，不管用户是谁，也不管他们交换的内容是什么，它就是一个传输 Twitter 流的基础设施。据 Twitter 的第一任首席执行官所言，基础设施本身需要淡化在其背景下，就像自来水和电力被视为理所当然的存在一样。由这个角度出发，Twitter 自诩为一个随机交流随时发生的回音室、大众意见的诞生地，公众情绪可以自此形成，大众眼中的流行趋势也在此起起落落。然而，Twitter 又不仅仅是传送即时信息流的管道，平台和用户也不仅仅简单地作为信息载体而存在。更重要的是，在信息流中，一些用途和用户会被赋予超越其他的地位。Twitter 企图将平台发展为电话公司一般的运营商，但是这个目标同时也面临着使内容流盈利的压力。平台的各个方面都体现了在工程连接上实现连通性的悖论，即如何在确保盈利的同时维持传播的中立性。

如果将 Twitter 诠释弹性的概念应用于它诞生后的六年中，我们就可以观察到冲突的定义和不同的压力是如何影响微系统发展的。我们在上一章中描述了 Facebook 是如何逐渐将"广泛的意义"归因于"分享""点赞"和"交友"的；就 Twitter 而言，类似的进化发生在被称为"关注"（following）和"动态"（trending）的社交实践中。这些实践背后的特定算法被呈现为中立性的，但实际上是应用了过滤机制来权衡和选择用户贡献和 Twitter 内容的。在平台组织的层面上，Twitter 不得不在实现野心抱负和面临商业压力之间走钢丝，是走向自主的通信网络还是成为适用于广告商的应用服务商？为了理解 Twitter 这种矛盾的心理，我们还需要追踪微博客在复杂的互联网环境中如何发挥"推-拉"的作用。Twitter 在面对其他利基市场的竞争对手时如何找准自身定位？平台本身之外的"关注"和"动态"的逻辑含义是什么？本章从存在性、战略性和生态性三个方面探讨了平台成为中立性设施的愿望是否有实现的可能。

4.2　关于存在性的问题：什么是 Twitter?

技术 70

当 Twitter 刚刚出现时，没有人真正知道要如何定义它。它被称为“互联网的短信”，这种允许用户发送和接收不超过 140 个字的文本消息的技术看起来介于为短信、电话、电子邮件和博客之间：它比写博客容易得多，和用电话与人交谈相比有更少的排他性，比用电子邮件交流更随意，和其他大多数社交网站相比又没那么复杂。对 Twitter 最初的想法是“就像令人兴奋的 Facebook，可以使朋友们进行简洁而精准的交流”[3]。Twitter 选择 140 个字符的限制，不仅因为简洁和张力，主要还是为实现与手机短信服务的技术兼容。推特可通过许多设备快速传播（如平板电脑、笔记本电脑和台式机），其优势就在于对硬件的兼容性，以及适应多种在线环境的能力。[4]

如果我们认真揣摩杰克·多西所说的话，就会发现 Twitter 被设计成了一种可以构建应用程序的多用途工具。在 Twitter 出现后的第一年，它经常被看作用户搜索应用程序的服务。可以预见的是，用户和市场总是在寻找一个特定功能来定义其价值。研究人员、应用程序开发人员和新闻工作者都试图帮助回答关于 Twitter 到底是什么的问题。新闻工作者想知道该技术最明显的用途，更想知道什么是它的“杀手级应用”（Arcenaux & Schmitz Weiss，2010）；信息科学家通过“跟随硬件”了解其早期使用者的使用动机，他们通常渴望调整技术以适应自己的需求，或开掘了非特定工具的需求[5]；一些信息和通信技术研究人员试图通过分析推特活动流（Krishnamurthy，Gill & Arlitt，2008）来描述它，还有研究者试图通过在地理空间上映射的网络节点来定义 Twitter 的用户原理（Java et al.，2007）。研究人员还敏锐地观察到，硬件会潜移默化地调节用户（组）之间的有效互动，还可通过硬件检视网站的架构设计，提出修改建议以加强平台协作功能。[6]

Twitter 迅速占领了社交网络中的一个细分市场，而此前 Facebook 和 Myspace 都未涉足于此。过去的几年时间里，一些微博客平台不断对市场进行细分。[7]其中一些平台比较有地域特色，还有的则把微博客和文件分享功能结合起来。相比之下，Twitter 则将自己定位为一个自主研发的品牌，与任
71 何特定的工具、特定的国家或者特定的配对功能无关。Twitter 在技术设计上倾向于全面地综合应用其基本构成元素。为了与尽可能多的社交网络产生关联，Twitter 不断完善它微博客功能的硬件与软件，使其符合其他平台的标准。差不多就在 Twitter 出现的时候，Facebook 在它已经非常受欢迎的网页上增加了自己的微博客功能：个人资料的更改、即将发生的事件、生日以及其他更新内容会在 Feed 流中突出显示。2007 年，Facebook 附上了 Twitter 链接，这让后者的知名度得到了大大的提升。之后不到一年的时间内，几乎所有的社交网站和大多数主流新闻和娱乐媒体也附有 Twitter 链接，这确保了后者在这个生态系统特定领域中的绝对优势。

那么，随着时间的推移，Twitter 整合了哪些独特的界面功能呢？首先，这个平台坚定地宣扬以用户为中心，这一理念在“关注”的概念上得到了体现：用户可以订阅其他人的推文，前者会被称为后者的“粉丝”。早期的“关注”意味着参与实时的公共对话，查看和回复你感兴趣的用户的评论。在很短的时间内，Twitter 就获得了大量的用户，这些用户想要在公共或社区辩论中交流意见和建议。Twitter 的标志变成一个可点击的 T 形按钮，它将“发推”变成一种无处不在的线上活动，就像 Facebook 的 F 形按钮代表交友，竖大拇指形的按钮代表点赞一样。淡蓝色背景和白色的 T 字形按钮一定程度上成了人们期望在任何社交场合都能找到的按钮，而这正是杰克·多西的野心。

Twitter 架构的一次显著拓展是在 2008 年末推出“热门话题”功能。“热门话题”是一种用户通过在特定词语或短语前加“#”前缀来将帖子按主题分组在一起的功能。从此，用户可以主动或被动地跟踪话题。所有热门话题都会被立即编入索引并进行过滤，然后在“热门”边栏中显示。“转发”功能在 2009 年推出，用户通过使用字母 RT 并在后面加上“@”和其

他用户名来重新发布来自朋友的有趣推文。转发成为一个非常流行的功能，72
带来了巨大的流量。通过此功能，Twitter推广了会话式标签，用户开始通过该功能来创建被多次转发的、起提醒作用的短话题（Huang，Thornton，& Efthimidias，2010）。推动Twitter被广泛接受的一个重要原因是其微型话语规则的流行。"@"（指账户名称）、"#"（表示可搜索的主题）和"RT"（转推）迅速被吸收运用到日常沟通中。逐渐地，Twitter的话语规则无论在线上还是线下（如T恤和地铁上）都被广泛使用，这标志着它在全球各地在线和离线的社交实践中随处可见。

到目前为止，所提到的大多数功能强调了Twitter企图成为通用工具的目标，它还开发了自己的技术来促进跨平台交流。从2010年开始，Twitter.com推出了全新的界面，并将自己定位为"新Twitter"，这个转变使用户看到了Twitter的其他目标。用户现在点击个人Twitter即可查看来自各种其他网站（包括Flickr和YouTube）的图片和视频。像Facebook和Google一样，Twitter开始要求外部开发者遵守开放授权规则。网站还插入了地理空间功能，允许用户启动并追踪特定位置或区域的对话交互。此外，Twitter还推出了"推文推荐"和"热门推荐"功能，可集中展示热门话题或者赞助商的推广推文。显然，这些新功能促进了平台之间的无缝共享，并且拓展了Twitter的商业潜力，因为它们促进了新业务模式的引入，这一点我将在后文进行再次阐述。

在Facebook发布了时间轴功能之后不久，Twitter在2011年下半年进行了更为彻底的界面重新设计，这也被称为"新新Twitter"。这次升级引入了四个新的按钮：主页按钮，显示你关注的人的Twitter"时间轴"；连接按钮，由"@"表示，显示你正在关注转发谁的哪些内容；发现功能，以"#"表示，显示"在你的世界中与你最相关的故事"；"我"按钮，包含个人资料、私信和收藏夹。[8] Twitter的新界面布局使用户的浏览更有结构性，同时也使输入更统一，从而使广告客户更容易接近用户。就像Facebook的叙述性时间轴结构一样，Twitter的全新界面体验比旧版本更为精简。标准化设计的选择显然是用来应对主要竞争对手的页面策略，不仅仅指Facebook，

Google + 也在其中。

Twitter 页面的大幅度修改提高了跨平台交互和无缝共享的潜力，反映了Twitter 将其独特的微型话语规则编织进社交结构的尝试：标签、“RT” 和用“@”来回复成为每个人线上活动的核心。如果原来的 Twitter 更适用于技术达人，那么新 Twitter 其实是把自己推向普通用户，这使得它离“通用工具”更近了一步。Twitter 是一个帮助人连接、生产和关注全球性对话的网络，显
78 然会产生大量的用户和推文。编码和设计的日渐发展揭示了一种模式，其中先进的网站连接开发技术不断在针对用户连通性提升功能。

用户和使用

从一开始，用户和政府就把 Twitter 作为连接个人和用户社区的工具——一个授权公民发表意见抒发情绪的平台，有助于公众对话，并通过支持某些群体或观点来获得关注。2010 年 8 月，维基百科列出了 Twitter 的 9 个“显著用途”，每个都描述了 Twitter 最近作为核心工具的实际（或实时）应用情境：竞选活动、法律诉讼、教育、紧急情况、抗议和政治、公共关系、报告异议、空间探索和民意调查。[9] 这个“显著用途”清单可以作为 Twitter 渗透到人们日常生活中各种社交环境的随机清单来阅读，它列举了用户使用的社会环境，而作为工具本身其也是一种塑造力。如果在特定的社会背景下考察 Twitter 与其用户之间的相互塑造，我们就很难摆脱这个模糊命题：在声称公正地促进所有人发声的同时，他们还构建了一个等级结构。我将聚集于两个具体用途来说明这个悖论：一是作为（社区或政治）组织的工具，另一个则是作为自我推销的平台。

大多数被认为是年轻活跃的 Twitter 用户，会感觉自己在公共对话中被赋予了贡献个人声音的权力，或有能力依靠集体力量对公共辩论产生影响。然而，平台的人口统计和用户趋势揭示了一个更微妙的图景。在其存在的最初几年，Twitter 的用户人口统计数据与其他社交网站相比大为不同。大多数社交媒体，如 Facebook 和 Myspace，受到大批接受教育的青少年用户，如大学生和年轻专业人士的青睐。人们在这个人生阶段渴望尽可能多地建立

联系，无论是在个人层面还是专业层面上。与竞争对手相比，Twitter 的初始用户基本上由年龄更大的人群组成，其中许多人以前没有使用过其他社交网站。在过去的几年中，微博客网络主打商业和严肃新闻，因而在早期主 71
要吸引的是年长（35 岁以上）的专业用户。[10] Twitter 用户数在 2009 年 5 月之后开始飙升，年轻群体的增长速度较快，使其用户平均年龄降至 35 岁以下。[11] Twitter 开始通过新闻推送和名人推主进入主流视野，这种变动正好与人口统计数据的变化相吻合。[12]

随着用户结构的变化，一些重量级的推主对用户动态产生了重大影响：一个由 10% 用户组成的群体生产了超过 90% 的推文（Heil & Piskorski, 2009）。[13] 2010 年，有信息科学家从对所有 Twitter 用户的全面数据分析中发现，只有 22% 的用户是相互关注的，而 68% 的用户没有被任何他们所关注的用户关注："人们关注他人，不仅仅是为了社交，而且是为了获取信息，因为关注的行为代表着接收（原文）别人发的所有推文的欲望。"（Kwak et al., 2010：594）流行的 RT 和#按钮被少数用户利用，让更多人成为潜在的 Twitter 用户。然而，最有影响力的位置并不是专门为那些制造大量转发的用户保留的；事实上，有技巧的用户也可以对各种主题产生实质性的影响，正如研究人员总结的那样："影响力不是自发地或意外地获得，而是通过协调一致的努力，例如将推文限制在一个主题上获得的。"（Cha et al., 2010：10）

尽管 Twitter 被人看作网络交往的"市政厅"，是个人声音和集体意见的放大器，但其实已经越来越成为传播思想和操纵意见的有力工具。在类似 Twitter 这种自诩中立的"公共事业类"平台上，人们期望所有的用户都是平等的，但是一些用户却比其他用户更加优越。这种不公平部分原因在于之前提到的平台架构，部分原因在于用户自身的主动转向。开放、自由的 Twitter 宇宙（Twitterverse）的想法在现实中更接近于由少数可熟练控制大量粉丝的"超级关联者"所统治的公共对话领域。这个平台的架构可以让一些内容生产能力强的"大 V"用户享有特权，并且由此获得更多的关注。Twitter 的雄心壮志是成为一个

在类似 Twitter 这种自诩中立的"公共事业类"平台上，人们期望所有的用户都是平等的，但是一些用户却比其他用户更加优越。这种不公平部分原因在于之前提到的平台架构，部分原因在于用户自身的主动转向。

随意交流的回音室，因此，允许一些用户发挥非凡的影响力与其隐含的愿景是不相容的。这种模糊性在具体的社会情境中是如何表现出来的呢？

Twitter 的困境首先在政治（草根）行动主义上有所体现。2009 年的伊
75 朗抗议活动、2010 年的“阿拉伯之春”运动以及 2011 年的“占领华尔街”运动都被认为是通过社交媒体赋予用户权力的例子——参与的公民自己掌握沟通和宣传渠道，挑战政府、新闻机构等传统守门人的权力。2009 年伊朗的抗议活动被誉为“Twitter 革命”，强调社交媒体的内在解放（Gaffney，2010；Giroux，2009）。外国媒体和政府官员认为“阿拉伯之春”对社交媒体平台具有重大意义，他们把社交媒体当作中立的工具，将民众聚合为集体并使之强大。诸如莫罗佐夫（Morozov，2011）和克里斯滕森（Christensen，2011）等批评者对社交媒体推动公民运动的潜力提出了严重的质疑，认为大多数平台加剧了极权主义政权对抗议者的控制权，因为通过平台可以很容易地追踪到用户。[14]

根据批评者的观点，Twitter 不是一个中立的平台，用户的影响力不可能一致。Twitter 的过滤功能一直在微调，通过衡量其用户的影响力，以便更好地组织搜索结果（Huberman，Romero & Wu，2009）。与只提出意见的人相比，任何像 CNN 首席记者克里斯蒂安·阿曼普（Christiane Amanpour）或一些中东问题专家这样的用户，在 Twitter 宇宙中都会被自动分配更多的权重。在过滤机制之下，起义期间使用 Twitter 的示威者并不具有同等的声量。鲍尔和达尔莫尼（Poell & Darmoni，2012）在对发生在突尼斯的抗议活动进行了全面分析后发现，与世界各地的活动性社团组织和记者有良好关系的阿拉伯侨民网络中心是通过 Twitter 向国际媒体发布消息的。正如 EdgeRank 出于相关性过滤 Facebook 的“好友”一样，Twitter 的算法、策略和用户实践也会对不同的声音分配不同的权重。

Twitter 作为自我推销工具的角色，为呈现平台模糊性和对用户区分赋权提供了另一背景。尽管吹嘘自己拥有引发“公众共鸣”的能力，但该平台还是推崇有影响力的用户，尤其是明星、政客等名人。知名人士通过 Twitter 的关注功能获利，因为它是组织和维护粉丝的完美媒介。对于政治家来说，

Twitter 已经成为不可或缺的选举工具，因为它可以让他们控制自己的信息，摆脱对记者的依赖——这是一个相对于主流媒体的巨大优势。毫不奇怪的是，明星和政界人士成了最受欢迎的用户，排名前五位的粉丝数量都达到数百万。[15]大多数名人用户会聘用专业公关人员来管理他们的“信徒”、选 76
民或粉丝，而 Twitter 则提供咨询顾问服务，以保持高阶用户的影响力。毕竟，这些名人所创造的流量对于企业销售广告是相当有利的——我们将在后文讨论这个策略。

然而，坐拥大量的粉丝并不仅仅是名人的特权，对于很多普通用户来说，Twitter 也已经成为自我宣传的主要工具。粉丝的绝对数量已经成为衡量人气和影响力的晴雨表，这将更多的权力赋予了 Twitter 宇宙中的少量用户。人们已经很快学会了如何操弄这个系统，并在 Twitter 上积累影响力。《纽约杂志》记者哈根（Hagan）认为：“公开诠释生活体验的冲动已经模糊了广告与自我表达、营销与真实身份之间的区别。”[16]用户希望拥有大量的粉丝不仅仅是因为虚荣心或自尊，实际上是可通过受欢迎的程度获利，其本质是向出价最高的买家出售影响力。像 Klout 等专业网站会自动计算个人对网络的影响，使用的算法主要基于用户的 Twitter 和 Facebook 的受关注度，然后将这些信息出售给潜在的广告商或寻找“网络大 V”的公司。[17]企业和广告商热衷于付钱给“大 V”（名人和普通用户）来传播自己的品牌。

正如 Twitter 的两种社会用途所表明的，外显性用户在塑造平台的方向，同时平台也在以同样的方式塑造用户的行为和社会地位。“关注”的意思最初是为了互动和交流的目的而与某人连接。渐渐地，这个术语也意味着跟踪某人并“买进”他的想法。为了检验“动态”这个含义同样含混不清的术语，我们现在将更仔细地研究推文的内容和文化形式。

内容与文化形式

Twitter 的外显性用户在塑造平台的方向，同时平台也在以同样的方式塑造用户的行为和社会地位。“关注”的意思最初是为了互动和交流的目的而与某人连接。渐渐地，这个术语也意味着跟踪某人并“买进”他的想法。

在诠释弹性阶段关于什么构成了 Twitter 本质的争论中，推文的质量和数量被认为是至关重要的因素。“推文”可以说是 Twitter 对网络文化最有特色的贡献；通过 # 标签限制在 140 个字内的表达已经成为世界范围内在线公众评论的固定格式。这种新的文化形式已经在平台之外被广泛采用，例如在报纸和电视上。其简洁的语法和分隔的长度使得 Twitter 实际上与“引用”同义——引用经过平台认证的资源而不是记者。除新闻外，推文也影响了
77 诗歌等文学作品的形式。所谓的“Twitter 文学”是 Twitter 语法成为全球文化话语组成部分的又一标志。

推文的质量会受到解释性争论的影响；大多数讨论围绕推文是对话式的还是信息式的，以及它们包含的信息是否必要。一些早期的批评者认为推文是些高谈阔论、不经思考的话语，而另一些人则认为是一种自由流动的、连绵不绝的公众言论。[18] 在 Twitter 发展的前三年里，研究人员便就该工具是只适于闲聊还是具有新闻媒体的属性展开了讨论。[19] 的确，推文可以介入中东局势的最新发展，也会关注雷蒂嘎嘎（Lady Gaga）的媒体。[20] 但是，在传统媒体中，必要和非必要的内容总是共存的，即使在我们所说的高质量报纸中也是如此；那么，两种类型的内容在一个新的媒介中并存也就不足为奇了。也许最典型的推文并不是依其内容的“分量”取胜，而是靠信息的表达方式和个性。研究人员马威克和博伊德（Marwick & Boyd，2011）发现，含有代词“I”的推文往往受到欢迎。政客们将他们的政治信息包装在个人化叙述中发布，旨在挖掘媒介交际模式的深层内涵。推文在传递情感方面也最大限度地发挥了作用，无论是冲动的观点还是本能的反应。越来越多政客和名人的“个人”推文作为“评论”出现在大众媒体当中，取代了原来新闻中敷衍的引语。与 Facebook 的叙事策略相似，推文在让个性化的公共信息进入定制的在线社交环境方面体现了高效率。

然而虽然看似矛盾，但推文最重要的局限性不在于它们的质量，而在于它们的数量巨大。2012 年 2 月，Twitter 消息的每日数量从 2009 年的 2 700 万增加到 2.9 亿。[21] 一方面，实时的推文流常常被塑造为（全球）观念流或无中介公共聊天的共鸣空间的概念。另一方面，推文随机流动的概念与 Twitter 将之构建为可利用资源的努力是矛盾的。并非每一条推文都具有同样的重要性：如上所述，一些发推人的价值高于其他人，而一些推文的重要

性高于其他推文，其分量是以“每秒推数”（tweets per second，TPS）来衡量的，该数值高，影响力就大。算法对传播强度的推动超过了质量，导致信息在短时间内可能变成趋势并大量传播。因此，热门话题可能指的是“表面内容”流，但也可能是信息传递的信号，旨在推动信息的病毒式传播，扩散到其他社交平台和主流媒体。“跟踪新兴趋势”和“设定趋势”的 78
双重逻辑对 Twitter 的所有者构成了深刻的挑战。作为该平台首席执行官之一，迪克·科斯特洛（Dick Costello）明确地指出：“信息重构的危险在于，用户不再像最初那样来体验 Twitter，不再把它当作自由的、充满偶然性的聊天场所。”[22]

Twitter 对热门话题的投资体现了其想要同时度量、操控和调动公众情绪的野心。在平台的编码技术和用户都可以参与提供内容的同时，热门话题反之又可以帮助某些用户成为影响者。平台能成为全球舆论机器并不新奇。哈贝马斯（Jürgen Habermas，1989）的理论认为，媒体平台非但没有记录自由交流的思想，反而构成了规范的社会交流互动空间。在谈到报纸和电视新闻时，哈贝马斯认为，利用民意调查等宣传策略，大众传媒渗透到正式的公共领域，通过引入服务于企业或政府利益的机制来“腐化”集体的意见形成（van Dijck，2012a）。换言之，民意调查还包括舆论工程。

与编程的电视节目流相比，Twitter 流是一种不受限制的、未经编辑的、瞬时的、短暂的、可即时反应的实时流——一种据说可以实时触发潜在观点和直觉的信息流。如果从表面上理解 Twitter 的声明，即 Twitter 是一个中立的基础设施，那么当前推文的要旨是不受其管道的影响，但这个雄心壮志会被这样一个事实反驳：该系统是为了管理流量而设计的，并且被那些想要影响流量的超级连接用户操控。为了理解“关注”和“动态”逻辑上的内在悖论，仅仅提出 Twitter 是什么的问题可能不够，我们还需要看看 Twitter 想要什么，这意味着我们必须研究它的社会经济结构。那么它又是如何设想其公司战略，包括其管理政策和（未来）业务模式的呢？

> 与编程的电视节目流相比，Twitter 流是一种不受限制的、未经编辑的、瞬时的、短暂的、可即时反应的实时流——一种据说可以实时触发潜在观点和直觉的信息流。

4.3 关于战略性的问题：Twitter 想要什么？

所有权

如前所述，Twitter 的所有者想要将这个平台作为独立的微博客服务来开
79 发。与 Facebook 一样，Twitter 也专注于使其服务与尽可能多的平台兼容，确保其淡蓝色的图标和白色 T 形按钮在各种硬件（手机）、软件（网站）和媒体内容（电视节目、广告、报纸）中存在。Facebook 和 Google 已经将 Twitter 整合到自己的服务中，牺牲了它们自己微博客服务的信息流和社交工具，但也靠 Twitter 的品牌效应吸引了大量的流量。然而，Twitter 作为一家独立公司的地位一直是人们经常讨论的话题。市场分析师持续关注该网站的盈利策略，无论是作为一个自主品牌，还是作为其他平台的潜在收购目标。[23] 到目前为止，Twitter 已证明能够保持其主体地位，表面上以独立公司的身份坚持中立，但该公司要坚持多久才能实现其最初的理想？而从 Facebook 首次公开募股后的反响来看，Twitter 未来的公开募股是否会影响所有者的目标，挫败用户的积极性？

Twitter 保持独立性的问题与该公司含混不清的野心有关，即能否在成为一种促进连通性的工具的同时又能成为一家利用其用户产生大量推文和元数据的公司。答案很简单：如果要生存，就需要两者兼而有之。Twitter 在生态系统中的地位一直都岌岌可危。其竞争对手 Facebook 和 Google 主导着生态系统中各自划定的领域——Google "拥有" 搜索引擎，Facebook "拥有" 社交网络。当然，Twitter "拥有" 微博客，但是它的地位还没有像竞争对手那样稳固。2011 年，首席执行官迪克·科斯特洛开始称 Twitter 为 "信息网络"，而不是 "社交网络服务"，以表明公司正朝着连通性方向迈进——避开杰克·多西早期把 Twitter 定义为 "工具" 的野心，并将新的通用标签附加到平台上。这一做法很可能会被理解为一种防御战略，是一种将 Twitter 的利基从即将到来的竞争者地盘上隔开的有意尝试。成为 "信息网络" 可

以看作公司重新调整且刚刚开始实践的企业新目标，而此时微博客的诠释弹性阶段还远远没有结束。然而新的企业目标需要战略定位，这一定位不仅仅针对历史上通过设计各种各样的应用来推广 Twitter 的第三方开发者，还要针对建立在 Twitter 流量机制上的“旧”媒体，且要面向竞争对手。

直到 2010 年，Twitter 都未收取过使用其数据的费用。而事实证明，许多更优秀的应用程序设计人员会利用大量的推文变现。例如，社交阅读器（TweetDeck）是一种流行的监控工具，它使用应用编程接口生成一种用于追踪和重新定向在线流量的仪表板，以此成为一家成功的创业公司。在 2011 年，Twitter 接管社交阅读器（TweetDeck），从而凸显了其对内容变现 80
的新追求。从“旧”媒体的角度来看，电视制作人越来越多地将微博客工具整合到他们制作新闻或娱乐节目的专业程序中。许多报纸都以 Twitter 当日最受欢迎的推文为基础发布“热门话题”，并利用 Twitter 的潜力挖掘近期接近沸点的话题，以预测和创造新闻。[24] 此外，广电行业的制作人员还能利用 Twitter“病毒式循环”的能力吸引观众参与到对话中来，而 Twitter 还可以提供聚合的实时分析，帮助人们了解电视辩论的动态，或发现观众观看综艺节目时的情绪波动（Diakopoulos & Shamma，2010）。如果 Twitter 想要成为信息网络领域的领先服务商，那么平台上的主要内容制作者和广电行业的合作就是顺理成章的。

在任何以（元）数据解释和开发为核心的环境中考虑搜索的重要性，Twitter 作为“信息网络”的独立地位似乎都不是安全的。随着对信息和搜索的重视程度越来越高，Twitter 只能与搜索巨头 Google 合作。虽然 Twitter 被大型内容提供商吞并似乎不太可能，但前文有关收购和联盟的例子表明，Twitter 的自主性在连接媒体的不稳定生态系统中根本没有得到保证。[25] 如果 Twitter 想成为一家信息公司而不是实用工具提供商，那么这个选择不仅会影响 Twitter 的所有权状态，而且会影响它对商业模式的选择。

商业模式

直到 2009 年，Twitter 的所有者仍然刻意隐瞒 Twitter 通过其受欢迎的服务获利的计划。他们从风险投资家那里募集了足够的资金，以便有时间找到合适的创收模式。[26]然而，有时候业务分析师也会询问 Twitter 的所有者是否有兴趣让其全盘货币化；就像媒体观察者最初将 Twitter 看作用于搜索用户应用程序的服务一样，市场分析人员想知道 Twitter 在推出四年后，是否还在寻找商业模式。[27]与其他社交网站尤其是 YouTube 和 Facebook 类似，Twitter 依靠的策略是先建立用户受众群体，然后再寻找收入来源。这些年来，管理专家们仍然相信，拥有最大规模的用户群对于网站的长期持续盈
81 利能力至关重要（Enders et al.，2008）。然而，商业模式并不是现成的策略，测试商业模式、建立用户基础和调整界面是相互定义的，但很少有经济学家看得到这种动力（Orlikowski and Iacono，2001）。

当 Twitter 仍然将自己视为通信流量的通用渠道时，它的目标是帮助企业创造客户价值。因此，该公司似乎最感兴趣的是从用户或企业客户手中收取费用的商业模式。第一种选择很快就化为泡影。用户如果可以免费使用竞争对手的服务，就不会向 Twitter 支付订阅费用。第二种选择看起来更有希望。Twitter 从一开始就设计了应用程序接口，免费公开其元数据给从研究人员到商业开发人员的所有人以鼓励第三方开发者。许多图书此后都在关注该工具“主导市场”的权力或如何“通过 Twitter 致富”（Comm & Burge，2009；Prince，2010）。公司则袖手旁观，看着外部程序员开发服务变现，并在市场上进行测试。[28]

在最初的几年里，Twitter 还拒绝运用在对话框旁边添加付费广告的商业模式。直到 Twitter 的动态话题和地理空间功能上线后，该公司才开始利用数据发布有针对性的个性化广告。在 2010 年的春夏之交，人们可以从 Twitter 缓慢发展的商业模式中看到一些谨慎的变化。该网站推出了@ eanybird 独家服务，为关注者提供对时间敏感的赞助商产品和活动信息，并推出了推广推文（Promoted Tweets）和推广趋势（Promoted Trends）服务，可以将关键字链接到广告商，以便将赞助商推文插入实时对话流。[29]地理空间功能（如兴趣点）提供了基于位置的目标消息。当年早些时候，Twitter 收购了 Summize——一家成功的初创公司，其开发了与地理定位系统相关的搜索引

擎。以这些可以实行商业化开发的功能为基础，Twitter为在其消息界面旁插入赞助商内容——基于推送、基于拉取列表或基于地理位置——等功能铺平了道路。

公司花了更多的时间来研究如何利用日益珍贵的连接资源，特别是大量即时的、自发的主题推文。事实上，Twitter早在2009年就将在搜索结果中包含推文的权利出售给了谷歌和微软，这被证明是一笔利润丰厚的交易。从2010年起，尽管通过向使用其数据的外部开发者收费，推特获取了一定 82
的报酬，但一些观察人士和市场分析师对其商业模式的缓慢发展还是失去了耐心：

> 如果你们不熟悉数据流的话，可以这么说，它是来自Twitter的1.75亿用户和每天1.55亿推文流。这是Twitter和第三方在各方面都可利用的大数据。目前，Twitter会向一些公司收取访问其数据的费用，但大多数公司只需支付适量的费用甚至免费即可访问数据流。但随着数据变得越来越重要，Twitter的数据流就变得更有价值了。这意味着只要Twitter愿意利用这一点，就可以多出一个重要的收入来源。[30]

换句话说，如果Twitter认真对待自己成为信息公司的野心，那么利用实时用户数据就是实现这一目标不可或缺的手段。研究人员测试了Twitter作为突发事件（如事故或地震）"社交传感器"的有效性，结论是通过跟踪Twitter上的标签趋势（Sakaki，Okazaki & Matsuo，2010），几乎可以立即测量传播效果。此外，学者们还测量了Twitter作为"情绪分析"和"意见挖掘"工具的潜力（Diakopoulos & Shamma，2010；Pak & Paroubek，2010），并借助"实时分析"来衡量公众情绪（Bollen，Mao & Pepe，2010）。

建立一个基于上述潜力的商业模型，除了引发前文探讨的悖论以外，还引发了新的矛盾。除了围绕将Twitter视为中立平台的观点之间的紧张关系，在现实中，平台还促进了工程性和操作性，同时也面临着安德列耶维奇（Andrejevic，2011）所谓的"情感经济学"的困境。情感分析、情绪挖掘和意见挖掘——所有这些预测分析的子集都假设Twitter确实是情绪和意见的晴雨表，但是这些方法所涉及的不仅仅是互联网的“情感脉冲”。从过去的用户行为派生的复杂算法不仅被用于预测，也影响未来的行为：聚合和分解来自个体消费者数据的过程可以被用来挖掘某品牌的用户口碑，以及创建基于在特定话题上对话的品牌社区。正如安德列耶维奇所总结的：“任何对情感经济学的考量都应该包括这样一种方式，即市场营销人员不仅通过收集人口统计信息，而且通过关于在线行为和对话的广泛的实时数据库来管理消费者。”（Andreyevic，2011：604）

虽然 Twitter 的盈利策略仍然体现了其开放性和矛盾心态，但公司仍在
83 谨慎地尝试各种商业模式，逐步促进界面变化——如同一种不同模式相互对照的控制实验（McGrath，2009）。毕竟，每一次修改都会带来失去用户的风险，而用户对于一个完全依赖用户传输内容意愿的“信息网络”公司来说是一笔宝贵的财富。随着 Twitter 不断发展其与编码技术、用户程序和内容紧密结合的业务模式，我们看到该公司的转型计划导致了双重悖论。Twitter 作为一家致力于促进用户连通性的公共环境设施提供商，与之帮助其他企业利用用户连接做推广的信息网络的角色相矛盾。平台所有者、用户和第三方都在参与一种不稳定的编排，而这种编排在管理方面表现得尤为深刻。

管理

与 Facebook 不同的是，Twitter 的服务条款在陈述用户与所有者、用户与第三方开发者之间的权利和限制方面始终是相当坦率的。[31] 当 Twitter 在 2006 年启动时，其服务条款非常笼统，并且并未太涉及用户应如何利用该工具进行交流：“我们鼓励用户将其创作贡献给公共领域或考虑渐进式许可条款。”与 Facebook 用户不同，Twitter 用户从未有过平台会重视隐私或促成私密圈子的幻觉，因为他们在很大程度上将这项服务作为（自我）推广和与世界互动的工具。Twitter 在 2009 年的政策明确表达了公司为全球社区提供公开服务的意图：“你在 Twitter 上发表的言论可能会立即在世界各地被浏览。你的所言即代表你自己！”换句话说，用户应该控制自己的公开言

论，而平台则誓言要保护用户发表观点和拥有自己内容的权利。正如服务条款中所述：用户“保留对通过 Twitter 提交、发布、显示的任何内容的权利”。Twitter 用户从未以违反隐私规则的理由将其告上法庭，而且令许多用户惊讶的是，该公司确实保护了 Twitter 用户的言论自由，甚至敢于在法院传唤中对要求将某位用户的推文提交给更高级别法院的判决提出质疑。[32]

然而，当 Twitter 在 2012 年 1 月宣布将遵守各国法律和推文审查要求时，用户的批评声音多了起来。以前的 Twitter 只在全球范围内封禁推文或账户。从现在开始，某条推文可能在某个特定的国家或地区内被封杀，被封的推文会被标注一个带有注释的灰色框，例如，“这条来自@用户名的推 84
文已经在泰国被隐藏”。一位发言人解释说如果 Twitter 要在这些国家继续开展服务就别无选择，只能遵守该国法律。德国禁止在任何网络平台上发布有关纳粹的信息就是该公司所面临的这类法律限制的一个例子。然而 Twitter 用户担心，许多国家的审查制度会威胁到美国宪法“第一修正案”所赋予的权利。为了抗议这项规定，2012 年 1 月 28 日举行了“Twitter 停用日”的活动。[33]这项以 # Twitter Black-out 为标签的抵制活动在各国获得了数以千计的用户支持，收集了大量诸如“Twitter 开始删除推文，我停止发布推文。明天加入 # Twitter Black-out！”的回应。

尽管大多数社交网站尤其是 Facebook 的服务条款倾向于规范平台所有者与用户之间的关系，但 Twitter 的管理条款却更倾向于规范其用户相对于第三方开发者的利益。该平台在 2006 年的第一版服务条款中没有提到应用程序开发者或平台所有者会将数据用于广告。2009 年则补充了通过 Twitter 发送的所有数据都可能被第三方使用的内容：“本许可包含 Twitter 与其他公司、组织或个人合作的权利，并允许在其他媒体和服务上播放、分享或发布此内容，但须遵守我们有关此类内容使用的条款和条件。”获得平台所有者许可并支付一小笔费用，应用程序开发人员就可以访问 Twitter 数据。推荐推文和动态的引入导致了 2011 年服务条款的变化，其中一条规定：“Twitter 及其第三方供应商和合作伙伴可在服务上刊登此类广告或与内容显示及服务有关的信息，无论这些广告是否由您或其他人提交。”即使用户对Twitter的新广告政策不满意，他们也没有抗议，显然是接受了通过广告换取免费服务的新规范。

然而，Twitter在2011年修订的服务条款政策中增加了一则新条款，旨在巩固该平台扩大的数据挖掘选项，这引起了更多人的注意，尤其是那些第三方开发者：

> Twitter将运用如Blogger、Wikipedia在内的各种第三方托管服务来完善我们的服务，也将运用如Google分析等第三方应用来了解我们服务的运行情况。作为网页请求的一部分，这些服务可能会收集您通过浏览器发送的信息，如cookies或您的IP请求。

85 在2011年之前，所有第三方都可以被不加区别地允许在Twitter应用程序接口的基础上开发服务，而上述条款则规定了只有在遵守严格的规则的基础上第三方才会获得授权。Twitter还透露，将与Google合作开发数据挖掘项目。第三方开发者并没有因为Twitter出卖用户的数据而抨击平台，而是抗议其以前所未有的程度限制他们开发曾经被称为“实用程序”的应用服务程序的自由。一位Twitter公司发言人为新规定进行辩护，称跨平台需要更“一致的用户体验”，因为“用户仍然对Twitter第三方客户端显示推文的零散和让用户与Twitter核心功能互动的不同方式感到混乱”[34]。他证实只要第三方开发者遵守Twitter的服务条款，他们就可以继续创建客户端应用程序进行内容管理或发布工具。不出所料的是，这一消息引发了第三方开发者的激烈反应，这些开发者认为Twitter如今在连接媒体生态系统中无处不在的影响力与自己多年的努力分不开，现在却因被排斥而感到沮丧。正如一位博主所说：

> 你（Twitter）可能觉得你“需要”这种一致性，但其实你并不需要，你只是想要并愿意为获得它做出取舍。我只希望你能意识到这些权衡的分量，以及只有某些基于Twitter应用程序接口的创新才会受到欢迎是多么令人心寒。[35]

很难不把这些服务条款的修改看作 Twitter 为实现其成为“信息公司”的新愿景所迈出的下一步。虽然 Twitter 的管理政策明确保护了用户表达和控制自己意见的权利，但公司如果想要继续经营下去，就要被迫遵守某一国家的特定法律；而且该公司为用户的利益反对第三方开发者利用其数据，又为公司与数据巨头合作以把自己手中的庞大资源变现蒙上了一层薄薄的阴影。

在短短的六年时间里，公司的愿景从成为全球化且中立的、可用以对抗政府的公民通信渠道转变为打造一家必须遵守客户所在国家法律的逐利企业。Twitter 还担负着“开放”平台的名声，却通过限制其他潜在开发者访问其珍贵的流量来寻求与少数强大盟友的独家合作。对这个悖论的详细探讨可能不会回答 Twitter 想要什么的问题，反而暴露了该公司运营中的矛 86
盾冲突。而这种冲突必然引起人们对 Twitter 在其中完成进化并将扮演重要角色的更大的连接媒体生态系统的关注。

4.4 关于生态性的问题：Twitter 将如何发展？

作为一种自主的实用程序，Twitter 向利用用户连接性的信息网络逐渐转型，因此对它更加难以孤立地加以评估。前文所提出的双重悖论并不是由目标改变而产生的，相反，作为一个平台，Twitter 的快速发展是一个复杂的过程。在这个过程中，技术调整与用户基础、内容渠道、收入模式选择、管理政策和所有权策略的变化错综复杂地交织在一起。通过追踪最初六年诠释弹性的过程，我勾勒出了 Twitter 在社交网络领域是如何发展成为一个主要的在线利基服务的。然而，Twitter 过去增长的部分原因在于它嵌入了更大的生态系统，但这也导致了它未来的一些缺陷。到了 2012 年春季，Twitter 发现在由盘根错节的平台组成的迷宫中走到了一个十字路口，它需要确定自己相对于用户和各种竞争对手的地位。

尽管可能困难重重，Twitter 仍然保持着公司的独立性，它已经在网络社交领域占据了主导地位，并且有自主编码和品牌。微博客与 Twitter 几乎成了同义词。该平台的微观语法@和#，体现了作为主动和被动两种语态的关注和动态是如何成为日常话语一部分的，其基本语法甚至可以被非Twitter用户理解。就像“Googling”一词一样，品牌名称也在实践中被泛化。Twitter作为一个偶发谈话的回声室、一个公共对话的市政厅以及被压抑声音的放大器的早期形象，依然萦绕在人们的脑海里。[36]这一形象促使其他社交媒体平台和传统媒体鼓动Twitter与其合作。有人可能会认为，未来Twitter作为信息网络的成功，源于其早期立志成为中立实用工具所引发的强烈共鸣；许多用户仍然最为关心平台的功能性，即使对推文的利用和操纵得到了更广泛的认同，他们也接受平台声称的中立。对于新的目标而言，Twitter如何建立这个基于悖论的新形象是它所面临的重要问题。

87 Twitter在竞争中最强大的资本是能够生产大量的在线“实时”流量，并可以即时跟踪信息流。Facebook、Google+和YouTube都不具备此功能，因此Twitter希望在实时分析和预测市场中占据战略主动。算法驱动以过去和实时的行为数据为基础来分析在线行为，支持关注和趋势的文化逻辑，并且在被动反映社会动向的同时也可以主动对之施加影响。Amazon著名的推荐系统仅仅是运用预测分析的一个例子，这种分析变得日益巧妙和强大。主要的离线和在线公司都在雇用工程师评估它们的客户数据，进行个性化追踪和推广。[37]网络数据工程作为新兴的热门学科，可以诠释消费者数据，同时引导消费者的欲望。没有竞争对手能够像Twitter一样访问大量的“实时”社交数据，但开发工具来分析这些数据流并将其转化为有利可图的算法则是另一回事。通过联合Google Analytics作为其首选合作伙伴，Twitter很可能会巩固其国际互联网玩家的地位，因为“搜索”是成功部署预测和实时分析的关键因素。而与Google的合作也为在线广告服务的整合带来了巨大的潜力。

除了在网络消费市场发挥越来越大的作用，Twitter的趋势挖掘和意见挖掘也被用于政治运动及民间基层事业等非市场目的。有大量粉丝的名人推主（如奥普拉与碧昂斯）定期被动员起来，呼吁自己的粉丝关注诸如苏丹的贫困、波多黎各的虐待动物事件等等议题，这种做法也被打上激进主义的标签。Twitter 作为一种即时传播社会事业信息的工具，同时也是草根团体和非政府组织（如绿色和平组织）利用消费者权利意识组织抵制活动的有力武器。利用 Twitter 组织抗议活动门槛较低，与此同时又更容易获得公众支持。事实上，正如一些记者观察到的，"点击式抗议"现在是如此常见，以至于人们会用"标签的激进主义"导致的关注疲劳以偏概全。[38] 然而，更麻烦的是，越来越难以把自恋的自我推销行为从真正的维权行为中甄别出来，也很难区分参与其中的人怀有的究竟是理想主义还是商业目的。维权人士的在线活动很少只涉及一个平台，大多数政治和意识形态运动的目标是在线上和线下媒体上疯狂散播，以便积累大量的关注。[39] 这些大规模病毒式循环的短暂爆发可以说明点赞、交友、趋势、关注、收藏以及其他 88
"社交动词"的算法语法是如何无缝融合在一起的，但这种统一的算法语法往往掩盖了"推""拉"力量的不和谐声音。

然而，确定相互促进的机制和联盟背后的精心设计是非常重要的，因为这可以揭示社交媒体生态的基本原理。Twitter 与 Google 的合作不仅仅是两个微系统之间一个偶然的二重奏，同时表明了大的生态系统内部的整合和混杂趋势，这个话题我将在最后一章中讲到。随着时间的推移，Twitter 公司的野心和战略的转变远不是独特的，其代表的寓意也在各种平台的短期竞争中反复出现。Twitter 在多年的诠释弹性中演变来的双重悖论，在其他平台的停滞发展（如我们将在 Flickr 中看到的）或成功转型（如 YouTube 的情况）中都有特别反映。超级影响者和粉丝之间的动态、预测分析的力量都已经引起人们对 Twitter 预测和生产未来社会趋势潜力的关注。[40]

然而若是把分析的棱镜转向 Twitter 自己的未来，它可能不太确定将会发生什么。由于微博客的含义尚未稳定，连接媒体的生态系统仍在剧烈波动，预测未来就像炒股一样：由于系统的不稳定性，你可以仔细监控所有因素，但不能预测其动荡。在连接文化的跌宕起伏中，Twitter 的命运取决于其与其他微系统的互联互通性，也取决于其所有者如何利用

> 在连接文化的跌宕起伏中，Twitter 的命运取决于其与其他微系统的互联互通性，也取决于其所有者如何利用推文的抱负和用户持续发推的动机之间的平衡。
>
> 平台不是电话，推文不是电力。Twitter 的诠释弹性期还远远没有结束，要达到稳定的阶段可能还有很长的路要走。

推文的抱负和用户持续发推的动机之间的平衡。Twitter 还没有达到杰克・多西希望平台“淡化在背景中”的期望。人们还没有把使用 Twitter 视为理所当然。平台不是电话，推文不是电力。Twitter 的诠释弹性期还远远没有结束，要达到稳定的阶段可能还有很长的路要走。

第5章 在社区与商业之间的 Flickr

Flickr 成立于 2004 年，至今仍是最知名的在线照片分享网站之一；它在受到人气和用户数量方面的重挫之前，吸引了成千上百万用户。

为什么 Flickr 未能在与 Facebook、Twitter、Google + 和 YouTube 等强大竞争者的竞争中取得胜利？本章旨在探讨 Flickr 如何在编码技术、用户和内容策略、所有权结构、管理政策以及商业模式等方面去找寻自己在社区和商业之间、成功与失败之间的定位。

与 Twitter 不同的是，Flickr 并没有以一种战略野心取代另一种；相反，它在对在线照片分享的各种解读之间徘徊，从而不停地改变平台的各种功能：从社区网站到社交网络平台，从照片新闻网站到记忆服务和存储工具。

Flickr 的摇摆不定不仅来源于缺乏自信的管理层和过度自信的用户，而且根植于以集体性与连接性、公共性与商业性的概念冲突为特征的文化经济中。本书将 Flickr 网站的演变过程作为一个向连接文化转变的案例来研究。

5.1　引言 89

> Twitter 出现之前，图片分享网站 Flickr 是我唯一需要的社交网络。我在上面做各种各样的事情：做设计、发海报、画草图、上传照片、制作相册、做实验，甚至偶尔更新一些尴尬的状态。后来 Facebook 出现了，并有望成为最强大的社交网络。但在一段时间后我却对两个事实感到失望：一是人们加入 Facebook 的原因在于它很酷，而不是因为想成为这个社区的一部分；二是 Yahoo！收购了 Flickr，但并没有意识到这样一个事实，即 Flickr 是一个可以进行小社区间互动的网络（原文如此）。[1]

正如这篇博文所示，社交媒体不仅仅只是所有者建立的用户关系平台；用户也需要与网站建立关系，因为他们关心网站对其在线社交体验的影响。Facebook 和 Twitter 作为两大成功的平台，分别致力于成为最大的社交网络和微博客。为了实现该目标，所有者鼓励用户遵守他们的战略，同时与用户、广告商、第三方开发者、股东和利益相关者保持利益平衡。用户并不总是对 Facebook 和 Twitter 的战略行动感到满意，而且正如我们在前面章节中所了解到的，一些用户担忧“他们的”网站对“他们的”体验的管理不当。事实上，绝大多数用户即使不喜欢也能去顺应这些改变，这在一定程度上能够解释这两个平台为什么会成功。另一种可能的解释则是（正如这 90
个博主所言）Facebook 和 Twitter 用户只对服务于个性化用户需求的网络体验感兴趣，而对社区建设并不感兴趣。一旦大公司想推动某个网站成为业界最大，通常关心的是如何创造大量的快速流量，而不是建立可持续发展的社区——这正是前文引述的博文所描述的 Flickr 被 Yahoo！收购后所发生的事情，而此举注定了 Flickr 的命运。

什么因素决定了连接媒体在不稳定的生态系统中的成败呢？有些平台取得了巨大的成功，有些平台彻底失败，还有一些平台则在公众同情中起起伏伏。成功和失败并没有绝对或客观的定义。有些用户不希望在线体验受到商业压力的影响，对于所有者眼中的最高成就（例如平台的首次公开募股或被高价收购），这些用户反而可能会感到失望。然而，成功和失败并不完全由旁观者定义；何谓成功以及谁会受到影响是有关“在线社交性”争论的重要议题。布鲁诺·拉图尔在《阿拉米斯：或对技术的爱》（*Aramis: or, The Love of Technology*）（1996）一书中研究了巴黎个人地铁系统的消亡。他认为该技术系统的失败并不是由某一特定行为主体的摧毁或忽视导致的，而是由于所有参与者没有协商以及未根据不断变化的社会环境对系统作出调整。在各种相互依存的行动者之间，讨论的核心是快速扩张和可持续发展问题。

Flickr 成立于 2004 年，至今仍是最知名的在线照片分享网站之一；它曾吸引了以千万计的用户，之后却遭受人气的重挫。[2] 该平台最终未能在变幻莫测的生态系统中得以幸存，因此被有些人视为一个“失败”的微系统的例子。然而，Flickr 仍拥有 5 100 万的注册会员，每月有 8 000 万的独立访问者，网站上还保有超过 60 亿张图片，在全球排名中尚能占据一席之地。那么为什么 Flickr 未能在与 Facebook、Twitter、Google + 和 YouTube 等强大竞争者的竞争中取得胜利？这是一个很有趣的研究课题。有些人认为，Flickr 甚至输给了一些弱小的挑战者，如迅猛发展的初创公司 Instagram（该网站于 2012 年春天被 Facebook 收购）。如果你问用户（特别是狂热的博主和核心用户）怎么看待 Flickr 的消亡，那么他们会有不同的说法。他们可能会提到尽管 Flickr 的所有者对社区功能的发展心不在焉，但仍然有群组幸存下来并蓬勃发展；或者会说起 Flickr 会从用户那里学习经验，并建立起比其他“胜利者”更好的在线体验。

91 本章旨在探讨 Flickr 如何在编码技术、用户和内容策略、所有权结构、管理政策和商业模式等方面去找寻自己在社区和商业之间、成功与失败之间的定位。与 Twitter 不同的是，Flickr 并没有以一种战略野心取代另一种；

相反，它在对在线照片分享的各种解读之间徘徊，从而不停地改变平台的各种功能：从社区网站到社交网络平台，从照片新闻网站到记忆服务和存储工具。Flickr 的摇摆不定不仅来源于缺乏自信的管理层和过度自信的用户，而且根植于以集体性与连接性、公共性与商业性的概念冲突为特征的文化经济中。本书无意判定 Flickr 的成败，而是将 Flickr 网站的演变过程作为一个向连接文化转变的案例来研究。

Flickr 的摇摆不定不仅来源于缺乏自信的管理层和过度自信的用户，而且根植于以集体性与连接性、公共性与商业性的概念冲突为特征的文化经济中。

5.2　在连通性与连接性之间的 Flickr

技术

Flickr 在 2004 年作为平台出现时，Facebook 和 Twitter 都还尚未有机会对在线社交进行编码或品牌化。Flickr 的界面设计反映出该网站的目标是成为一个以图片为核心的社交网站，同时也可以将其看作具有网络组件的用户生成内容网站。即使是 Flickr 最早的版本，也为用户提供了先进的工具以掌控自己的社交活动：他们可以将任何照片标记为私密，并标记一些受信任的访客，以及可选择将照片开放给特定的群组或所有人。Flickr 的界面提供了在线发布、收藏、分发、布局、展示和存储图片对象的功能。虽然其中许多活动也可以在线下实现，但该平台通过增加内容评论和照片收藏功能，为这些创意活动增添了新的社交维度。用户通过电子邮件注册并进行交流。Flickr 的“群组”功能是使其社交吸引力大增的一个设计：这是一个默认设置，可以促使用户加入群组来讨论他们共同喜欢的图片。

Flickr 早期是在与 Photobucket（创始于 2003 年）和 Kodak Gallery（创始于 2001 年）等对手的不断竞争中定义自己的。它为想将社交实践从线下转移到网络世界的图片爱好者们提供了一套迄今为止最为完整的工具。在 Flickr 的初始概念中，照片不是社交的副产品；相反，图片在线共享是创意和交流功能的核心。基于此概念，2005 年以后 Flickr 建立了强大的社区或 92

者说群组功能，但同时也因添加了一些旨在将 Flickr 融合到 Yahoo！集团中的功能，从而淡化了社区或群组在 Flickr 的中心地位。2007 年，Flickr 不再接受其他邮箱地址注册，而必须使用 Yahoo！的账号，这使得原来的用户感到懊恼。[3]其他一些功能同样旨在提升 Flicker 与其他大平台的兼容性（并增加其竞争力）。2008 年 4 月，Flickr 开始允许用户上传长度不超过 90 秒、大小不超过 150MB 的视频。[4]2005 年至 2010 年间，Flickr 的界面设计不断变化，受到 Facebook、YouTube 和 Twitter 编码架构的影响，加入、修改、删除和重新插入了一些相应的界面功能。

Flickr 的早期版本通过多用户聊天室 FlickrLive 实现了模仿用户照片实时分享活动的功能，该功能可以塑造一种通过照片引发现场讨论的在线环境。FlickrLive 于 2005 年被搁置，直到在 2011 年才回归，并化身为照片会话（Photo Session）的功能。照片会话允许多达 10 人同时观看幻灯片，并可在即时通信软件 Skype 或电话上通过 Flickr 的内置聊天窗口进行交谈。由此，Flickr 聊天功能在停用几年之后又恢复了其重要地位。Flickr 主页上的一份声明写道："我们希望帮助人们分享照片给对自己至关重要的人。"这份声明强调是图片引发社交活动，而不是社交引发图片分享。[5]新上任的 Flickr 产品设计总监马库斯·斯皮林（Markus Spiering）在评论照片会话功能的上线时说道："该功能带来了旧时坐在沙发上看相册的感觉。"[6]

图片在线展示、收集和存储功能是 Flickr 界面不可分割的一部分。该网站允许用户标记自己喜欢的照片，制作属于同一标题的照片合集，并将它们显示为幻灯片或嵌入其他网站。"Flickr 博览馆"（FlickrGallery）功能鼓励用户在同一地方"展出"多达 18 张照片或视频，正如我们在 Flickr 主页上所读到的那样："这是围绕某一主题或想法，以一种真正独特的方式去庆祝同伴创造力的机会。"[7]"照片流"（Photostream）功能会促使用户不断地添加新照片到他们的照片库中，从而增加网站流量。民族志学者南茜·范·豪斯认为，照片流将网上照片合集定义为"转瞬即逝的、暂时性的、'一次性的'、流水般的、非存档的"（Nancy Van House，2007：2719）。照片流平衡了网站的存储和存档功能，随着用户添加的照片数量逐步增长，该功能变得越来越受欢迎。Flickr 希望被视为一个持续变化着的图像数据库，它永远都不想成为僵化不变的档案库。

Flickr 为自己巨大的动态图片库开发了搜索功能，诸如“标记”之类的 93
功能使图片合集可供个人用户搜索，并促使他们为用户社区做出贡献（Nov & Ye，2010）。Flickr 还是最先上线云标签的网站之一，云标签是用户生成标签的可视化描述，可以按字母顺序或重要性（由字体大小或颜色表示）进行分类。Flickr 在其软件设计中逐渐包含了更多自动上传的元数据，如地理标签和时间戳，这些都是带定位功能的拍照手机和数码相机在默认情况下会传输的位置数据。地理标签使得基于地理位置建立社交网络成为可能；用户可以选择与位置和时间相关的互动，再利用 Flickr 的界面进行交互的可视化。用户生成标签和自动生成标签都极大地提升了 Flickr 的商业潜力，尤其是在应用程序开发和推送系统方面，这一点将在后文进行论述。

多年来，因为其具备可视化档案的特性，Flickr 在其编程设计中更偏重于新闻性和瞬时性，而非历史性和存储性。2008 年，当 Twitter 开始在世界范围内迅猛发展的时候，Flickr 在其主页上添加了一个即时新闻照片流功能，以显示不断刷新的全球新闻事件的图片。该设计中包含了“最近 7 天内有趣的照片”“最近上传”以及“最后一分钟上传”的按钮，旨在提升流量并引起用户对时事的兴趣。这样的界面设计提供了不间断的信息以及世界各地的用户所拍摄的新照片流，以此吸引用户去浏览网站，反映出 Flickr 具有传统媒体通过新闻产生价值的特性。几年后，新闻照片流功能从 Flickr 的主页上消失了，目前的设计是留有一个“发现”按钮，可让用户“看到世界上正在发生什么”。2012 年 2 月，Flickr 的界面经过大幅修改后，“发现”按钮的功能转变为催促用户“用您的照片讲述故事”。这种明确的转向，以及在追求更多图片的同时强调缩减网站开放空间，与 Facebook 的时间轴设计不谋而合。

Flickr 的界面设计在历史上体现出了多样的特性，在不同时期，这些功能的重要性有所不同。早期的界面设计将该平台定位为构建社区和群组的工具，后来转为追求新闻和信息发布功能，再后来又想转型为一般的社交

网络或个人记录工具。某些功能的际遇反反复复，一会儿被采用，一会又
94 被搁置，某阶段被突出，然后又被淡化或推出新版本。尽管长期看来，Flickr 的技术功能随着时间的推移一变再变，但该网站始终将创意和社交作为其核心，即使是在受到其他更新潮功能的影响时。有些改变完全是出于 Yahoo! 将 Flickr 与该公司大型基础设施融合的需要，或者是受到 Facebook、YouTube 和 Twitter 等主要竞争网站人气飙升的刺激。而一个更为深刻的问题是，界面设计的修改如何影响用户实践？多年来 Flickr 在界面上设计了哪些用途？用户又是如何回应 Flickr 看似矛盾的功能选择呢？

用户和用途

意识到 Flickr 的照片分享模式与发布微博客的不同是非常重要的，它并不是一种从无到有的社交实践，而是基于对传统的照片拍摄、分发和共享的模拟。此外，它既建立在如家庭影集和照片分享这类私人环境下的个人化活动基础上，也建立在专业和艺术实践上，如档案收藏和照片博览馆。Flickr 从未决定只专注于某一种用途——私人的或公共的，艺术的或商业的；以及某一种类型的用户群——业余爱好者或专业人士。它从一开始就迎合各种各样的照片爱好者的喜好。虽然有人认为是这种折中的用户群策略导致了 Flickr 的失败，但也可能是用户需求与网站策略之间深层次的不协调导致其业绩缓慢下滑。一方面，Flickr 为有兴趣进行线上社区建设和私密共享的用户提供服务，将分享照片作为其增强用户在线体验的主要方式。其用户希望网站管理者在增加用户连接性上增加投资，他们也愿意为这些特权付费。另一方面，Flickr 又希望发展成一个集成应用软件设计师、第三方服务和广告商的平台，而他们都将网站大量生成的影像内容视为等待变现的独特资源，这些企业和商业客户希望平台的主要投资集中于连接性上，并仅仅将连接视为实现这一目标的手段。下面，我们首先要聚焦于第一类用户群。

Flickr 在 2004 年的初始设计中体现了其简单的口号“分享你的照片”；该口号背后隐藏了一个精密的设置，即让用户通过他们分享的内容

彼此产生连接，同时给予用户相当大的控制权。该网站使用户能够上传他们自己（原创）的照片，讨论照片以表达群体品味或共同兴趣，并将该平台作为在线分发和存储工具。Flickr 以这种功能吸引了所有将摄影作为一种艺术或个人表达方式的摄影爱好者——无论是业余还是专业人士。 95
Flickr 照片共享的设计以社区体验为核心，这反映在其将群组活动设置为默认选择上。正如我们在其主页上读到的那样："组群是分享内容和对话的绝佳方式，无论是与私人的还是与外界的。相信我们，当你无法像他人一样找到一个你喜欢的群组时，请随时开始创建你自己的。"[8] Flickr 上的群组围绕关系或主题而形成：他们可能以某人（如约翰的图片）或某物（如旧金山、沙漠、狗的图片等等）为中心。评论功能不仅是发展社区关系的重要工具，也是建立共同的审美判断的重要工具。正如美国摄影理论家苏珊·默里（Susan Morray）2008 年时所说的："Flickr 已经成为一种协作体验：共同展示记忆、品味、历史、身份标志、收藏、日常生活和看法。"（Morray，2008：149）

在 Flickr 开始帮助用户将个人图片转移到在线环境时，数字摄影就已经将人类记忆转向可交际和可公开的方向。[9] Flickr 平台希望将（主要由年长用户珍视的）作为记忆珍藏的照片的共享与年轻人在网络上进行社交的愿景相结合起来。[10] 对 Flickr 视觉（元）数据存储库的研究证明了该网站在视觉数据和用户数据之间建立联系的能力；2006 年，随着 Facebook 在大学生用户中获得影响力，Flickr 开始强调其自身的人际网络潜力，希望能够吸引更年轻的人群。[11] 2007 年，Facebook 扩展其社交网络服务功能，以期承载无限制数量的图片，而 Flickr 对此的回应并不是提高自身的上传上限和存储容量，而是进一步推动其交际功能，却以牺牲网站的创意性和内存为代价（van Dijck，2011）。毫不意外的是，一旦 Facebook 迅速增加其用户生成内容的网站功能时，Flickr 就失去了社交网站的优势。Flickr 可能低估了维持回忆和社交功能的独特人群特征的重要性。[12] 直到 2011 年，随着照片会话功能的实施，Flickr 才重新强调回忆功能，将其口号改为"在照片中分享你的生活"。

Flickr 从一开始就不只欢迎拍摄私人生活和审美对象的内容，还希望用户可以作为摄影师拍摄更广阔的世界。它希望关注全球热点，并鼓励目击者发布时事照片。Flickr 刺激了以火灾、飓风和地震等自然灾害或如地铁爆炸和劫持飞机等恐怖主义行为为拍摄对象的群组的形成，这与平台以社区
96 为中心的理念大致相符。与 Twitter 用户不同的是，Flickr 上的群体用图片来表达他们的经历，以便通过视觉证据来讲述个人故事，而不是创造短暂的实时热搜或做病毒式营销。虽然 Twitter 用户能在一段有限的时间内与尽可能多的粉丝分享目击到的情况，但 Flickr 用户却能在平台上交换故事（如人们的创伤经历），并且保留时间更长。一些研究者认为，Flickr 通过照片实现对当前事件的共享体验，从而增强了归属感，塑造了对世界的集体感知。例如，在针对 2006 年伦敦地铁爆炸事件和 2007 年弗吉尼亚理工大学枪击事件的 Flickr 灾难群组的内容分析中，刘和他的同事（Liu et al.，2008）将相关照片描述为“纪录片实践”，并将该平台称为图像和体验聚合器。

2008 年，Flickr 开始在其主页上突出展示信息网络功能，并重点推出一个新口号：“分享照片，观看世界。”Flickr 特别在涉及人类悲剧和叛乱事件的目击者拍摄的内容上选择与 Twitter 竞争。在 2009 年伊朗选举导致的抗议活动中，几个 Flickr 群组就发布了现场照片，例如 2009 年 6 月遇难的内达·阿格哈-索尔坦（Neda Agha-Soltan）的令人震惊的影像。但与 Twitter 和 Facebook 相比，Flickr 的角色微不足道，前者在大众心目中被公认为政治组织的工具，虽然它们在多大程度上履行了这一角色仍有争议。与 Twitter 上一波波迅速刷新的标签主题新闻形成鲜明对比的是，Flickr 的用户为伊朗境外的传统新闻渠道提供了现场图像和目击者故事。令人痛心的内达·阿格哈-索尔坦的照片就被西方主流新闻媒体采纳以作为该事件新闻报道的证据。[13]

尽管 Flickr 管理层为了使网站在面对强大竞争者时更具竞争力而做出过种种努力，但是 Flickr 用户仍然顽固地坚持网站的最初目标——源于社区并为社区服务的网站——或者干脆离开加入其他平台。Flickr 的原始用户群与全球博客社区有着密切的联系，他们珍视协作和相互交流的精神。由于

对于坚定的 Flickr 用户来说，在线世界是用来创建连接性的，这种价值观牢牢根植于孕育该网站的参与性文化。

许多人对 Flickr 网站忽视社区功能感到痛心，因此其用户数量在逐渐减少。在 Flickr 中心（Flickr Central）和帮助论坛（用户发布问题和评论的页面）上，用户讨论的主题围绕着网站社区的真实性展开，并表示不愿意与网站“走向主流”的努力“同流合污”。[14]在各种网站及博客中，Flickr 用户明确地给出了网站如何更好地满足他们需求的建议，并互相告知该网站的优缺点。[15]他们对于 Yahoo！给 Flickr 管理层施压以添加一些用户并 97
不喜欢的功能的行为给予了差评，除此之外，也表达了对 Flickr 坚守老社区精神的积极评价：

> 最近我很开心地看到 Flickr 的上层设计中加入了一些真正有创新性的社区内容，这将有利于 Flickr 回归用户非常喜欢的“小型化”的特性。Flickr 就是 Flickr，Flickr 永远都会是那个社区。尽管随着时间发展它变得更加主流，但它总会给传统社区一些隐形的空间。不管“老大”是谁，这都不会改变。[16]

Flickr 用户十分敏锐，知道对自己所在的社区网站而言社交网络意味着什么。Flickr 的“分享”与 Facebook 所定义的“分享”概念完全不同，Flickr 上的照片“收藏”与 Facebook 的“点赞”或 Twitter 的“热门话题”也完全不同，而 Flickr 作为新闻和组织工具的特点与 Twitter 的标签行动主义也有很大的区别。Flickr 主要是利用其成员对照片的热爱，以推动群组的形成和社区的建设；大量的 Flickr 用户拒绝多数大型网站架构采用的“受欢迎”或“快速趋势”原则。总而言之，对于坚定的 Flickr 用户来说，在线世界是用来创建连接性的，这种价值观牢牢根植于孕育该网站的参与性文化。

内容

尽管活跃的用户群可能是 Flickr 最重要的资产，但在 Flickr 开发的早期阶段，它在该企业所有者眼中几乎不具备核心价值。当 Yahoo！在 2005 年收购 Flickr 时，看重的是用户已经生成的和未来几年中即将生成的内容，以及其为使照片具有可访问性而开发的编码技术。正如一位前 Yahoo! 员工评论某博主对 Flickr 的耐人寻味的分析时所说：

> Flickr 照片被用户有效地加了标签、进行标记并分类，因此它们的可搜索性非常高。这才是我们（Yahoo!）收购 Flickr 的原因，而不是社区。我们对社区丝毫不感兴趣。收购 Flickr 背后的理由不是为了增进社交，而是为了通过图像索引变现。这完全不涉及社区或社交网络，当然与用户毫无关系。[17]

98 换句话说，Yahoo! 感兴趣的是连接性而不是连通性，因为它购买的是 Flickr 逐步积累起来拥有 60 亿张图片的数据库——该数据库包含的不仅仅是在线照片，这些照片还包含大量有关用户之间以及用户信息和用户行为之间关系的元数据内容。毕竟，促进群组形成和个性化照片共享的代码也可以帮助广告商和第三方开发者将用户生成内容变现。

研究者们长期以来一直将 Flickr 的元数据库视为可视化数据分析的金矿。他们的兴趣在于检测使用模式和开发预测算法，以引导用户的审美和主题偏好——就像 Amazon 使用算法以激发客户对其他内容的需求一样。[18] 例如，通过一些应用程序接口测量用户间的交叉联系强度，以揭示个人和集体行为的模式（Mislove et al.，2008）。瑞士研究者发现了照片-群组分享实践的不同模式，例如基于团体忠诚度、积极参与程度和团体隶属关系等（Negoescu & Gatica-Perez，2008）。信息科学家和统计学家还分析了行为数据，以找出由图片共享引发的有意义的社交活动模式。汇总的内容和元数据可以帮助深入了解大规模的行为趋势（例如谁与谁共享照片及其频率），以及用户和主题内容（例如谁分享狗的图片）之间的关系，并最终将这些数据转化为预测算法（例如谁可能会购买狗粮）。Flickr 和第三方平台很快就根据丰富的数据库设计了广告方案和消费者应用程序。Flickr 实施的算法将从其网站上获得的用户简介数据及交叉引用和标记的数据连接起来，从而在搜索到的内容旁边选择性地投放广告。[19]

Flickr 丰富的用户标记照片库和自动标记图像，对专注于视觉算法、将平台的连接性视为潜在资源的软件工程师和信息科学家来说至关重要。他们可以按字母顺序或受欢迎程度搜索标签或评论中的任何单词。大多数搜索信息来自内容标签或用户添加的个人简介数据，因此用户可以查找与特定主题相关的图像，例如人名、地点或主题。在 Flickr 的巨型图片数据库中植入地理位置标签引发了一系列利用该数据库测试视觉搜索算法的应用程序的开发。工程师将 Flickr 数据库中的可视化内容（图片所显示的）信息、位置数据（拍摄地点）和用户添加的标签相结合，生成由世界各个地区的标志性标签组成的知识汇总（Kennedy et al.，2007）。他们开发的软件可以 99
自动识别地标建筑图片，例如金门大桥或埃菲尔铁塔。比较特别的是，研究人员通常用“集体性”来表述他们对连接模式的追求。例如，当他们把研究目标表述为形成“常识”和“集体文化遗产”时，他们所强调的是社交目标而非技术或商业目标（van Dijck，2011）。[20]

Flickr 经过编码和包含（地理）标记的可视化数据库已成为商业应用程序开发人员的金矿。基于 Flickr 的编码内容，微软构建了现在被广泛使用的照片合成器（Photosynth）软件包。它能够调出某一物体（如凯旋门或巴黎圣母院）的各种图像，并做相似性分析，然后整合成一个平滑的三维图像。所得到的三维图像看起来像一张平面图，观众可以不停地放大和缩小以从多个角度观看，既能看到外观细节，又有总体的鸟瞰视角。虽然该合成图已经体现了视觉算法的精妙，但参与该软件开发的计算机科学家对技术有更高的追求。[21]据其开发人员称，照片合成器在海量图片的基础上合成三维图像是“跨用户体验”即从“集体记忆”中精选出数据再合成的结果。[22]

开发人员和研究人员普遍采用 Flickr 创建之初的“连通性”模型来解释对 Flickr 连接资源的利用可能并非巧合。Flickr 的内容显然是有价值的，开发人员对平台副产品所赋予的意义反映了对该平台所遵循的社会文化秩序更广泛的认识。他们并非无意中引用了由爱表达意见的 Flickr 用户群体所持的“社区-连通性”价值观；其实，他们对该网站的起源故事非常敏感。Flickr 的运营管理层显然在用户与平台建立情感关系的强烈需求和网站所有者及外部合作伙伴想要将照片内容作为连接资源进行挖掘的兴趣二者之间寻找平衡。许多用户注意到了 Flickr 及其管理层为了与其品牌所有者 Yahoo!

区分开所做的努力，这个问题促使我们从社会经济层面去仔细考察该微系统。

100

5.3 在公共化与商业化之间的 Flickr

所有权结构

Flickr 由总部位于温哥华的软件公司 Ludicorp 开发，是该公司本打算开发的多人在线游戏的副产品。这个平台的独立性并没有持续很长时间：Yahoo！于 2005 年 3 月以（据报道）3 000 万美元收购了 Ludicorp 公司，同时停止了自己的照片共享服务 YahooPhoto。尽管如此，Flickr 在照片在线共享这一特定行业中仍有很多竞争对手：Photobucket、Picasa、Snapfish 和 Kodak Gallery 等等。[23] Flickr 活跃用户群的成员数量当时已经发展到百万以上，他们认为自己才是该网站道义上的所有者，因此非常警惕此次企业收购以及接下来的几次收购尝试。几年来，Yahoo！成功地维护了 Flickr 强调社区价值而非企业利益的初创品牌形象。网站的架构或组织中每一个大大小小的变化，如之前所提到的只能使用 Yahoo！账号注册的要求，都引发了 Flickr 老用户的焦虑——摄影爱好者担心公司所有权会影响他们网站的社区和艺术基因，将其成员推向社交媒体的主流。[24]

大多数 Flickr 用户厌恶非自愿的“整合”，但多数人也承认开发更多更好的功能是保持网站处于前沿和最先进状态的先决条件。2008 年，雅虎与微软开始进行谈判，它们潜在的合作将大大提升上传至网站的图片数量，并会带来实现先进图像搜索技术的诱人愿景。有一些用户认为，与微软合作利大于弊。[25] 但意料之中的是，这个潜在的合作还是遇到了来自用户团体的激烈抵制，该组织名叫“微软，把你邪恶肮脏的手从我们 Flickr 身上拿开！”[26] 超过一千名长期用户加入了该组织，推动了关于公司所有权变更利弊的讨论。激烈的讨论体现了 Yahoo！作为网站所有者长期以来所施加的矛盾策略：Flickr 的老用户珍惜社区关系纽带，他们虽然不满企业干预“他们的”网站，但也欢迎合并带来的网站技术实力提升。对于企业所有者而言，忠诚的客户是一项宝贵的资产，同时也是潜在的主要障碍；在试图建立一个以利润为基础的企业时，只要策略发生变化并且用户威胁要退出网站，企业就有可能失去业务。Yahoo！终究无视持反对意见的老用户，于 2011 年与微软和美国在线结盟形成伙伴关系，承诺互相帮助销售广告资源。

事实上，早在与微软达成协议之前，Flickr 就已经开始失去大量客户， 101
而且网站流量相应萎缩。[27]分析人员认为，所有权松散和管理层的不稳定是该网站业绩不佳的罪魁祸首。企业所有者 Yahoo！被指责将建立平台帝国的野心置于 Flickr 及其用户利益之上。[28] Flickr 放弃了在其主页上发布突发新闻照片，该平台的管理层将网站精力分散到过多方向都招致了批评。商业观察家认为来自 Facebook 的激烈竞争是导致 Flickr 营收滑坡的主要原因。工程师们则认为，Flickr 错过了移动应用程序的风口——该利基市场被 Instagram 敏锐地抓住了。Instagram 是一个免费的照片应用程序，给用户提供有特色的滤镜，并允许用户在许多社交网站上分享他们的照片。推出不到一年的时间即 2010 年，Instagram 将其流行的宝丽来照片风格与点赞按钮和 # 标签等功能相结合，使其技术表达与 Facebook 和 Twitter 侧重即时短期趋势和吸引大量关注的基本“语法”原理兼容。Instagram 在 2012 年 4 月被 Facebook 收购，而 Flickr 作为一个失败的例子与这个成功的初创公司形成鲜明对比。[29]

然而，Flickr 在企业所有权上的挣扎只体现了该网站维持脆弱的平衡的一面。多年来，Flickr 与公共和非营利机构开发了多种合作方案，这些方案当然得到了其长期用户的认可。2008 年，平台启动了 Flickr 共享（Flickr Commons）计划，该项目服务于如国家档案馆和博物馆这样的机构，希望使用户参与到识别和解释历史摄影资料的工作中。[30]这个全球项目背后的理念是通过让用户参与文化遗产工作来促进社区的形成。在项目开展的第一年，专注的 Flickr 用户积极地标记和评论被遗忘的历史宝藏。在相对较短的时间内，美国国会图书馆和其他一些欧美同行成功地将一群业余历史学家吸引到让遗迹重现活力的工作中来。[31]该项目被看作众多活跃于 Flickr 社区的知识渊博的公民与渴望将集体记忆转化为文化遗产收藏的档案馆之间的完美合作。[32]

虽然共享项目没有取得多么惊人的成绩，但是安抚了该网站的社区导
102 向用户，并加强了与业余摄影师这一网站核心群体的关系。在这方面，我们还需要提及该网站对其用户群中专业摄影师的主动示好，例如在 2009 年与 Getty Images（为专业人士提供图片库服务的公司）建立战略联盟。“Flickr 珍藏集”（Flickr Collections），正如其名，提供精选照片并通过 Getty Images 进行分发和销售，从而使 Flickr 用户能够利用摄影内容赚钱。虽然许多专业人士对这一举措表示欢迎，但也有些人认为 Getty Images 并不是为摄影师而只是为选定的照片做代理；此外，他们对 Getty Images 代理的独家经营条件感到不满意，因为这意味着他们选定的照片不能同时在摄影师自己的网站出售。[33]一些专业人士认为 Flickr 其实可以更明智地通过知识共享许可来运营 Flickr 珍藏集这一功能。

如果我们考察 Flickr 八年以来的所有权更迭，就会很难忽视其管理层在市场力量和用户活跃度之间摇摆不定的想法。Yahoo！为了应对与 Facebook、Google 和 Twitter 的竞争鼓励 Flickr 迎合市场，而用户迫切需要一个非商业性的、以共享为基础的代表业余爱好者和专业摄影师利益的平台。为了调和这两种需求，Flickr 试图将商业性与公共性结合——与第 1 章中介绍的尤查·本科勒的理论相一致。虽然也有人支持混合所有权模型，但许多人对该平台缺乏透明度表示不满——如果我们审视 Flickr 的管理和商业模式，那么这一观点则会更具说服力。

管理

Flickr 饱受争议的所有权争夺战，体现了该平台想要强化其社区导向形象的愿望与企业所有者追求 Yahoo！的品牌主导性的愿望之间的冲突，这一点在该网站的管理中已有明确的体现。由于 Flickr 用户被迫通过 Yahoo！账号进行注册，因此二者的服务条款不可避免地结合在一起，但又存在明显的分级。Yahoo！通过这种分级方式对 Flickr 施压，让其目标符合自己的企

业制度。Yahoo！的服务条款非常清楚地表明公司有权将旗下任一平台的数据转移到其他平台上，并被许可具有销售或展示“任何与用户内容相关的广告、用户追踪、链接、推广和/或分销的权利”；此外，Yahoo！有权“保留此类广告、用户追踪、链接、推广和/或分销权利的销售或许可权所产生的所有收益”[34]。根据其所有者的服务条款，Flickr 可以向第三方授权应用 103
程序接口，以便第三方基于其资源创建程序或服务，但有权禁止用户将其用于商业目的。正如其主页所述：“Flickr 的应用程序接口可供外部开发人员用于非商业用途，也可通过事先约定用于商业用途。”[35]一旦用户被发现通过照片流销售产品或服务，他们的账户就会被立即停用。[36]

如上所述，Flickr 长期用户群中的许多成员都是专业或半专业摄影师，他们通过爱好赚钱。对他们来说，Flickr 对于账户“商业用途”的定义远非明确。那些被发现在网站上从事商业活动后被删除页面的用户公开表达了他们的困惑：“商业活动”究竟是什么?[37]在一个相互联系如此紧密的环境下，他们几乎无法将一个（社交）活动与另一个（商业）活动区分开，博主们还猛烈抨击了企业所有者的虚伪：在告诉资源提供者兼客户不要将自己的工作货币化的同时，却将这个特权保留给了自己。Flickr Collection 和 Getty Images 之间的协议确实让人觉得有失公允：如果照片被商业售卖部门挑走，就不能再通过摄影师自己的网站销售了。在 Yahoo！与 Getty Image 进行谈判时，Flickr 的半专业和业余摄影师们对 Yahoo！服务约束条款的双重标准提出了强烈质疑。[38]

Flickr 共享的实施，说明了商业和公共之间的另一场冲突，而这种冲突也体现在关于在线内容许可性规则的斗争中。当发布在 Flickr 共享上的艺术、美学或历史摄影内容受到一个综合在线信息公司服务条款的限制时会发生什么呢？例如，Yahoo！的服务条款规定，不能发布任何“有害、威胁、辱骂、骚扰、侵权、诽谤、粗俗或淫秽的摄影内容”[39]。如果 Yahoo！认为某一内容具有攻击性或明显地性表达，就会在 Flickr 网站上将它和发布者页面一并删除。毫不奇怪，Flickr 共享的用户社区对于这一在线空间的双重管理制度感到困惑——当一位遗产项目的参与者在看到国家档案馆中明显不适合儿童观看的图片时，这是否意味着这些图片不应当作为该历史项目的部分内容在网站上发布？

104 在一篇博客的回复中，这位参与者尖锐地阐述了这一管理困境：

> 我不清楚应当如何区分图片是否适合上传到 Flickr，以及何种图片可以上传但需要将安全级别标记为“受限制”。我倒想看看“适当但受限制”这一类别会如何变化。现在，我将密切关注 Flickr 共享如何发展以及它将会包含的内容范围。其中一些图片最终可能只能通过机构的网站发布，而不是通过 Flickr 等服务提供商发布。[40]

不难理解，Flickr 共享中视觉内容的展示规则令人困惑和担忧。一个由公司拥有和运营的平台是否可以设置“公共空间”，并认为该空间相关的规范和价值观会得到公司管理制度的尊重？正如用户之前质疑 Flickr 的双重标准那样（即剥夺了用户将自己的内容变现的权利，却将出售用户的数据作为运营的基础），他们现在质疑 Flickr 在常规商业许可框架内运营“公共空间”的诚意。一个所谓的公共空间是否具有与旨在为大量普通受众提供商业服务的一般社交网络服务相同的审美和道德标准？由于 Flickr 共享确实必须遵守其所有者的管理规则，因此很难期望它能在商业的海洋里创造一个公共避风港。

商业模式

Flickr 在商业模式方面也存在同样的困境。Flickr 初创时为热情的用户（从普通快照摄影师到专业人士）提供免费服务，与大多数社交网站和用户生成内容平台一样，它并没有一个清晰的商业模式。在软件公司 Ludicorp 被出售给 Yahoo! 之后，Flickr 的创始人期望该网站从长期来看能从会员费、广告（主要来自影印行业的公司）以及用户照片收入的提成中赚取收益。[41]尽管这些期望并没有全都实现，但多年来，Flickr 制定了在 Yahoo! 的监管下实现业务变现的几项策略。

2006 年，Flicker 作为连接媒体生态系统中的首批平台之一，推出了所谓的“免费增值”模式。这种模式将免费使用与付费会员资格相结合，此后逐渐被网络世界广泛采用（Teece，2010）。一方面，未付费的 Flickr 用户 105
每月最多可存储 300 MB 的图片和两个视频，他们只能查看最近 200 次的上传，而且必须在照片分享体验中接受广告的存在。如果免费账户连续三个月处于非活动状态，那么 Flickr 有权将其删除。另一方面，Flickr 专业账户年费较低却可以享受无限量上传、高清视频播放和无广告浏览等便利。免费增值模式背后的构想是，让经常登录的业余爱好者和半专业人士成为付费订阅者，同时通过有针对性地给免费用户投放广告和售卖搜索信息元数据来赚钱。

乍一看，这一组合模式似乎可以让 Flickr 专业会员获得无广告体验，但让一些用户感到懊恼的是，情况并非如此。虽然专业会员不会看到有针对性的广告，但他们与网站的互动仍然会面临付费消息和“叙事广告”的侵扰（第 3 章中写到的一种策略）。到 2009 年，像麦当劳、维萨、福特、尼康和柯达等公司邀请 Flickr 专业用户发布图片以“分享他们的故事”，并在其中表达对该品牌的“共享体验”感到欣喜。长期以来，Flickr 的追随者托马斯·霍克（Thomas Hawk）尖锐地批评这一广受关注的商业策略：

> 为什么 Yahoo! /Flickr 承诺了在支付年费后你的专业账户就无广告，却转身就对你打广告？重点是，它们承诺了如果你付费并升级到专业账户就会在 Flickr 上享受无广告体验，为什么他们还要向付费会员推送广告？我个人认为付费会员应该被免除这些针对他们的广告推送。否则，Flickr 应该从他们自己的广告中删除“无广告浏览和分享”声明。[42]

Flickr 专业用户并不反对网站通过内容来获利，但他们希望平台政策能具有透明度和一致性，至少它可以解释其商业模式的运作方式。除了通过订阅费和销售有针对性的个性化广告获利外，Flickr 还向应用开发者收取使用其平台（应用程序接口）的费用。如上所述，Flickr 的服务条款严格限制对其数据库的商业用途，但对“商业用途”的定义，用户并不很清楚。就像与 Getty Images 的交易引发了对该网站管理政策的质疑一样，

Flickr 与首选合作伙伴微软和美国在线的合作也引发了对用户数据如何交易和转售的担忧。在所有这些情况下，用户都要求 Flickr 告知其商业模式的优势。

106 如果 Flickr 如何通过网站获利对用户来说是个关键问题，那么平台给 Yahoo！增加多少年收入的问题则显然是投资者和商业分析师所关注的。[43] 自 2009 年以来，Flickr 可能给 Yahoo！带来了利润，只是公司没有公开其网站具体收益的数据，但可能没有期望的那么多：Facebook 和 Instagram 阻碍了 Flickr 的发展，使得后者的许多改变并没有大幅提升流量和用户数量。多年来，Flickr 的商业战略在 Yahoo！的统一融合政策和自身管理层维护用户社区的定位之间摇摆不定。尽管像 Flickr 共享这样的项目目标可能在于间接地吸引新成员和更多流量以及提升网站的社区形象，但它甚至不能被视为商业模式。商业性和公共性的双重战略使许多人感到困惑，并且很少有人信服。

5.4 在参与文化和连接文化之间的 Flickr

在其存在的八年中，Flickr 的混合文化几乎体现在平台的各个层面。它的交互式混合界面功能体现了它与主要的社交网站和用户生成内容平台的竞争。艺术、创意、记忆、信息新闻功能的不断融合体现了 Flickr 作出的各种努力，以满足用户群体对连通性的需求和企业主利用连接性变现的需求。作为一个社会经济组织，Flickr 会在参与生态系统商业竞争的企业玩家以及与博物馆和档案馆等主要非营利机构合作的社区服务机构这两种形象之间摇摆。尝试将商业性和公共性这两种经典范式结合在一个平台中导致了管理制度分歧和收入模式模糊，这毫无疑问地让网站的忠实用户及其投资者沮丧。[44] 我们可以假设平台的不稳定性和不一致性导致用户数量下降，但这是否意味着 Flickr 可以被贴上“失败”的标签？该问题的答案取决于你提问的对象是谁。

许多外部观察者、前用户、业务分析师和投资者明确地认为 Flickr 是失败的。毕竟，与连接媒体生态系统中的许多其他玩家相比，曾经充满希望和蓬勃发展的照片共享网站 Flickr 并没有达到人们对它的预期。市场竞争激烈，各类社交媒体网站成功占领了特定的利基市场，而 Flickr 仍试图成为全能选手。该网站在商业和公共目标之间摇摆不定，导致很多用户不再忠诚， 107
改用如（Google 旗下的）图片管理网站 Picasa 或（Facebook 旗下的）在线图片及视频分享软件 Instagram 等与 Flickr 类似的网站，或者如维基共享资源（Wiki Commons）等非营利性的网站。[45]“Flickr”① 并未成为指代某种网上行为的专门动词，反而更像是在形容平台方策略的摇摆不定。在许多人的眼中，Yahoo！被大鱼吞食了。

与此同时，仍有许多 Flickr 的新老用户不同意这种意见。即使他们中的大多数并不在乎该平台的规模或者全球排名，但他们关心网站的功能性。他们或许（仍然）以旧的社区导向为标准来评价 Flickr，并依据在线体验中获得的满意度来评估 Flickr 的优点。一些用户非常准确地表达了他们相对一般的社交网络服务或像 Instagram 这样的流行照片共享服务而言更喜欢 Flickr 的原因。这些评价背后有明显的意识形态动机：

> 在 Instagram 上，一切都是公开的，观众的出现和消失几乎与照片流里的图片一样快。在 Flickr 上却并非如此，用户可以将照片设置为公开、对朋友可见、对家庭可见或仅对自己可见。这种社区的形成更加理性。选项中并没有“关注”，有的是“加入”……Instagram 所缺乏的，Flickr 却都有：隐私设置可以调整，使得每张照片上传后不会自动让整个网络都可以看到。在 Flickr 上没有网红，而 Instagram 的公共性使得“网红”的出现不仅正常，而且受到鼓励。[46]

Flickr 积极地在所有用户面前将自己展示为一个关注隐私设置的平台，并非完全由短期趋势、名人和大量关注驱动，且相对于快速的交友行为而言更注重维持社区性。总而言之，它尽可能地回避了前面章节中所阐述的“受欢迎原则”和“无摩擦共享机制”——这两项原则主导了 Facebook-In-

① Flickr 的网站名脱胎自英文单词 Flicker，有摇曳、闪烁之意。——译者注

stagram、Twitter 和谷歌世界。也许具有讽刺意味的是，某些用户认为导致 Flickr 惨败的点却在另外一批人眼里变为其成功之处。

正如布鲁诺·拉图尔（Bruno Latour，1996）在关于巴黎地铁系统消亡的阐释中所表明的那样，在尝试说明正常化的社会和文化模式时，失败的例子会比成功的更有趣。对某一特定（微）系统的拒绝或接受是许多因素和行动者交织的结果。根据不同的立场，Flickr 可以被看作一场对市场考虑不周的失败，或是“用户参与”的胜利。然而，与其将 Flickr 的模棱两可看作一个微系统生存斗争的临时结果，不如将其看成是平台在不断变化的文化氛围中演变的一种表征，后者更有教育启发意义。

108 如果我们将 Flickr 视为生态系统的一部分，那么该网站最初于 2004 年在参与式文化的支持下开始运营，拥抱适应用户和所有者的“新”经济，同时追求社区集体主义和商业使用价值。当时大量在线平台由集体主义支撑，该集体主义的前提源于一种信念，即 Web 2.0 技术提供了一种新的媒介社交性，可以将社区需求与市场力量顺畅地融合在一起。在 2006 年至 2010 年期间，该生态系统倾向于建立一种连接文化，一些平台在这种文化中呈现爆炸式的增长，它们为在线社会实践设定了技术和规范标准。对于平台来讲，很难不去适应这种新环境，也很难不受对该生态系统中的运行条件起决定性作用的经济和文化大趋势的影响。

如果我们看一下 Flickr 短暂的历史，就会注意到所有者和用户如何采用广泛的互联网设备来强化他们的位置是一件颇为有趣的事。Flickr 管理层明白用户为网站带来的价值，试图调和两种截然相反的需求，结果发现自己永远处于一个进退两难的争议境地中。最初的集体主义和基于社区的协作概念，不论其出发点多么良好，实施方案多么完整，都与逐渐以企业为基础、以利润为导向的生态系统格格不入。Flickr 的兴衰荣枯，在全球市场和非营利机构力量相互竞争和冲突的背景下上演。该平台的混合状态反映了对“公共”和“企业”意义的磋商过

Flickr 积极地在所有用户面前将自己展示为一个关注隐私设置的平台，并非完全由短期趋势、名人和大量关注驱动，且相对于快速的交友行为而言更注重维持社区性。

也许具有讽刺意味的是，某些用户认为导致 Flickr 惨败的点却在另外一批人眼里变为其成功之处。

程，而不是市场竞争的结果。显然，人们对企业和公共空间的期望不同，他们对Flickr能够调和不同需求的期望也是如此。虽然公共机构应该维护社区的需求和价值，但企业可能会将商业价值置于公共价值之上。在不断发展的生态系统中，商业在线空间如何影响被普遍认为属于公共范围的一般规范和价值观是个重大的问题，而非营利组织或公共平台能否在一个极其企业化且平台之间关联非常紧密的生态系统中充分发挥其“公共性”则是一个更为迫切的问题。我将在第7章和第8章中讨论这些问题。

与此同时，Flickr的老用户讨厌看到“他们的”网站被纳入这种连接文化，他们往往违背了平台所有者权力的意愿。随着游戏规则的改变，他们试图通过写博客和评论来影响游戏的条件。事实上，该网站失去了据说高 109
达20%的用户，他们的退出是情绪表达的明显信号。但是仍然有大量的忠实用户留了下来，即使他们一直坚持在评论中持批评态度。与其他网站相比，Flickr的用户群或许更爱表达更为活跃，但他们不是“粉丝”或“好友”，而是忠诚的批评者。这些用户对流行或短期参与不太感兴趣，而更乐于长期投身于创意共享社交社区。他们不顾一切地设法让他们的网站变成应该成为的样子：不是在竞争激烈的生态系统中起主导地位的最成功的前五名社交媒体品牌之一，而是一个坚持不同价值观的利基市场玩家。在2012年春季，一些Flickr的老用户认为，即使小心翼翼，Flickr的所有者在多次错误之后可能已经开始了解他们品牌的真正价值。[47]在变化莫测的市场中，用户似乎越来越关心体验的质量和对自己数据的控制，且需要平台对用户社交的推动机制具有洞察力，因此，Flickr的声誉可能刚好能够使其重新获得价值。

正如我在本章中试图说明的那样，平台用户和所有者之间的“猫鼠游戏”并不是遵循特定编排的二重唱，而是一场围绕网络技术和社会经济发展去界定在线社交条件的斗争。一旦我们明白微系统之间相互关联的力量，我们就可以理解支撑连接媒体生态系统发展的文化、技术、经济和政治条件的原

平台用户和所有者之间的“猫鼠游戏”并不是遵循特定编排的二重唱，而是一场围绕网络技术和社会经济发展去界定在线社交条件的斗争。一旦我们明白微系统之间相互关联的力量，我们就可以理解支撑连接媒体生态系统发展的文化、技术、经济和政治条件的原理。

理。在下一章中，我将考虑另一个视觉内容的用户生成内容网站 YouTube。尽管 YouTube 与 Flickr 有较相似的起点，但 Google 的策略推动 YouTube 所走的方向与 Yahoo！让 Flickr 所走的方向截然不同。比较这些过程，将进一步揭示该生态系统的波动性和不可预见性，并将加深我们对该生态系统的构造的理解。

第 6 章 YouTube：电视与视频共享之间的紧密联系

YouTube 是在各个层面上的电视替代品，代表不同的技术、用户日常习惯的转变、新型的内容以及传统广播电视行业包括其商业模式的彻底革新。

YouTube 的身份不断成熟，该平台还不可逆转地重新定义了音像制作和消费的条件，将电视制作拽入了连接媒体的生态系统。

广播和电视并没有为在线观看平台所取代，而是迅速成为社交媒体的一部分；电视和视频共享平台之间日益增长的相互依赖性，以及 YouTube、Facebook 和 Twitter 功能的兼容性，同时反映并构建了新兴的连接文化。

6.1　引言

2005 年，视频网站 YouTube 的构思在硅谷车库中诞生，之后该网站发 110
展成业余自制视频的分享平台，成为替代电视的另一种视频观看方式。它是在各个层面上的电视替代品：代表不同的技术、用户日常习惯的转变、新型的内容以及传统广播电视行业包括其商业模式的彻底革新。从 2006 年开始，YouTube 的养父母 Google 似乎给该平台打造出年轻反叛的形象，帮助 YouTube 在一直以电视为主导的传媒格局中成长起来。2005 年至 2007 年是该网站非传统个性的形成巩固阶段。YouTube 承诺将电视的“后仰”体验转变为“前倾”的互动性模式，并让用户生成内容与专业生成内容（PGC）进行较量。不可否认，该网站的技术可能不像 20 世纪 50 年代早期的广播电视那样具有革命性，但在线视频共享推进视听文化的速度确实是前所未有的。

从 2008 年到 2012 年，YouTube 的叛逆精神似乎屈服于故步自封的、理性的成人气质。Google 不再与广电行业作斗争，而是努力和 YouTube 当初敌对的公司合作，并解决了许多有关知识产权和版权的悬而未决的问题。当 YouTube 开始看起来更像电视时，广电行业反过来不得不重新思考其传统观
看模式及其核心业务。显然，传统的广电行业需要 Google，就像 Google 为 111
了在连接媒体生态系统中占据优势也需要其前竞争对手一样。最终，在 2011 年底，Google 通过彻底改变网站的界面宣布了 YouTube 与其前宿敌——电视——的“联姻”；用户的热情象征着这一结合的成功。在短短的八年时间内，YouTube 成为全球第三大最受欢迎的互联网网站，拥有 40 亿个视频，每月上传的内容多于美国三大电视网络在 60 年内共同完成的总和。[1]

以上就是有关 YouTube 成功的简短故事的童话版本，故事里，孩子们被继父母的爱感化，对手变成合作者，快乐的观众/用户为所有者上演的剧情喝彩。然而，如果用批判性眼光来看 YouTube 的故事本身，我们就会有多种角度去挑战这一美满而成功的线性故事情节。首先，YouTube 并没有真正发明视频共享这项社会实践技术。其次，YouTube 也没有革新广电技术。与其公众形象相反，Google 在早期就推出了专业内容，其创新的在线策略很快就与传统的广电策略融为一体。并且，YouTube 的用户并不容易满足。只要发现地位受到影响，他们就会开始鼓噪要求恢复网站作为用户生成内容供应商的“替代”功能。YouTube 用户可能没有像 Flickr 用户那样成功地将他们的平台引导回原来的状态，但他们的故事值得讲述。

此外，如果没有其所处的大环境，那么 YouTube-Google 作为微系统的成功传奇仍是不完整的。Google 在网络社交世界中日益占据主导地位，这不仅标志着 YouTube 的身份不断成熟，还不可逆转地重新定义了音像制作和消费的条件，将电视制作纳入连接媒体的生态系统。广播和电视并没有为在线视频平台所取代，而是迅速成为社交媒体的一部分；电视和视频共享平台之间日益增长的相互依赖性，以及 YouTube、Facebook 和 Twitter 功能的兼容性，同时反映并构建了新兴的连接文化。传统内容产业与搜索引擎、测量及广告相结合，对整个生态系统的影响极为明显。童话不是历史；但如若我们不能解释它为什么只是童话，那它就会成为历史。

112 6.2 打破陈规：视频分享对电视产业的挑战

技术

在公众心目中，YouTube 仍然经常被误认为是在 21 世纪初流行的文件共享平台之一，像在线音乐服务 Napster，文件共享网络 Gnutella、Freenet 和软件公司 Grokster 一样。然而 YouTube 从未像 Napster 那样开创利用点对点技术传输音乐文件等新技术。即使是在数字网络环境下运行，YouTube 也并未挑战电视的技术基础。事实上，新平台和电视具有许多共同的技术特征，例如集中分发、内容点播观看等。YouTube 的真正创新之处在于引入了信息流内容、视频上传、社交网络功能，在影音作品制造的大环境下，这些技术会对传统广播电视模式产生巨大影响。YouTube 首先自我呈现为一个视频分享网站，其次才是一个资源库以及社交网站；这种呈现形式帮助它迅速成长为广电行业的强劲对手，成为后者自 20 世纪 90 年代互联网大发展以来出现的一个威胁。[2]

要建立 YouTube 作为电视替代品的形象，其中重要的一点是阐明 YouTube 与广电行业在技术上的差异。广电技术是由控制信号供应和传输的中央机构监管的，而 YouTube 则提供了一个网络空间，可以从网络中的众多个人终端接收和生成信号。该平台以广播和家庭录像带相结合的形式呈现给大众，也可称之为“家庭广播电视”（van Dijck，2007b）。然而，YouTube 与电视的相似之处在于它也是通过中央服务器来控制和分发所有内容的。在 20 世纪 90 年代，广播电视就已调整了大众传播的模式，远先于 Web 2.0 频道的普及；“窄播”（narrowcasting）的出现催生了数百个有线电视网络，导致了观众群体的分散和媒体格局的割据（Smith-Shomade，2004）。在 21 世纪初期，从模拟电视到数字电视的转换使得个人按进度观看成为可能，且增加了针对具有特定生活方式偏好和文化品位的消费者的内容。[3] 换句话说，家庭广播电视只会逐渐与传统广播电视不同，因为两个系统的技术条件逐渐重叠。

YouTube 不存在核心内容生产者以及其双向信号传输模式，使得它看起来似乎没有“组织者”来负责内容的监管和分发。但这是对这项技术的深
刻误解。确实，YouTube 并没有一套程序化的流程——安排好的连续节目和 113
商业广告——让观众们一直锁定屏幕（Williams，1974），YouTube 的所有者也不会通过程序化流程来决定观众在何时看到何种内容，但这并不意味着其内容流不受任何控制；相反，它受到搜索引擎和排名算法的严格引导。YouTube 的界面设计及其底层算法会选择、过滤内容，引导用户在上传的数百万个视频中查找与观看某些内容，比如“最受欢迎”视频的按钮即是服

务于这个功能的。该网站不是通过编排时间表来控制视频流量，而是通过一个信息管理系统来完成，该系统可以控制用户导航和选择推送内容。尽管用户认为他们能够自主选择想要观看的内容，但实际上他们的选择很大程度上依赖于推荐系统、搜索功能以及排名机制（例如网页排名）。换句话说，排名与流行度原则决定了 YouTube 的平台架构。

之前存在一个误解，即 YouTube 让下载技术得到了普及，就像 Napster 推动了音乐文件（非法）下载一样。然而，YouTube 从未让下载变得更加便利，而是从一开始就开创了流媒体视频技术。“流”的意思是，观看者并不“拥有”他们从 YouTube 检索到的视频内容，但有权限访问查看。从录像模拟技术的发展来看，这种误解的存在是可以理解的：自 20 世纪 80 年代早期家庭录像系统出现以来，人们已经熟悉了电视上的时移播放技术。通过录制或下载“拥有”内容已不足为奇，而“借出访问权限”作为另一项具有不同用途的技术概念，被认知的过程则更为漫长。正如我们下面要说到的内容一样，这一概念对电视行业的观看模式产生了巨大的影响。

在网站发展的早期阶段，真正让 YouTube 与广播电视区别开来的一个功能是允许用户通过个人电脑从家里上传自制或预制的音像内容到任何人的网络私人空间。这种上传的功能立即流行，抓住了观众的注意力。家庭录像与家庭视频的语义亲缘关系及其对业余内容的明显偏好极大地提升了 YouTube 的“另类”形象。[4]家庭、政治活动家和车库乐队都能平等地通过互联网向个人或全世界传播信息。最开始，YouTube 及其竞争平台 Google-Video、Myspace、视频共享网站 Revver 和在线视频共享网站 Metacafe 都没有
111 生成任何自己的内容；它们只是对用户生成内容进行分配与存储。[5]值得注意的是，YouTube 的初始口号是“您的数字视频存储库”（Your Digital Video Repository），表示该平台的原始功能是存储家庭视频的容器或档案馆（Gehl，2009）。Google 在 2006 年收购该网站后不久，该口号改成了“播出你自己”（Broadcast Yourself），这句话不仅指该网站拥有在全球发布个人自制内容的能力［“播出你自己”（broadcast Your Self）］，还指该平台具备了重新播送已在电视上播出的专业生成内容的能力［“你可以自己广播”（You Can

Broadcast It Yourself）]。

不同于广播电视的是，YouTube 是一个社交网络平台，这是后者的第二个独特功能。家庭广播电视通过互联网进行双向通信的潜力与“广播”和“窄播”中涉及的单向播放形成了鲜明对比。早期的 YouTube 将社交网络功能置于用户生成内容功能之上，将推广视频内容作为促进社区形成和群体活动的手段。[6] 如果查看 YouTube 在 2008 年的界面，我们仍然可以看到用户的中心地位：在主页上显眼的位置设置了视频评论按钮和社区入口。界面上促进连接的功能逐渐补充或替换了鼓励创造性的功能：加入了缩略图视频，增加了“观看次数最多”和“最受青睐”视频的排名点击按钮，以此来丰富消费者的日常生活。网站架构的修改把对群组和社交功能的注意力分散到了视频观看和排名上，或者正如一些人所说，分散到了数据库的观看上（Lovink，2008；Kessler & Schaefer，2009）。伯吉斯和格林（Burgess & Green，2009：64）指出，流媒体视频技术和事实上对内容下载的禁令从未特别有利于 YouTube 激励视频制作的初衷，但却刺激了消费。

YouTube 逐步将电视功能置于社交网络和群组互动之上，最终实现了完整的界面改造。2011 年 12 月 11 日上线的 YouTube 新界面，处处向用户展现了“混合”的理念：网站的主页完全采用了电视的外观与视觉感觉。首先，该网站由各种频道组成，而非作为视频合集网站亮相的。娱乐、体育、音乐、新闻、政治等频道给用户提供了导航作用，主页界面就像是遥控器一样，可以访问各个频道。打开主页时，有三分之一的界面是移动广告——我第一次点开网站弹出了本地有线电视提供商的商业广告。用户评论不再出现在第一页上，而是被隐藏于可见界面之后。好友功能被隐藏处 115
理了，此外，把别人加入你频道的订阅与被订阅功能也隐藏了——这些功能都强调用户作为参与者的角色。还有一点也很重要，以前的口号“播出你自己”从网站的横幅中消失了。从现在开始，用户完全被视为观众。但是多年来，用户是如何看待这些变化的呢？

用户与使用

2005 年，“视频分享”作为 YouTube 发起的多项在线社交活动的代名词被推出。该术语涵盖观看和上传内容，但也指引用、收藏、评论、回复、存档、编辑和混搭视频。在早期阶段，YouTube 被建成了一个分享创意经验、审美观、政治观点和文化产品的网站。就像 Flickr 的照片共享一样，YouTube 的社交主要以视频为传播载体，建立品味社区并基于视频交流发现和看法（Burgess & Green，2009：58）。用户活动与文化公民身份以及参与式文化相关联——业余爱好者为自己生产和分发内容而占用的新媒体负责（Lange，2008）。信息科学家将 YouTube 的社交网络功能描述为“小世界现象”：即使绝大多数 YouTube 视频从未得到过任何评论或等级评定，爱好者群组或主题群组也往往联系紧密（例如动漫迷、业余唱作人群组）。[7]这些 YouTube 爱好者的初始群组，正如他们所宣称的那样，是“产用”活动最活跃的一代业余爱好者，他们赢得了 2006 年《时代周刊》的“年度风云人物”奖，但他们很容易给他人造成所有 YouTube 的用户都是这种形象的错觉。[8]

然而，自 2007 年用户数量开始飙升以来，用户从活跃的主体角色到被动的消费者角色的转变却变得引人注目。越来越多的用户前来观看 YouTube 内容，或是通过其他互联网平台（博客、交友、新闻网站）的推荐，或是来自 YouTube 主页上的自动推荐系统。从未上传过任何视频或从不对发布的视频进行评论的观众成为该网站的大多数用户。到 2008 年，研究人员已经发现：用户更愿意观看视频而不是登录网站去评分和评论（Cheng，Dale & Liu，2008）。随着“视频共享”社交实践越来越多地等同于观看视频，YouTube 用户一直以来主动参与者的形象逐渐淡化，就像“沙发土豆”（被动的电视消费者）的迷思在 20 世纪 80 年代后期逐渐被消解一样（Ang，1991）。

116 2012 年初，YouTube 声称拥有 8 亿的月独立用户访问量，而在 2005 年这一数字为 100 万。[9]这些用户中有多少是真正的内容主动贡献者或所谓的上传者呢？最近的一项研究表明，只有不到 20% 的 YouTube 访问者会积极提供内容，而这些活跃上传者中有 20% 贡献了 73% 的视频（Ding et al.，2011）。换句话说，4% 的 YouTube 用户提供了该网站近四分之三的内容，而这些活跃的上传者在性别和年龄方面并不具有人口统计学上的代表性。[10]比上传者人数和人口统计数据更有意思的是，丁等人观察到“一些上传者比其他人更受欢迎，他们上传的视频有更多的观众”（Ding et al.，2011：363）。他们认为，上传者之间的访问量不均，并不是上传者之间公平竞争的结果，而是 YouTube 调整了其搜索引擎从而让一些重量级用户受益：

> 我们猜想，YouTube 的推荐系统在刻意调整上传者的受欢迎度。与此同时，在所有上传者中最受欢迎的 20% 的上传者吸引了 97.0% 的观看次数，这不符合 80－20 规则。因此，YouTube 的推荐系统似乎也偏向于非常受欢迎的上传者（Ding et al，2011：363－364）。

因此，大多数 YouTube 用户是活跃的“生产者”且所有上传者都被平等对待这一网站形象，也因其算法被大打折扣。

此外，认为 YouTube 是由业余制作者和表演者主导的网站的想法也将很快就瓦解了。随着 YouTube 用户数在 2007 年的爆炸式增长，专业影音内容制作者在该网站的影响越来越大。研究人员罗特曼和普瑞斯（Rotman & Preece，2010：325）认为，原始的 YouTube 用户开始将自己称为“我们”，而将媒体公司使用的商业 YouTube 频道称为“他们”。随着 YouTube 的上传者趋于专业化，依据视频内容区分专业与业余制作者变得越来越困难（Jakobsson，2010）。2007 年以后，YouTube 推出了合作伙伴计划，旨在提升视频质量并增加专业制作内容的数量。[11]我将在下文再论述这个计划的相关内容。

类似的情况还有，YouTube 曾被理想化为一个能将业余表演者推向大众的平台，也为其作为打造明星、提升知名度的无中介专业媒体门户的形象设定提供了助力。青少年歌手在卧室用网络摄像机录制视频上传到 You- 117
Tube，只是为了第二天能被许多粉丝“发现”，如此奇妙的故事既受到主流媒体的关注，却也遭到评论家的厌恶。[12]尽管像安德鲁·基恩（Andrew Keen，2008）这样的文化批评家认为在 Web 2.0 的发展期业余爱好者群体的兴起是以牺牲专业群体为代价的，但普通用户从未真正与主流专业人士相媲美。相反，正如媒介理论家约翰·托普森（John Tompson，2005）预测的那样，专业用途和业余用途，即专业生产内容和用户生成内容之间的联系越来越紧密。表演者的成名方式不仅要通过 YouTube 的受欢迎机制精心设计，而且需经主流媒体筛选：YouTube 被视作有抱负的专业人士的试炼场（Mitchem，2009）。YouTube 开始举办像 Next Up 这样的比赛，选出可能成为“新专业选手”的业余表演者，帮助他们制作新的作品。[13]在这方面，YouTube 很好地契合了新千年以来电视重新启动的新秀选拔竞赛的趋势，包括《美国偶像》（*American Idol*），《寻找》（音乐明星）[*Looking for*（a musical star）] 和《全美超模大赛》（*American's Next Top Model*）。获得全球电视观众关注的业余制作人的竞赛同样也源于《美国家庭滑稽录像》（*American's Funniest Home Videos*）等热门节目，这些节目自 20 世纪 80 年代以来已经在许多国家发行并被特许播出（Moran，2002）。业余视频爱好者与专业表演者及制作人的世界不仅有着悠久的融合传统，传统媒体也为普通观众提供了固定的模式以塑造他们个人的表达需求，比如许多青少年会在自己的视频中模仿电视上的流行偶像。[14]

YouTube 的界面功能和底层算法将用户分为生产者和消费者、明星和粉丝。这种分层方式越来越趋向以观众为中心，与社区导向的社交网络渐行渐远。YouTube 的大部分用户则适应了逐渐变化的用户体验设计。然而，如果说所有 YouTube 用户都变成容易上当的消费者，那么这样的假设将是另一个需要解构的迷思。相当多 YouTube（初始）用户多年以来一直反对将新旧媒体融合到一个无缝虚拟空间中。当这种新型结合体带领电视进入一个三角关系中时，一些人挺身而出，对这种结合发声抗议，认为这种结合剥夺了他们的权利。Google 于 2011 年大张旗鼓地推出 YouTube 改版界面之后，一连串的投诉和抗议活动不仅淹没了媒体，也充斥着 YouTube 自己的网站。用户发布了大量的消息，旨在要求恢复他们作为“自己的”网站用户和共
118 同制作者的权利。正如一个抗议视频所表达的不满：

> 面对现实吧：这不仅仅关乎 98% 的用户反对丑陋的设计和不想看到的变化。你懂的，这关系到 YouTube 的存亡。YouTube 消失了。它成

> 了一个完全不同的网站……我们一起来“抵制 YouTube”吧！当观看次数减少时，YouTube 的收入也会下降。它将被迫聆听社区的声音并对界面进行调整。新版 YouTube 不再需要你了。YouTube 的老版界面将在短短几个月内消失。从那时起，YouTube 将成为一个完全不同的网站。[15]

几周之内，该视频的衍生作品大量出现，其中一些明确演示了恢复“YouTube 老版界面”的办法，或者是要求用户签名抵制在周日观看 YouTube。[16]抗议活动在接下来的几周内，几乎没有得到主流媒体的关注便逐渐消失了。一个视频共享网站化身成为电视在线频道的悖论既引发了热情又引起了反对。YouTube 作为电视替代品的特性不再站得住脚，尤其是在对网站内容进行审视后，这一结论就更为明显。

内容与文化形式

初期，YouTube 上有各种各样用户生成内容的形式，从原创作品、改造衍生品到山寨、混剪和“翻录”视频；显而易见，该网站很快就被指控推广“盗版”内容。明确这些指控意味着受保护的专业内容和循环利用的业余内容之间要区分等级。YouTube 最初的拥趸坚持在定义网站特有的文化形式时一定要与电视形成鲜明对比。传统的广电产品，即节目和模式，是为区域、国内和国际市场生产并发行的可交易商品。[17]对照节目和模式这类受知识产权和版权法律保护的终端产品，YouTube 提出了几个特征，从而保证视频片段或“剪辑”内容能够作为一种独立的文化形式维护其独特地位。

与传统电视节目不同，视频剪辑的长度有限，从几秒钟到十分钟不等，大部分视频平均在三分钟到六分钟之间。[18]视频剪辑的可能是一部完整音像
作品的开始、中间或结束的一部分（Burgess & Green，2009：49）。虽然大 119
多数剪辑最终生成的是单独的作品，但可以作为一个系列来观看，例如同一位上传者会发布一系列关联主题的视频。视频剪辑的另一个特点在于它们是资源而不是产品；除了用于存储、收集和共享之外，它们还可以被重复利用。视频剪辑被发布在视频共享网站上，以便被再利用、复制、评论

视频剪辑也需要典型的工匠精神或者说对作者性的强调，该论点是基于过去相互评价彼此风格和技术的视频分享者的实践；这种“质量话语”是所谓的原创视频的品味社区的一部分。

或修改。因此，视频剪辑因其为社交和群体传播提供数据输入或作为创意混剪资源的功能被吹捧为 YouTube 的典型内容（Lessig，2008）。

为了区别于广电行业，YouTube 不得不定义自己的文化形式，以摆脱广电公司主导的媒体格局的法律经济秩序（该部分将在下一章节提到）。一些学者为 YouTube 的独特文化形式辩护，强调 YouTube 对待观众的非正式方式和其编辑的随意性（Peters & Seiers，2009；Muller，2009；Lange，2007）。视频剪辑也需要典型的工匠精神或者说对作者性的强调，该论点是基于过去相互评价彼此风格和技术的视频分享者的实践；这种“质量话语”是所谓的原创视频的品味社区的一部分（Paolillo，2008）。

然而，自 YouTube 诞生以来，其内容与电视内容的性质是否不同一直存在争议。随着 YouTube 的用户数在 2007 年开始飙升，专业制作内容的数量逐渐超出用户生成内容的数量，有关视频剪辑是独特的文化形式的论点越来越难以站住脚。一些研究人员观察到，YouTube 上至少有三分之二的视频剪辑来自专业广电和大众媒体，“在实践中，传统媒体内容和用户生成内容之间存在很大的失衡”（Burgess & Green，2009：47）。有人指出，该网站最受欢迎的项目中几乎没有典型的用户生成内容（Kruitbosch & Nack，2008）。研究人员丁及其同事在 2011 年发现，超过 63% 的最受欢迎上传者在 YouTube 网站上传的并不是用户生成内容，而是用户复制内容，即视频不是由上传者自己创造的。[19]毫无疑问，这些研究结果证明 YouTube 已逐渐转向为专业生成内容再利用网站。

实际上，我们如果查看 YouTube 当前的大部分内容，就会发现由于视频之间的相互模仿，已经很难对典型的 YouTube 内容和广电内容加以区分。诸如 MTV 和 ABC 等大众媒体频道的节目模仿了 YouTube 剪辑中典型的“业
120 余”美学风格——一种适合宣传新明星的营销策略。由大唱片公司支持的音乐人或表演者在 YouTube 上圈粉之后再打入大众媒体的做法在现在很常见。主要的音乐公司都在 YouTube 上经营自己的频道，音乐视频在 You-

Tube 和主要电视频道之间流畅地传递。用户生成内容和专业生成内容相互模仿，而离开了“老”媒体集团强大的选择、促进和重塑艺术内容的能力，YouTube 这一用户生成内容平台很难成功地把无名用户打造为明星。

总而言之，YouTube 作为电视的替代品，其早期的迅猛发展离不开技术、社会和文化因素的支持。尽管最初存在对抗，但在广播电视与家庭广播电视之间、电视观看与视频共享之间、节目与视频剪辑之间始终存在着紧密的联系。然而，对于塑造 YouTube 作为业余制作者和表演者的替代媒介的形象，这种二元对立逻辑似乎至关重要。同样的逻辑肯定也有助于将“电视”和商业机制顺利地纳入 YouTube。最终的结果是，在 2008 年之后，表面上对立的双方（电视和 YouTube）逐渐开始协调彼此的策略——当我们剖析平台组织结构的快速变化时，这种变化尤为明显。

6.3　进入成规：让电视进入连接网络

所有权

2006 年，富裕的“继父”Google 收养 YouTube 这位 18 个月大的“婴儿”的举措受到了电视媒体行业巨头的密切关注。出乎意料的是，Google 因涉及侵犯版权和知识产权的法庭案件而受到抨击。好莱坞不知 YouTube-Google 是敌是友。应该利用电子媒体发行方面的力量将规则强加于这个新玩家以求战胜它？还是应该支持这个新玩家去创建新的商业和营销模式，以帮助家庭广播电视去推广电视节目或电影？[20] 无论如何，双方的筹码都很高，即调节在线创造力并使其具备社交性的权力。在网络平台逻辑中，内容不能自立；它需要被推广并与观众连接，尤其是那些在平台上花费大量 121
时间的观众。YouTube 的独特卖点，是将特定人群吸引到特定内容上，从而为广告客户创造很高的受众关注度。广电行业缺乏 Google 所拥有的东西，搜索引擎对于将受众与内容联系起来至关重要；Google 也缺乏电视行业可以大量提供的具有吸引力的专业生产内容。

考虑到这些互补的需求，YouTube 开始通过向广电公司提供有吸引力的搜索交易来进军娱乐业；双方对内容共同使用的交易兴趣不断提高，这将阻止或解决昂贵的法律纠纷。[21]广电公司重构了与新生儿 YouTube 的关系，不是因为它们喜欢推动这种变化，而是因为用户生成内容和专业生成内容的组合很明显地引起了广告商的兴趣。即使 YouTube 和广电行业仍然在版权和知识产权方面进行争夺，但它们都意识到合作比打官司更有利可图。为了获得更多观众，YouTube 试图变得更像电视，而电视也越来越多地设计了 YouTube 的功能。自 2008 年以来，视频共享和广播技术在硬件和软件以及受众和内容策略方面都迅速融合。

就硬件和软件而言，用户越来越少地在电脑上观看视频，因此 Google 开始推广基于小型移动屏幕（平板电脑、智能手机）及大电视屏幕的视频观看应用。2010 年，该公司推出了 Google TV，在电视系统中加入网络功能，使得网页和荧屏之间的区别进一步消失。同步推出的 YouTube 躺着看（YouTube Leanback）服务，可以让受众在完整的电视屏幕上观看 YouTube 视频，并承诺提供更友好且更具社交性的用户界面，以适应用户行为的转变。这一构想的基础是用户将电视和 YouTube 视为同类。这种流动性也体现在受众和内容策略中。YouTube 面临的一个问题是，通常观看视频的注意力时长较短；与电视台编制的节目流相比，YouTube 的视频流却是非连续的，用户的观看容易中断。[22]因为专业制作的内容与视频内容相比，会让观众花更长的时间观看。因此，Google 开始与内容提供商和主要广电制作商进行交易，让对方为 YouTube 的频道提供内容。每个主要的（公共和商业）
122 电视台现在在 YouTube 上都有自己的“频道”以推广播出内容并吸引观众。此外，专业的网络内容提供商，如免费影片视频分享网站 Blip. TV 和在线视频网站 Channel Awesome 等，也开始为 YouTube 和它们自己的新频道制作专业流媒体视频内容。2011 年 3 月，YouTube 收购了初创公司次世代新网络（Next New Networks），这是一个开发和包装原创网络视频节目或“网络节目”的平台。[23]

也许比 YouTube 与广电行业的稳定联盟更令人瞩目的是，后者吸纳了 YouTube 的逻辑。广播和有线电视公司特意借用了该网站的流媒体点播功能，并将其整合到自己的服务中。2008 年之后，YouTube 发现奈飞（Netflix）、Amazon、iTunes 和视频网站葫芦网（Hulu）等都开始提供广告支持的订阅服务，以便按需检索视频内容，它们都成了自己的直接竞争者。[24] 起初，时代华纳和迪士尼等大型广播公司拒绝按需搜索模式，但之后它们慢慢地认识到这一功能的优势。2010 年后，平板电脑和移动设备的激增推动了对流媒体内容的需求，广电公司推广基于订阅的内容模型来服务于多个设备。流媒体“长格式内容”的推出给 YouTube 带来了新的挑战；作为应对，YouTube 与内容行业达成交易，通过为其做推介服务来换取电视节目和电影的流媒体播放权。

显然，跨平台的范式中，注意力经济愈发显得重要：随着消费者的眼球从电视机转移到平板电脑，再转移到移动手机和笔记本电脑，我们需要去抓住他们的兴趣所在。因此，以前被称为“使用 YouTube”（YouTubing）的体验开始朝更多的方向延伸。YouTube 开始表现得更像广电公司，而广电公司也开始采用视频共享网站的观众模式。[25] 事实上，Google 现在全情投入大众视听内容的生产中，这暴露了它想要赢取“客厅之战”的目标。而对于想要分得电视广告市场一大杯羹的新闻娱乐行业来说，客厅更是战略要地。虽然这个领域仍然被广电公司主导，但就跨平台范例而言，YouTube 网站的所有者相较于其竞争对手有巨大的优势：Google 可以整合用户生产内容、电视、搜索、广告、社交网络以及贸易和营销网站等平台，融合成全方位的商业模式，从而扩大平台广告商的覆盖范围。这一融合任务清楚地反映在平台的管理上。

管理 123

在被 Google 收购之前，基于社区的理念，YouTube 由用户志愿者帮助运行网站并监控政治内容。2006 年，YouTube 的新老板在新闻声明中郑重承诺要尊重 YouTube 作为社区平台的完整性，并确认该网站与 Google 的平台集团分开管理的独立地位（Wasko & Erickson 2009：372）。YouTube将保留自己的服务条款，从而保证其用户的独特身份、内容的所有权以及在平台自身范围内数据的隐私。正如我们在前一章中所看到的，自主平台的服务条款并不总是服务于母公司更为广泛的利益；就Yahoo！旗下的Flickr而言，正是关于平台用户条款的争议导致了混乱和冲突。与Flickr-Yahoo！的状况不同，YouTube的历史表明了网站管理制度的另一种发展——它很快就与其所有者整合到了一起。

2006年至2007年间，Google兑现了它的承诺，保护了其“继子”作为视频共享网站的弱势地位，使其免受电视运营部门的影响。原先，YouTube网站上的短视频是在知识共享许可下发布的。在最初的几年里，YouTube的另类社区形象帮助Google挑战了由出版和广电公司主导的大众媒体娱乐法律经济范式。双方律师对用户生成内容和专业生成内容的定义产生了争议。表面上，这场争议是（由其平台YouTube所代表的）个人用户对抗广电业巨头的一场战争。维亚康姆（Viacom）和迪士尼对YouTube进行法庭诉讼，通过用行业法律术语阐明这场辩论的利害关系，以保护其知识产权，使其成为视听内容市场中唯一可能的财产类型（Lessig，2008）。用户生成内容的“混血”身份，对时下的法律经济秩序提出了挑战，在这种秩序中，“节目”和“视频片段”等术语代表了两个看似不相匹配的法律呈现。虽然节目和格式受版权保护，并由公司拥有，但Google的律师提出，他们无法追究经销商侵犯版权行为的责任——尤其是一个明确警告用户尊重版权法的经销商。YouTube的服务条款载有对非法复制视频内容的明确警告，但同时声明本公司“不对此类内容的准确性、有用性、安全性或与此类内容相关的知识产权承担任何责任”[26]。换言之，YouTube将自己定位为用户与用户生成内容之间的连接器，同时隐晦地诱导对在不利监管（专业生产内容）制度下生产的内容的盗用。当Google逐渐开始与广电行业和平相处
124 时，该公司加大了对用户内容侵权的打击力度。它还开始学习电视行业生产自己的内容，而这些内容又需要从它之前所质疑的法律制度中获得支持。随着平台对YouTube用户关于专业化和版权保护的告诫产生效果，

以及 Google 在谈判后承诺会更多地去推介专业生产内容，并只为遵守创意共享许可协议的无版权内容保留链接后，律师们才慢慢安静下来。[27]

随着平台铺天盖地进入在线商业、出版和网络的所有可能领域，该公司面临着越来越多的反垄断违规指控。面对这些法律挑战，Google 似乎越来越将自己定义为发布者而不是连接者，这与其之前的立场相去甚远。

Google 除了努力使其管理战略与传统媒体公司的管理战略相协调外，还顺利地对旗下平台展开了整合，这表面上只是为了提供更无缝的在线体验，并避免平台的服务条款与 Google 的制度差异。随着 Google 集团迅速扩展到广泛的在线细分领域——Google + 、邮箱、搜索、地图、浏览器、街景、娱乐等——该公司需要将所有独立平台的规定纳入一个全面的服务条款许可下。该整合项目于 2012 年初宣布实施。[28] 对于 Google 不仅试图简化而且想完全控制用户在线体验的意图来说，该项目使 Google 能够联合、合并其所有平台上的用户行为和资料数据。监管机构认为，这种整合损害了消费者的隐私权，因为从一个在线环境中筛选出的所有用户数据都可以巧妙地与另一个完全不同的在线环境中的数据结合起来。同样，不少 YouTube 用户对这一新政策反应非常激烈，他们制作了一些视频，来表明新的统一服务条款是“邪恶的”或“吓坏了他们”。[29]

然而，Google 对其服务条例全面整合的举动，对于那些一直跟踪公司策略动向的用户来说并不意外。随着平台铺天盖地进入在线商业、出版和网络的所有可能领域，该公司面临着越来越多的反垄断违规指控。面对这些法律挑战，Google 似乎越来越将自己定义为发布者而不是连接者，这与其之前的立场相去甚远。[30] 在公司的商业模式中，这一战略转变最为明显。

商业模式

通过研究商业模式的转变，我们可以发现 Google 是如何逐步地加强其变现战略以获得“圣杯”的，即它能够将个性化的商业广告信息发布给广大观众。最初几年，没有任何利润的 YouTube 在 Google 的多平台战略中发 125
挥了重要作用。2006 年，Google 收购了广告公司 AdWords 和 Double Click，虽然此次收购引起的关注远不及 Google 收购 YouTube，但标志着 Google 在整合广告、搜索和流媒体视频内容方面开始做尝试。Google 将连接作为一种资源谋利，开发了几种利用流媒体视频的病毒式传播潜力的策略。第一种是品牌视频频道，类似于 Facebook 上的粉丝页面，它为商业公司创造了播放自己视频的平台。YouTube 的另一种变现的方式是“推荐视频”（Promoted Videos），其中广告与基于搜索结果的相关视频会一起显示在网页右侧（很像第 4 章中解释的 Twitter 推荐），广告客户每次只要对推广的视频广告的点击量付费即可。第三种是视频植入广告，可允许公司在视频流中投放广告或在视频底部使用广告弹出窗口。

YouTube 展示了将用户生成内容、专业生产内容同搜索和广告结合起来的力量，将所有这些都一手掌控。正如瓦斯科和埃里克森（Wasko & Erickson，2009）所观察的，Google 的搜索引擎会优先展示自己的平台及认证的合作伙伴。但不止如此，正如我们所看到的那样，最多观看或最受欢迎等排名很容易受到操纵；如果将珍贵的数字空间拍卖给出价最高的人，就像 Google 所做的那样，视频内容与在线广告系统和搜索引擎的亲密交织就会引发人们对权力集中的担忧。Google 从 AdWords 引进了按点击付费的商业模式，会自动测量注意力，之后又加入了“点击表现”来完善这个模型：一个特定广告与特定关键字的链接越明显，它就会越突出地在搜索结果页面中展现。与尼尔森等评级公司用于测量电视观众观看行为的方法相比，对在线受众的测量会更准确地决定广告的效果（Bermejo，2009）。

然而，内容、搜索和广告的整合对它们的不可分割性提出了关键问题。对观众测量在很大程度上仍然定义了电视广告的价值，但“似乎在网络广告领域已不再那么相关，甚至与理解搜索引擎广告的经济学规律完全无关”（Bermejo，2009：149）。注意力的多少不再由（半）独立评级公司通过测量一个节目来获知；相反，是由那些能制作和分发内容、安排并对视频进行打分、将广告连接到内容、调整连接内容和广告商算法的系统
126 来测量的。服务的纵向整合将银行机构、监管机构、评级机构和消费者统一起来。

用户生成内容（YouTube、Google Music）和广告（AdWords、Doubleclick）与其他诸如搜索（Google 搜索）、社交网络（Google +）、交易和支付服务（Google Shopping 和 Google Wallet）等在线服务的逐渐整合，加剧了权力的集中。Google 构建的集成平台链似乎类似于 Facebook 和 Yahoo 的合作战略（在本书第 3 章和第 5 章解释过），但也有一个重要区别：Google 拥有所有平台和所有的跨平台数据。内容网站、广告、搜索、购物服务和支付系统都经过编程，以保持用户流量。当用户上传流行的埃米纳姆（Eminem）歌曲的音频时，YouTube 会投放弹出式广告，让客户通过 Google Wallet 购买该歌曲或铃声，而不必像以前那样因为侵犯版权而撤下该音频；YouTube 还会有助于提升歌曲的排名和观众对词、曲的注意力；最终的收益由 Google 与版权所有者分享，前者还多出一份支付系统的收益。YouTube 对跨平台组合服务的开发仍处于起步阶段，这种扩张在权力分配方面的影响可能是非常重大的，我将在最后一章中回到这个主题。

YouTube 在 2011 年推广 Google 浏览器 Chrome 的电视广告，是其实施跨平台策略的标志。[31] 对于一家长期回避线下广告的公司来说，为一款网络浏览器在黄金时段发动广告攻势是引人注目的。然而，浏览器是连接人们与 Google 服务（从 YouTube 等内容平台到搜索引擎，从 Gmail 到 Picasa 上的照片）的重要工具。曾由电视台支撑的节目内容流，为由互联网浏览器导航支撑的跨平台内容流所取代，这具有象征性意义。多年来，YouTube 用户适应了该平台上的个性化广告信息和专业内容，而电视观众在观看电视的体验中越来越多地接受浏览器和搜索模式。

Google 成功的商业模式还包括与用户建立合作关系。通过合作伙伴计划，与 YouTube 合作的受欢迎的上传者可以分享广告收入；而 YouTube 则通过其系统提高了合作视频的受欢迎程度。[32] YouTube 用户似乎很喜欢这个计划，因为一些成功的“生产者”可以以制作视频谋生。但有些更具批判精神的人则想知道实施这种商业模式是为了激发个人用户的创造力，还是
只想将内容商业化。一些被邀请加入的上传者对此予以拒绝，认为 YouTube 127
在诱骗他们建立“合作关系”，用该平台看重的广告利益来绑架自己的原创作品。[33] 一位 YouTube 用户在视频剪辑中表达了他的反对意见：

> YouTube 用户们把视频发出来，因为他们希望自己的工作得到认可，他们想分享一些有趣的东西……或者他们想要属于自己的 15 分钟。现在每次看视频，你都必须问自己："这是自我表达还是营销？"这两者不可能兼而有之，它们之间的界限也开始模糊。广告联盟文化并不是为了让你成为《时代周刊》的年度人物对吗？[34]

显然，用户对网站转变为全球"信息-网络-广播-生产-广告"复合体的一部分未必满意。不过与 Flickr 的情况不同的是，到目前为止，他们的抗议并没有对 YouTube 的形象或 Google 的收入产生影响。谴责商业化的抵制只是极少的现象，绝大多数用户选择了便利。而各大广电公司现在都支持 Google，主流媒体继续抗议的可能性更是比之前还要小。

6.4　YouTube：连接文化的门户

在短短的八年时间里，经历了几年的相互对抗、调解、示好和求爱之后，YouTube 和电视这对冤家终于结合在了一起，尽管这种结合招致了"非传统"用户的不满。正如我们在 Google 官方博客上看到的那样，最新的界面将 YouTube 变身为"通往广阔娱乐世界的门户"[35]。这时的 YouTube 与其初始设计相去甚远，不再是电视的替代品，而是成为一个完全成熟的媒体娱乐行业玩家。它将客户引领到了"电视-用户生成内容-社交网络"的一体化综合平台，这在 2006 年是不可想象的：

> 为了帮助您更好地了解 YouTube，我们会让您更轻松地搜索并关注精彩频道。在首页的左侧，您可以量身定做自己个性化的 YouTube 频道列表。登录或创建一个 YouTube 账户，然后您可以浏览推荐的频道，自定义主页内容，甚至可以将您的 YouTube 账户连接到 Google + 和 Facebook，以便查看您朋友所分享的内容。

128 显然，新界面将 YouTube 用户带入了无缝连接，这种体验将旧媒体（比如电视和音乐视频片段）融入连接媒体生态系统，仅通过一个 Google 账户就可以访问在该综合平台的商业模式和管理模式影响下的娱乐世界。电视和网络视频共享尚未完全合并，也没有互相取代，而是在扩张的连接媒体空间中共生共存。但要注意的是，那些在 20 世纪通过合并、收购以及基于版权和知识产权协议的合法交易来控制流量并巩固其权力的大型企业，不再是娱乐领域的唯一守门人。在 2012 年，像 Google 这样的“技术公路收费员”守卫着 21 世纪娱乐世界的门户，将用户的创造力、消费者的眼球以及广告商的钱包引向同一个方向。

一方面，传媒理论家已经认可了这一趋势，认为个人电脑和电视的最终融合预示着系统的技术流动性，使视听内容跨越多个渠道流动，导致了“自上而下的企业媒体和自下而上的参与型文化之间更为复杂的关系”（Jenkins，2006：243）。同样，马克·德乌泽（Mark Deuze，2009）预测，有朝一日，用户和制作人、业余爱好者和专业人士、媒体制造商和消费者之间的融合将使得各种媒体行业融入同一个全球生产网络。融合理论的支持者认为在线平台是完美的空间，可以用于协调用户与公司利益。另一方面，政治经济学家认为像 YouTube 这样的平台代表了资本和权力的新一轮集中。纵向整合的行业——结合了内容制作者、搜索行业、广告代理商和信息整合者——已然成为研究媒体行业宏观经济学的政治经济学家们的关注点，这些政治经济学家们中的大多数人已经更新了研究方法以便将新的数字产业纳入研究（Schiller，2007；Mosco，2004，2009）。如詹金斯和德尔兹等理论家被视为学界的网络主义者，他们“坚持认为新媒体提供了一种颠覆男权制、资本主义和其他形式压迫的大众工具”（Miller，2009：425）。

融合理论和政治经济学代表了研究“YouTube-Google”现象的意义和隐含意识形态不同的学术角度。在我看来，融合理论缺乏对社交媒体平台的企业结构和商业模式的批判性质疑，而政治经济学方法倾向于掩盖技术的塑造作用，同时还低估了用户、内容和文化形式的作用。上述两种理论都 129
缺乏将技术文化角度与社会经济角度相结合的分析范式，这也是我赞同希瓦·维迪亚那桑（Siva Vaidhyanathan，2011：37）等理论家观点的原因之绝大部分用户欣然接受YouTube的改变，这体现了更深层次的文化逻辑，为媒体平台提供了塑造社交和创意方式的机会。这种逻辑首先源于大多数主流平台创立原则和设计架构的无缝对接；其次源于共同的新自由主义意识形态，它成就了这种无缝对接的顺利进行。

一。在希瓦的著作《谷歌化的反思》中，YouTube没有被视为一个强大公司所构建的产品，而是“定义数字通信术语和规范斗争中的核心战场”。观察家和国家监管机构正密切关注着对各种私人和公共数据拥有前所未有的权力的公司。然而，谷歌连接并创建跨平台流量的策略不应仅仅被视为创建单一强大的公司的追求。“谷歌化”的影响远远超出谷歌平台及其集团的政治经济战略本身。

YouTube这样的网站最引人注目的是它们在日常生活中的常态化——人们已普遍接受了连接媒体在社交和创意的各方面的渗透。全球数以百万计的用户已经将YouTube和视频分享视为他们的日常生活习惯和惯例。尽管一些热衷于YouTube“不羁”过往的用户发声反对，还有一些YouTube爱好者用创意视频进行抗议，Google却从不曾为了安抚他们调整其策略。[36]绝大部分用户欣然接受YouTube的改变，这体现了更深层次的文化逻辑，为媒体平台提供了塑造社交和创意方式的机会。这种逻辑首先源于大多数主流平台创立原则和设计架构的无缝对接；其次源于共同的新自由主义意识形态，它成就了这种无缝对接的顺利进行。

就平台整合而言，Google的“跨平台无缝体验”与Facebook所谓的“无摩擦共享”和Twitter无处不在的“关注”“热门”功能完美兼容。加好友、点赞、关注、热门视频和收藏都受制于各自网站的编程机制，这些机制会对用户和内容进行过滤、筛选和推广。可以为大众提供个性化广告是所有系统推动商业化的诱因。跨平台兼容性增大了某些用户的影响力和其他用户的受影响程度，使得平台间可以相互增强原本各自独立的效果，使某些内容能够在跨平台上突然瞬时爆炸、病毒式传播。但是，如果在线连接生态系统未曾逐步与电视等“旧”媒体的机制接轨，那么其联合效应则
130 会大打折扣。YouTube在吸引电视观众方面取得了重大进展。该平台最近开始测试如音乐会和棒球比赛等活动的现场直播，尝试使用实时Twitter流来增加用户流量和关注时长。电视和其他线下大众媒体（报纸、出版业）现

在可以很轻易地将 Twitter、Facebook 和 YouTube 的在线机制融入自己的线下和线上策略并非偶然，推文、视频片段和网络广告是对原声采访摘要、预告片和电视剧的完美补充。

然而，在线平台和大众媒体能无缝融合到同一种连接经济模式的原因，并不能简单地通过共享技术和经济条件因素来解释。这两个方面的发展时长远不止过去十多年；事实上，个性化、批量、商业化，以及公共和私人空间融合等文化趋势，即使不是发生在 YouTube 取得成功的几十年前，也颇有些年头了。Twitter 和 YouTube 通过发展名人用户吸引大量粉丝，拉拢流行歌星利用其知名度变现，这种做法早在 20 世纪 90 年代的电视文化中即可找到根源。Facebook 和 YouTube 的过滤和排名原则，借鉴了大众媒体的能带来丰厚回报的打造潜力明星的方式。我们如果看一下大多数平台的演变，就很容易理解为什么 YouTube 的“另类”形象虽然成长在社区参与和建设的文化氛围中，但在面对强大的商业诱惑时却没能经受住考验，被推动着向主流迈进。刺激经济需求的新自由主义技术理念并非总是有助于创造滋养社区平台的可持续环境。相比于可持续发展的社区，商业所有者更青睐高周转率、短期热点、吸引大众的名人、博人眼球的体验、有影响力的用户以及大量有抱负的专业人士。然而，打造完美的参与式连通性平台的目标却仍经常地被提及，其实是为了保证对连接实施商业化以获利的需要。Google 依旧殷切地称赞 YouTube 是为活动家和创意人士而设立的网站；它迫切需要将 YouTube 的形象视作“一个朋友之间能够相互推荐视频的网站”，即便它的界面设计不再突出社区功能。

只有在这种文化和意识形态背景下，我们才能理解连接性的逻辑如何迅速彻底地影响了整个媒体格局。在不到十年的时间里，YouTube 已成为非专业视频、个性化广告、商业视听内容和大众吸引力的交汇地。为了实现这一目标，Google 利用技术、管理和商业模式来塑造新形式的社交和连接，
并在此过程中建立了新的交流模式。事实上，YouTube 及其所有者 Google 将 131
继续通过减少对业余拍摄者的曝光率、给予观众更少的选择以及类似电视的频道设置，来更好地操控用户的在线视频分享体验。

> YouTube 对电视由反叛到求爱再到步入婚姻殿堂的“童话故事”，其结局是用户收获了幸福生活；但即便如此，该故事也会留给用户许多哲学疑惑，即关于内容控制以及平台所有者一手执掌纵向整合大权的问题。这些问题涉及公民与企业主体之间、用户与所有者之间以及旧媒体和新媒体之间的权力对抗。

本章通过 YouTube 的案例将技术、用户与其组织框架联系起来，揭示了这个不断发展的微系统如何成为连接媒体生态系统的一部分，而后者同样由其文化母体孕育。技术和文化、微系统和生态系统之间的相互塑造是这一历史重建过程的核心。YouTube 对电视由反叛到求爱再到步入婚姻殿堂的“童话故事”，其结局是用户收获了幸福生活；但即便如此，该故事也会留给用户许多哲学疑惑，即关于内容控制以及平台的所有者一手执掌纵向整合大权的问题。这些问题涉及公民与企业主体之间、用户与所有者之间以及旧媒体和新媒体之间的权力对抗。在最后一章，我将更全面地反思这些问题。但首先，我们需要更加密切地关注连接媒体生态系统中的另一个平台，该平台全面超越了最初的商业目标，将连接性资源回馈给大众，它就是 Wikipedia。

第 7 章 Wikipedia 与中立原则

在线项目仍然被视为众包的典范：内容由用户生产且服务于用户，成千上万的志愿者贡献了数百万的条目和编辑信息。但 Wikipedia 并不是一个可以任意为之的平台，内容的提供逐渐变成一个由人和机器进行严格管理的过程。

Wikipedia 在线协作复杂的协商过程基于一些基本原则，其中最重要的是中立原则。与商业同行相比，Wikipedia 并不是通过点赞、加好友、关注与趋势这类人气原则来实现其网络社交性的；相反，它通过构建一个基于中立原则的“获知”平台来实现该目标。

7.1 引言

> 维基百科是一部结合了草根与专业、年鉴、公报元素的在线百科 132
> 全书。它不是发表即兴演说的讲台、广告平台、自出版平台、无政府主义或民主的试验场、不经筛选的资讯大杂烩或网络黄页。它也不是词典、报纸或第一手资料文献库，此类内容应该被贡献给维基百科的姊妹项目。[1]

2012年对维基百科的这个定义——它是什么和（尤其是）它不应是什么——构成了平台建立的五大原则之首。2001年，维基百科的创办宗旨是“一个任何人都可编辑的免费百科全书”。而今，它已从一个百科知识在线生产的协作项目转变为专业运营、依靠志愿者支持的旨在创建在线百科全书的非营利性组织，这与其初衷相去甚远。在十年里，维基百科已成为世界第六大互联网平台，拥有近1 500万的注册用户和供稿者，涵盖近370万篇关于不同主题的文章，且数据还在不断攀升，规模空前。[2]该平台的成功让世界范围内的互联网学者、政策制定者和商界人士感到震惊。2011年，维基百科全书入选了联合国教科文组织世界遗产名录提名，凸显了它作为全球文化现象的重要地位。[3]对许多人而言，维基百科是在数字化企业主导下“非市场对等生产”的少数几个例子之一。“非市场对等生产”是尤查·本科勒（Benkler，2006：5）提出来的概念。

那么维基百科作为一个独特的对等生产微系统是如何发展的？是什么 133
让它区别于商业运营平台？互联网项目仍然被视为众包的典范：内容由用户生产且服务于用户，成千上万的志愿者贡献了数百万个条目和编辑信息。但维基百科并不是一个可以任意为之的平台，内容的提供逐渐变成一个由人和机器进行严格管理的过程。由于这一复杂的协商过程基于五大基本原则，而其中最重要的是中立原则，这个过程最终必然会达成共识。与商业同行相比，维基百科并不是通过点赞、加好友、关注与趋势这类人气原则来实现网络社交性的；相反，它通过构建基于中立原则的“获知”平台来实现该目标，其非营利组织的性质反映了这种意识形态。人们曾为维基百科无政府主义构架——一个自由开放的（源）信息社会的化身——而欢呼；维基媒体基金会的建立巩固了该平台的非营利性质。该基金会确保资金稳定流动，在不影响维基百科的内容或编辑决策的情况下继续大规模运营。

（维基百科）成立后的第一个十年，许多人对其值得称赞的目标和成功的非营利组织化运营表达了赞许，但也有一些人批评它的逐步制度化。在本章对维基百科短暂历史的呈现中会看到，平台的志愿者和业余爱好者等活跃用户群因慷慨地贡献内容而得到喝彩，但也因缺乏专业性而受到抨击。维基百科的技术架构因其透明度而得到褒扬，但它的界面却因忽视细微差别和压制异议而被谴责。该网站内容的准确度也引发了激烈的争议，但它却成功地通过了几次与公认完善的百科全书的质量比较测试。（维基百科）的管理结构和政策被赞誉为在 Web 2.0 的环境下对民主的重塑，也被解读成专制主义和官僚主义的象征。总而言之，维基百科对一些人而言是成功之举，对另一些人而言则是幻想的破灭。

维基百科是连接媒体生态系统最大的非市场对等生产平台，这一地位引起了一些声量较大的质疑。在一个由商业机制与规则主导的线上环境中，它的可行性和独立性遭到往往隐含于“公共性”和“公众价值观”言论下的争议。例如，维基百科的共识机制与 Facebook 和其他社交网络服务网站所宣称的共享意识形态有什么联系？如何比较维基百科的中立原则和谷歌
134 排名机制所基于的人气原则？在绝大部分媒体集团追逐利润的环境下，维基百科如何保持其非营利性？要回答这些问题，我们必须将维基百科置于规范的连接文化语境下去衡量其效能。

7.2　对共识的技术文化构建

用户与使用

自2001年维基百科项目上线以来，主要特点一直是“大众参与”。这种“群体智慧”虽说逐渐从理想沦为陈词滥调（Surowiecki，2004），但即使在该项目走上系统化、专业化的道路很久以后，它仍然挥之不去。多年来，该平台一直被誉为样板，在如“思想的集合”（Sunstein，2006）、“分布式协作”（Shirky，2008）、“大规模合作”（Tapscott & Williams，2006）、“众包”和“协作知识”等方面尤为突出。[4]维基百科的粉丝使用这些术语来赞扬项目的民主化潜力、社群责任感、合作精神，以及值得称赞的目标即提供一个人人皆可免费阅读和书写的知识平台。[5]但是，仅用简单的“群体智慧”四个字来概述这些理念，是过度简化且荒谬的，甚至连平台的创始人也否定了这一说法。如果更仔细地研究平台的发展历史，我们就可以发现一条十分有趣的反映用户使用和参与的变化曲线。

在维基百科发展进程的第一和第二阶段，用户具备怎样的特征？数量是多还是少，是专家还是业余爱好者，是积极的贡献者还是被动的条目阅读者？在该平台发展的最初五年，内容生产在很大程度上依赖于一小群非常投入的志愿者，虽然他们很快就构建出一个繁荣的社区，但其规模绝对称不上宏大。直到2006年，维基百科才被广泛编辑，并由全身心投入的核心编辑者进行维护，他们人数只占2%，却完成了73%的编辑量。[6]在这方面维基百科并非个例：几乎所有用户生成内容平台的早期发展阶段以及开源运动（Ghosh & Prakash，2000）[7]中，占多数的普通用户与少数核心用户的贡献比例同样失衡。如果把维基百科的众多贡献者的想法完全当作神话，那么就错了。实际上，维基百科真正高明的地方不在于瞄准大量人群，而在于对人群的管理。

如果把维基百科的众多贡献者的想法完全当作神话，那么就错了。实际上，维基百科真正高明的地方不在于瞄准大量人群，而在于对人群的管理。

135 自2006年开始，维基百科的精英用户人数明显下降，与此同时新手用户的编辑条目激增。许多研究人员意识到这一在工作量上的巨变。基图尔和同事（Kittur et al.，2007）并未一味采用“群体智慧”这类陈词滥调来描述这一改变，而是聚焦于用“资产阶级的崛起”解释初级编辑用户的显著增长。少数投入的、能力强的志愿者曾在一段时间里掌握着主导地位，现在，“早期拓荒者们受到大量涌入的后来定居者们的挑战”（Kittur et al.，2007，n. p.）。对此，早期的成熟用户通过筛选和完善平台技术管理系统来规范越来越多的新手用户。新手用户很快就成为平台的主要贡献者，而精英用户的数量则相对减少。基图尔和他的同事在其他Web 2.0平台上也发现了类似的发展趋势。为解释这一变化，他们将维基百科描述为一个随着内容管理系统逐渐发展、实施和分配而演变的动态社会。他们认为，维基百科所面临的变化或许是在线知识协作系统演变过程中常见的现象。

人们除了探讨维基百科究竟是由少数还是多数人创造的同时，也在争论在线百科全书究竟应该由专家还是业余爱好者来编写，而两种方式完全背道而驰。出版行业以及少数文化理论家坚决捍卫前者。[8]有趣的是，维基百科最初想打造成为由专业人生供稿的百科全书平台。它最初起名为Nupedia，一小拨学者被邀请来撰写条目，旨在创建一个“免费且高质量的在线百科全书”，并拥有开放内容的许可证，可供大众阅读（Shirky，2008：109）。创始人吉米·威尔士（Jimmy Wales）及其员工拉里·桑格（Larry Sanger）根据学术同行评议制度制定了一套基于开放性和客观性原则的协议。[9]但是，这种模式最终失败了，部分原因是受邀担任编辑的学者编写进度过于缓慢。为了加快进度，桑格提议建立“维基”，在这个群体平台上，全球各地的学者和感兴趣的外行人都可以帮助起草和编辑文章。随后维基百科迅速获得了成功，用户的贡献也令人惊喜。他们不遗余力地保持维基百科的有序运作，同时也为协作编辑模式带来的混乱保留了空间，如为编辑条目展开拉锯战、信息偏差、错误和争执（Niederer & van Dijck，2010）。然而，2002年初，桑格又从维基百科转向专家撰写百科全书模式，威尔士则选择进一步推进维基模式。[10]

除了上述问题外，关于专家与“通才”的争论也偶尔会浮出水面。维基百科更需要的是撰写某一特定领域条目的专家，还是那些了解不同领域的通才呢？研究证明两种类型的人才都是需要的。专家提高了网站的质量 136
水平，通才则对知识关联性贡献良多，因为他们倾向于在各领域之间建立更多的联系（Halatchliyski et al.，2010）。

事实上，要理解维基百科的“人群管理”，关键在于理解该网站容纳“多样性”用户的能力，如经常和偶尔贡献内容的用户、被动的读者和活跃的作者编辑，以及通才和专家。维基百科之所以成功发展为在线百科全书，主要归功于其处理巨大的用户多样性的能力，以及将多方贡献的内容整合为一个公共产品。在早期，维基人通常被视为单一身份的社区用户群，但从 2006 年用户数量爆炸性增长以来，该社区逐渐发展出有序的层级体系，不同的用户都被有效地归类，并执行界定明确的任务。从策略上考虑，该网站也欢迎那些不太活跃的贡献型用户和新手，有经验的贡献型用户会运用社交策略鼓励他们来提高编辑质量（Choi et al.，2010）。即使是被动型用户，维基百科也将他们视为不可或缺的参与者，而不是“搭便车”者，因为阅读是新手了解维基百科的入门活动，同时读者的数量越多就意味着维基百科的被认可度和地位越高（Antin & Cheshire，2010）。正是维基百科将许多不同类型的用户纳入同一个社交体系的能力，才是它能够有效动员和管理人群的关键。

用户社交化是否成功在很大程度上取决于技术管理系统，该系统能促进和引导从经验丰富的内容贡献者到偶尔贡献内容的用户，再到各层级（被动）读者的各类人群开展合作。从 2006 年开始，记者和观察家们注意到该平台已经开始实行严格的系统管理以规范其使用人群和开放编辑政策。[11]事实上，这一社会技术系统遵循严谨的协议，按用户类型分配权限级别，以此对纳入或删除何种条目以及允许或屏蔽何种编辑内容的决策施加严格的管理。仔细研究维基百科的用户层次结构，会发现它根据用户类型递增地授予权限。[12]从最低级别的用户组开始升序排列：被封用户、未注册用户、新用户和已注册（或自动确认）用户；再往上是程序机器人、管理员、行政员和监管员；居最高位的是开发人员和系统管理员。授权的顺序
187 由层级结构决定：被封用户权限最小，他们只能编辑自己的聊天页面；未注册或匿名用户的权限显然低于注册用户；注册用户的权限低于程序机器人；程序机器人位于管理员之下。有生产力的贡献者，在已经确认提供了可靠的编辑内容后，可以被识别并授予管理员身份（Burke & Kraut, 2008）。系统管理员（或开发人员）在维基百科中具有最高权限，包括服务器访问权限。这是一个只有十人的小型用户组，“管理和维护维基媒体基金会服务器”[13]。

虽然开发了上述用以分配用户权限和功能的层级系统，但许多维基百科原版本的支持者对这种烦琐的官僚程序抱怨连连（Kildall & Stern, 2011）。他们认为用户不再有编辑自由，相反还要受制于基于维基百科内容规范性审查的官僚技术系统。尼古拉斯·卡尔（Nicolas Carr）等评论家指出，维基百科仍然是平等主义或集体智慧的彰显，他们鼓励摒弃“维基百科神话”这种说法（Carr, 2011：195）。我将在后文回归这个话题，但首先要讨论一下该平台在生产共识方面对技术主体的依赖。

技术

维基百科的用户动态中，最令人惊讶的是非人类主体或程序机器人在内容管理系统中所扮演的重要角色。这不仅体现在它们的数量上，还体现在它们作为主体在定性排名上的自主权。如果没有程序机器人的帮助，那么人类将永远无法追踪在线百科全书中大量的创作和编辑活动。程序机器人本质上是几段程序或脚本，旨在“无须人工决策也可自动编辑”[14]。它们可以通过含有单词“bot”的用户名识别，例如 SieBot、TxiKiBot、3RRBot 和 Rambot。与大多数专有算法（例如新鲜事排序或网页排名）相比，维基百科的算法工具是开放获取（open access）工程的结晶。一旦被批准使用，程序机器人就会获得自己的用户页面。除此之外，它们也能组成自己的用户组，拥有一定级别的访问权限和管理权限——可通过账户页面上的小旗

标记区分。维基百科成立一年后，程序机器人首次投入使用，成为完成重
复性管理任务的有利助手。[15]自2002年以来，程序机器人的数量呈指数增 138
长，2006年时增加到151个，2008年则达到457个。[16]截至2010年，机器人完成的编辑量超过了维基百科总量的16%，而这一数据仍在不断增长（Geiger & Ribes，2010：119）。[17]

一般来说，程序机器人有两种类型：编辑/共同作者机器人和非编辑/管理机器人。每个程序机器人的维基百科内容工作都非常具体，这与其通常狭隘的任务区划相关。管理机器人在维基百科用户中最为人所知，它们执行网络警戒任务，例如阻止垃圾邮件和检测蓄意破坏行为。当有可疑的内容编辑发生，例如文章中的内容被大量删除或有反常的改变时，“反恶意编辑”机器人就会开始行动（Shachaf & Hara，2010）。拼写检查机器人检查并更正维基百科文章中的语言。禁令执行机器人可以阻止用户访问维基百科，从而剥夺他的编辑权限，而注册用户则无权做这些事情。非编辑机器人也是数据挖掘者，用于从维基百科中提取信息并查找侵犯版权标识，可将新条目中的文本与网站已有的关于该特定主题的文本进行比较，并将其提交至指定页面供人工编辑审阅。大多数程序机器人被用于执行重复性任务，因此要承担大量编辑工作。

大多数内容的撤销和封禁工作由人类和机器人合作完成。研究人员盖格和里贝斯（Geiger & Ribes，2010）在一项实验中分析了维基百科内容遭恶意撤销的实例，弄清了人类和机器人之间是如何分配工作的；他们在调和彼此任务的同时，也会做出各自独立的判断。基于识别算法的机器人会自动记录明显的恶意撤销行为，比如在一天内大量的或反复的内容撤销，然后就会提醒人类编辑者。像Huggle、Twinkle和Lupin都是被用以执行特定任务的热门开发工具，例如可以恢复某个用户的多个编辑内容，或将有问题的用户报告给人类编辑者，以帮助其决定是删除还是恢复编辑内容。基于检测算法的机器人可系统地区分匿名用户和新注册用户，因为这两种用户处于权限层级的最底层。维基百科与恶意破坏者的斗争是一种分布式认知的过程，通过“人类、百科文章、软件系统和数据库之间的复杂交互

网络”实现（Geiger& Ribes，2010：118）。

维基百科用户和研究人员最为陌生的是共同创作机器人。最先投入使用的编辑机器人之一 Rambot 是由德里克·拉姆齐（Derek Ramsey）开发的。[18] Rambot 从公共数据库中提取内容，逐个或批量创建、编辑特定内容
139 的文章，并将其提供给维基百科。Rambot 在 2002 年上线，利用美国中央情报局的调查报告《世界概况》（*CIA Worldfact Book*）和美国人口普查的数据，在维基百科上创建了大约 30 000 篇关于美国城市和郡县的文章。人类编辑者会按照严格的格式，如历史、地理、人口统计等，对这些机器人生成的文章进行修改和补充。文章最终看起来干净整齐、信息丰富，格式统一。到目前为止，Rambot 的主要任务仍然是创建和编辑有关美国城市郡县的文章，而人类编辑者还是负责检查并补充机器人提供的信息。

虽然并非所有机器人都是内容创作者，但都可以被归类为“内容代理人”，因为它们都积极参加与维基百科内容相关的工作。最活跃的维基人实际上是机器人；基于对各层次用户群体的了解，机器人完成了大量高质量的修订工作。[19] 阿德勒及其同事（Adler et al.，2008）发现为其“编辑寿命生存测试”做出最大贡献的是两个机器人。维基用户极其依赖系统通知和机器人供稿来修缮文章。绝对地划分人类和非人类成员是不正确的。因为本质上，维基人是一个杂交类别——由管理工具和监测工具辅助的许多活跃用户组成，也被称为“由软件辅助的人类编辑者”，有人也据此认定机器人是许多维基百科条目正式的共同作者。

虽然机器人和人类在维基百科用户的“等级阶梯”上占据不同的位置，但是该项目的创立和维护仅靠人类用户或者程序机器人各自单独的力量是无法实现的。维基百科的项目社交秩序结构协同了数千名活跃贡献者、数百个机器人和数百万既是读者又是潜在贡献者的用户，其规模前所未有。正是完整的人机互动系统产生和维护了维基百科上这种协调的社交性。正如纳撒尼尔·特卡茨（Nathaniel Tkacz，2011：79）观察到的，“机器人现在不仅监管内容，也监管社区用户

虽然并非所有机器人都是内容创作者，但都可以被归类为“内容代理人”。最活跃的维基人实际上是机器人；基于对各层次用户群体的了解，机器人完成了大量高质量的修订工作。

的社交性”。但也正是因为这一点，一些用户对该技术管理系统持反对意见，因为这虽然可能加强维基百科的严谨性，但也会强加一套委派任务的制度给用户，以期任务的完美执行。批评者认为这种规范的协议排除了异见和个体行为。正如 Facebook 反对个人抗议或攻击其协议一样，维基百科的用户担心他们的网站会变成一个半自动的、封闭的操作系统，会以牺牲不同意见为代价来规避不和、倡导共识。

实际上，分析共识加强机制不能脱离维基百科内容构建的基本原则。140
如前几章所示，任何算法都包含了有关应该如何构建内容的认知假设。技术-人类协议为维基百科的内容管理系统提供了坚实基础，但这些协议的内容生产原则是什么？这些原则如何在共识达成的过程中起到促进作用呢？

内容

本章引言指出，维基百科内容的生产基于五个核心原则，这些原则是贡献者的准则、机器人的算法逻辑和百科全书的质量标准的基础。[20] 本部分将探讨其中三个原则。首先，“可验证性原则”意味着读者能够针对内容追溯到可靠的来源，因此供稿必须列出文献可验证的资源及出处才可能被接受。其次，“非原创研究原则”。维基百科根本不接受新的或未发表的研究或原创思想，再次强调维基百科的可靠性是指引用经验证、已发表的文献。最后，文章必须秉持“观点中立原则”（NPoV），为避免偏见，条目必须基于事实或有关观点的事实，而不是基于观点本身。所有贡献者，无论是单个匿名用户、程序机器人还是管理员，都必须遵守这些规则，否则会受到所编辑内容被删除的惩罚。这些标准通过维基百科的内容管理系统机制来维护，并通过社交用户控制制度得以加强。

在维基百科发展的前五年，学术界和新闻界对百科全书内容准确性和可靠性的许多争论都涉及了前两个原则。关于准确性的争论主要围绕文献的来源；关于可靠性的争论主要集中在因作者身份的不可验证性导致的信任缺乏问题——匿名和业余贡献者数量众多，很可能会造成内容的不准确和不稳定。研究者通过故意向维基百科添加错误内容测试了在线百科的可靠性，并以此加入了对内容质量的讨论。[21]2005 年 12 月，《自然》杂志上发表了第一篇系统比较维基百科与《大英百科全书》条目准确性的学术论文（Giles，2005）。该论文以来源于二者的 42 篇科学文章为对象，在隐去文章来源的情况下对它们进行分析，发现维基百科和《大英百科全
111 书》的准确性不相上下。这则新闻在 BBC 新闻中被大肆宣传为“维基百科通过研究测试”[22]。这一结果使得维基百科至少在准确性方面接近传统的百科全书。后来又进行了很多这样的准确性测试；2006 年至 2011 年间进行的同行评议研究再次证明了维基百科在不同学科领域内容来源的可靠性[23]。

第二个争论的焦点则是匿名用户供稿的可靠性和诚信问题。如果维基百科接受与某条内容利益相关的编撰者的信息，那么如何确保这些条目的客观性？批评家如基恩（Keen，2008）和丹宁及其同事（Denning et al.，2005）强烈反对将编辑权分配给所有用户。为应对这些反对意见，维基百科采取了各种技术措施来消除因作者匿名而产生的影响。首先，正如前面所讲，维基百科的内容管理系统给匿名贡献者分配的权力非常有限，其编写内容可以被任何拥有更高权限级别（除了被封号的用户之外）的人否决。由于匿名用户在维基百科的“层级金字塔”中级别非常低，因此当他们违反基本原则时，他们的“编辑生涯”可能就此结束。此外，越来越多的“检测工具”可以检测贡献者的身份，或者至少追踪其所在地。在所有条目的“历史”页面上，都可以找到每个匿名编辑的时间戳和 IP 地址。第三方应用程序［如维基扫描仪（WikiScanner）］可以通过在 IP 地理数据库中查找 IP 地址对匿名编辑者进行定位和追踪。IP 地理数据库列出了 IP 地址及其对应的公司或机构。[24]随着 WikiTrust 软件的引入，在 2009 年秋季，维基百科文章中新编辑部分的可靠性会基于编辑者其他供稿的寿命来判断其声誉，并以颜色作区分编码。维基百科并没有依赖专家检查所有文章，而是进一步加强了其社会技术系统的稳健性以切实执行其原则。

在所有五个原则中，维基百科专家讨论最多的是“观点中立原则”；它被视为最严格地强制用户达成共识，并由此压制讨论和意见多样性的原则。

也许具有讽刺意味的是，正是该原则和基于该原则的共识达成机制最初被称赞为维基百科最伟大的创新之一。例如，历史学家罗伊·罗森茨威格（Roy Rosenzweig）指出，维基百科的价值恰恰体现在其动态的持续编辑过程中——被平台约束的共识编辑系统"暴露"了历史是如何写成的，"尽管维基百科作为唯一的信息来源存在问题，但维基百科全书的创建过程增进了对历史学家所试图传授的技能的认识"（Rosenzweig，2006：138）。罗森茨威格指的是平台最重要的一些界面功能，如内置的历史记录页面，可以让用户查看每个条目的历史编辑记录或最近更改页面，从中可以看出条目是如何更改的。

虽然罗森茨威格对此表示赞赏，但其他人却持反对意见，他们认为观点和讨论的多样性不应该隐藏到可见界面背后，需要额外的点击才能看到相关内容，也对读者的技术能力或解读能力有所要求；相反民间辩论和讨论应该安排在条目的主页中。一些批评者拒绝"观点中立原则"，认为它在意识形态上很值得怀疑，尤其是有大规模的操控机制保证它的严格执行。正如英国历史学家丹尼尔·奥沙利文（Daniel O'Sullivan）所观察到的："在一个同质性日益增强的世界里，差异被归入主导意见和标准化知识的统治之下。相比之下，维基百科有潜力去扩散不同的声音和意见，但维基百科的官僚化'监管'措施如'观点中立原则'日益增多，意味着它很可能只是典型的西方知识经济再现而已。"（Sullivan，2011：48）换句话说，把讨论隐藏在可见用户界面背后，其结果是促进同质化，同时抑制其他阐释与不同意见。

维基百科的实际贡献者不仅抱怨这些规则背后隐含的意识形态，还抱怨它们带来的烦琐的监管机制。研究美国劳工历史的教授蒂莫西·梅塞尔-克鲁斯（Timothy Messer-Kruse）写了一篇幽默的文章，记录了他试图编写有关1886年美国干草市场（Haymarket）的维基百科条目的经历；因为要被迫遵守维基百科的共识制度，他在文中表达了对维基百科系统的失望：

在一个同质性日益增强的世界里，差异被归入主导意见和标准化知识的统治之下。相比之下，维基百科有潜力去扩散不同的声音和意见，但维基百科的官僚化'监管'措施如'观点中立原则'日益增多，意味着它很可能只是典型的西方知识经济再现而已。

> 我对词条的编辑才提交了5分钟，维基警察就开始义正词严地指责我："我希望你能熟悉维基百科的规则，例如可验证性和非重要性原则。如果绝大多数历史学家说天空是绿的，那么根据我们的规则要表述为'大多数历史学家认为天空是绿色的，但有一个人说天空是蓝色的'。……作为个人编辑，我们不是在权衡观点，我们只是传达可靠的文献资源给出的信息。"这给了我一线希望，也许不用等到下个世纪，某天我的学者同行们将会同意我的观点，我就可以去修改那条维基百科词条。而在那之前，我将不得不继续大喊天空是蓝色的。[25]

148 因此可以说，"观点中立原则"是构建功能机制的指导原则，但同时该机制将中立的意义塑造为"平均意见"或"共享解读"。2006年，美国脱口秀节目主持人斯蒂芬·科尔伯特（Stephen Colbert）创造了"维基现实"（wikiality）一词以暗示维基百科创造了人人都认可现实的逻辑怪圈："如果你声称某事是真实的，而且有足够的人同意你，那么它就是真的。"[26]从这个角度来看，维基百科的中立原则与谷歌和Facebook所采用的人气原则有相似之处。一些维基人反驳了这种说法，他们认为"观点中立原则"有时可能是站不住脚的，特别是有利益关系的情况下，但总的来说，它可以作为处理内容的实用指南。[27]

从这些辩论中可以看出，共识已经成为一种社会技术观念——产生模式化内容的技术系统规范了社交性。社会学家克里斯蒂安·彭茨尔德（Christian Pentzald）在维基百科用户的人种学（ethnographic）研究中非常准确地阐述了这一点。他观察到维基百科的贡献者"不仅要学会使用软件工具，而且必须获得适宜的信念、价值观、共同的理解和实践"（Pentzold，2011：718）。然而，对维基百科的共识达成机制的理解，不能脱离它的发展所处的社会经济结构。因此，我们下面会讨论维基百科的所有权结构、管理模式和商业，以了解维基百科的组织系统是如何维持共识形成规范的。

7.3　介于民主与官僚之间的共识机制

所有权结构

在十大互联网网站榜单中，Google、Facebook 和 YouTube 均在列，而维基百科则是唯一一个非营利性、非市场化平台。然而，很少有人意识到维基百科在 2001 年创始之际，还是由吉米·威尔士创立的营利性互联网企业 Bomis 公司的一部分。在建立 Nupedia 时遇到的困难，以及对如何最好地构建开放获取、开放授权平台的思考，使得威尔士意识到"维基"模式只能在非营利组织中蓬勃发展。两年后，维基媒体基金会成立，最初作为一个由志愿者运行的筹款机构。作为该平台的创始人，威尔士仍然在很大程度上是该项目的幕后推动者；但即便他很有魄力，维基人也不希望他 141
总是亲自参与运作的每个方面。维基媒体基金会由其理事会领导，根据美国法律运作，筹集资金以支付在线百科全书如服务器和设备等方面的运营费用。[28]

与此同时，维基百科平台的所有权，主要是内容和商标，仍归维基百科社区所有，该社区也在理事会中占有一席之地。正如前文所述，社区规模在 2005 年之后呈指数级增长，促使平台开发了一个具有独特规则和规范的庞大管理机制来管理大量志愿者。在 2006 年至 2009 年期间，该基金会从以志愿者为基础的非营利组织转变为由付费雇员管理的全球性组织，拥有在美国的总部和各国的分部（Fuster Morell，2011）。所有国家的维基百科都由维基媒体基金会管理和监督。维基百科全书只是该基金会监督的众多维基项目之一；其他项目包括维基语录（Wiki-quotes）、维基学院（Wikiversity）、维基新闻（Wikinews）和维基词典（Wiktionary）。

维基百科在非营利领域继续运营的管理决策是完全恰当合理的；然而，由于百科的"非市场对等生产"也带有公司化的性质，它最终的平台架构也有尴尬之处。可以预见的是，许多早期的使用者对平台最终发展起来的管理架构感到失望。这种架构的影响在维基媒体基金会及维基百科项目中都有所体现，类似于由公共广播电视企业和系统代表的美国公共广播理念的在线版。它将维基媒体基金会与维基百科项目分开，严格分隔筹款活动和编辑活动；但两个实体之间的不平等令某些人难堪。互联网研究员梅奥·福斯特·莫雷尔（Mayo Fuster Morell）向一些维基人表达了对该平台包含两种不同民主逻辑的混合组织结构的不满：

> 维基媒体基金会遵循传统的、具有代表性的民主逻辑，而社区仍然是一种创新的、复杂的、有组织的模式。该基金会建立在与员工的合同关系上，而社区则依靠自愿参与。基金会依赖了强制性等级制度和理事会运作，而社区则依赖于开放性的、志愿者参与的等级制度，
> 145 以及（主要但并非总是）共识决策。该基金会的权力来自旧金山的集中协调和长期规划，而社区则具有分散性和偶然性的特点。（Morell，2011：333）

一些对维基百科关注甚早的专家认为，该项目逐渐演变的职业架构类似于主流出版商或公共广电公司的传统编辑模式，甚至类似于其企业架构。无论这些观察有多么敏锐，各类维基人都对该平台的最终组织架构表示过不满：觉得牵涉所有权的管理决策不尽如人意，其管理模式更是糟糕。一些人认为其管理模式是民主的，而另一些人则认为纯粹是官僚主义的。

管理

近年来有一种观点，认为维基百科精心设计的管理体系既是公立机构，又是私营企业，但其实用这两种模式来描述都不合适。一些研究使用诸如“无政府状态”或“君主制”来描述维基百科的管理，而其他研究则指出该项目民主的、类国家的组织架构具有官僚主义的特征。根据“群体智慧”范式，维基百科应该采取无政府状态的形式，每个人，无论其资格如何，都能参与其中，并且不存在自上而下的控制。还有些人声称，维基百科本质上由一位“独裁者”吉米·威尔士经营，他是“无冕之王”，“选定的志愿纠察队”为

他在领地上巡逻（O'Neil，2011：312）。这两种说法都夸大其词了。

然而，维基百科变成民主官僚机构这一论断似乎更有分量。实际上，编辑和贡献者之间达成共识的过程催生了委员会和理事会机构，其中处理严重内容冲突问题的最高仲裁机构是调解委员会。[29]该委员会以一部详尽的调解政策指南为指导，处理与内容相关的争议及关涉中立性与非客观立场的分歧。[30]此外，维基百科还设立了一个仲裁委员会，扮演最终具有约束力的决策者的角色；他们会审议社区层面无法解决的争端，如对严重不当的行为、被禁用户和破坏行径的认定。[31]这两个委员会都有内容详尽的章程，明确了与法律程序非常相似的仲裁流程，包括上诉委员会和书记员名单。

对于一些人来说，法律治理程序正是维基百科变成官僚主义怪物的罪 146
魁祸首。尼古拉斯·卡尔（Nicolas Carr）对维基百科等级制度的复杂性以及其规则的宽泛和烦琐进行了描述，可能不严肃，但确实带有批评色彩，具体如下：

> 也许它应该这么界定自己："任何符合维基百科代码234.56、A34-A58、A65、B7（附录5674）小节中规定的要求，并遵循维基百科法规中规定的程序31-1007以及"维基秘籍"SC72（需要解码指环）的用户都可以编辑的百科全书。"（Carr，2011：200）

一些评论家认为，民主选举或用户代言人的彻底缺失使维基百科的官僚机构色彩越来越浓。例如，社会学家马蒂奥·奥尼尔（Mathieu O'Neil）认为，规则和章程的半法制化并不是一种民主形式，只要缺乏类似宪法的制度约束和明确的投票程序，维基百科就不具备任何民主化的潜力（O'Neil，2011：321）。

可以肯定的是，平台对这种精细的治理结构的选择与倡导者和强势的维护者相关。老资格的维基人、研究员科涅奇内（Konieczny，2010）认为，该项目既不是无政府状态的，也不是君主制的，也不能称之为民主或官僚的，尽管它确实混合了四者的特征。由于维基百科的折中主义治理模式并不适用于任何已建立的模型，科涅奇内建议将"暂时体制"（adhocracy）的概念应用于维基百科的组织性质。这一概念是阿尔文·托夫勒（Alvin Toffler）在他的著作《未来的冲击》（*Future Shock*）（1970）中创造的，是“官僚体制”的反义词。该术语指向成千上万的暂时性组织，根据狭义的“任务”临时组织起来，以创建和维护内容。维基百科在全球范围内有近1 500万注册志愿者和超过1 500名管理员，在数字空间中尝试了一种新的公共治理模式。有的团队可以编写特定的条目，有的进行内容审查和编辑，有的审查管理员的请求，有的为主页筛选特色篇目。这些项目高度分散，领导才干则基于“受尊敬的编辑的要求”（requests from respected editors）（Konieczny，2010：277）。在一个灵活的组织中，领导和政策的“出现”是无意识的（Mintzberg，2007）。所有这些暂时体制的特征都适用于维基百科的管理理念，并且与网站是否成功紧密相关。

毋庸置疑，最终依赖庞大社会技术机制的暂时体制可以维护维基百科分散领导的规模和范围，保证由多学科领域团队生产的百科内容的最终凝
147 聚力。正如吉尔·德勒兹（Gilles Deleuze，1990，1992）在他对福柯“规训机构理论”的谨慎修订中指出的，“控制社会”将技术引入作为其社会机制的内部成分。与所有大型公共系统一样，维基百科的规训控制是通过由不同角色如管理员、系统操作员和开发人员组成的科层制实施的。如前文所述，该系统通过提高专门用户的权限级别和取消贡献者偏离规则的权利等方式，对奖励和惩罚机制进行控制（Burke & Kraut，2008）。但是，如果工具（机器人、算法、接口功能和内容管理系统）不够多，规范控制系统就无法在如此大规模的工作中发挥作用。

维基百科的共识机制其实是一种技术文化集合，并在治理和所有权相匹配的社会经济模式——一个经过多年微调、复杂且完善的系统——中得到了巩固。该平台的运作和管理牢牢根植于客观性和中立性的意识形态中。这些价值观基于共识被编码为机制与协议，并被网站的“事实”认定戳标记出来。一些人对结果感到不满，因为该平台没有反映民主的混乱，抱怨维基百科在强制执行由社会技术控制的等级制度时束缚

维基百科的共识机制其实是一种技术文化集合，并在治理和所有权相匹配的社会经济模式——一个经过多年微调、复杂且完善的系统——中得到了巩固。该平台的运作和管理牢牢扎根植于客观性和中立性的意识形态中。这些价值观基于共识被编码为机制与协议，并被网站的“事实”认定戳标记出来。

了平等的发展进程。其他人认同该结果，因为该项目动员了前所未有的用户基数，而达成共识的过程已然变得有序且透明，每个人都可审视，即使要点击可见界面背后的内容才可实现。无论持有何种观点，维基百科在项目资助方式上仍然明显区别于其他基于市场的平台。

商业模式

2003 年，维基百科与其创始初期的盈利模式渐行渐远；从那时起，百科项目就再未允许广告或商业促销的进入。维基媒体基金会接受私人和公司团体的捐款；捐赠对维基百科的内容没有任何影响，因为独立性和中立性是维基百科的标志。正如我们在前几章所看到的那样，在大公司收购 YouTube 等用户生成内容社区后的头几年里，很快就将网站的最初宗旨调整至与自身的商业利益相适应。百科知识生产的社会和智力活动强烈地拥护非市场的公共领域，根据尤查·本科勒的说法，这个领域“使得更多个体 118
能够与其他人……交流想法，这种方式不会被媒体所有者操控，也不像大众媒体那样轻易地被金钱腐蚀”（Benkler，2006：11）。如果公司所有者利用该网站获取经济收益，志愿者就不太可能继续贡献他们的知识和技能。研究表明，用户为维基百科做贡献的最大动力来自他们与其他人分享知识的内在需求（Yang & Lai，2010）。

换句话说，维基百科所选择的非营利、非市场的商业模式与以志愿者为基础的对等生产系统密不可分，该平台成功推行了这种对等生产系统。在维基世界里，即使并非所有用户都有平等的价值（有些用户会更有权力），但是没有任何用户能通过百科全书谋取经济利益；他们唯一的收获是表彰。这方面的问题可能在于基金会的员工有薪酬，但那些负责所有百科全书项目的志愿者没有酬劳。回想一下 YouTube 和 Flickr 为“公共”环境所检验的盈利方案，就会发现维基百科清晰明确的薪酬模式与营利性网站所采用的模糊混乱的用户薪酬模式具有

> 维基百科在非市场环境中岿然不动。尽管人们对此存疑，但可以说维基百科的模型证明了非市场对等生产模式在这个常年由市场驱动的环境中是可行的。然而，对于维基百科是否真正设法占据了一个独立于主要企业参与者的“特权”空间，以及是否建立了连接媒体生态系统的规范和原则，还是有争议的。

本质区别。

对等生产模式与非市场融资计划是缺一不可的，但并非所有人都将其视为理所当然。许多商业公司误解了维基百科成功的关键——它们认为有能力动用数百万用户的专业知识和投入度，就可以形成以盈利为目的的商业战略。纵观维基百科的成功，经济学家开始将对等生产作为一种总体的人本组织原则进行宣传，由此消除了市场和非市场计划之间的区别。例如《维基经济学》（*Wikinomics*）（2006）的作者塔普斯科特（Tapscott）和威廉姆斯（Williams），对商业性和公共性的融合就持肯定态度，并引入一些新的管理流行话语，如“共创”（co-creation）、“产销合一”（prosumption）等。据前沿的商业研究学者称，社交网络正在改变“创造-捕获-价值”的游戏规则。因为越来越多的公司会“利用平台来接触客户，并利用客户的锁定效应”（Wirtz，Schilke & Ullrich，2010：282）。换句话说，“对等生产”作为维基百科的一个特色，被不加鉴别地转移到商业领域，并被期望能转化为有利可图的客户价值——这种期望在多个方面都存在问题。（van Dijck & Nieborg，2009）。

与 Google 和 Facebook 不同，维基百科在非市场环境中岿然不动；该网
149 站不运用专有算法；它的治理模式虽然复杂，但对用户来说至少是透明的；平台的运作也符合其非营利目标。尽管人们对此存疑，但可以说维基百科的模型证明了非市场对等生产模式在这个常年由市场驱动的环境中是可行的。然而，对于维基百科是否真正设法占据了一个独立于主要企业参与者的“特权”空间，以及是否建立了连接媒体生态系统的规范和原则，还是有争议的。

7.4 连接媒体生态系统中的非市场空间？

乍一看，维基百科已经成功地在 Web 2.0 世界中开辟了一个独立的空间，拥有自己的非营利领域，并采用了一套规则来禁止一些商业的、有争议的、单一的或有明显自我宣传的内容。在线项目追随传统的专业新闻或

者制度化知识生产的脚步，成功地将中立性和客观性的意识形态转化为协议共识系统，动员了数百万活跃用户，吸引了大量读者。但这个空间的独立性与“主权”感有多强？当非营利性的中立领地与连接媒体的企业结构交织，其中立性是否存在？中立性和客观性的意识形态如何与 Facebook、Google 所推行的共享逻辑和人气排名相关？简而言之，维基百科是如何在默认以无障碍共享和数据挖掘为核心的连接文化中屹立不倒的？

维基百科作为非营利组织，在整个连接媒体生态系统中是鲜有的例子；几乎没有以非营利性质的小平台能够挤进连接媒体平台 500 强。维基百科不仅没有威胁到同一领域的企业玩家，实际上也可能从其独特的定位中受益，因为它几乎不会抢夺相同的用户资源、广告客户资金或用户的注意力。如果有的话，那就是一个受人尊敬的非市场对等生产组织的存在实际上拓宽与提升了 Facebook、YouTube、Flickr、Twitter 等公司化平台的功能和形象。维基百科的用户生成内容不仅仅具有娱乐或社交价值，同时能提升所有社交媒体内容的地位。在一堆简单粗暴的视频，毫无意趣、喋喋不休的推文和没完没了更新的图文信息中，维基百科的内容至少是有尊严的，是被验证的、公正的、持久的。

与稍纵即逝的消息和热门趋势主题相比，在线百科全书的条目是持久
的，同时又与网页本身一样灵活、富有动态。维基平台的独特属性之一是 150
其内容随着时间的推移会增值，而且精密的系统能保证条目的及时校正与准确，并使条目具有真实性。因此，对于大众自我交流的世界而言，在维基百科中拥有一个页面比在 Facebook 上传个人资料更重要。由于其大规模的、基于中立原则且有利于生成共识的编辑协议，维基百科以多种方式将自己打造成为可靠的、高质量的、拥有权威内容的、便捷的在线品牌，甚至拥有了在线内容评审的地位；如果列在其他搜索结果中，维基百科条目的链接就是中立和公正的象征。该平台的非营利性地位无疑对品牌的独立形象至关重要，但其对等生产和治理协议的僵化系统也可与之匹敌。

不过，该平台的对等生产模式并不等同于其非营利体系。在微系统的层面上，该网站确实构建了其非营利组织模型，独立自主地筹集了必要的

资金；然而在更广泛的连接媒体生态系统的背景下，维基百科的非市场地位——其品牌形象的一个重要部分——可能更难以维护，因为平台运营的空间越来越多地被其他（商业）平台渗透（尤其是 Facebook 和 Google），导致它们的意识形态和操作逻辑会相互促进。下述两个例子可以说明这种发展趋势。

2010 年夏天，Facebook 宣布与维基百科合作，在社交网站上加入所谓的“社区页面”。[32]社区页面连接了三方内容：第一，用户在其 Facebook 个人资料中填写的字段；第二，类似题材的维基百科文章；第三，其他对该主题感兴趣的 Facebook 成员的发帖。例如在时间轴上填写“烹饪”或“蜥蜴”一词，Facebook 会将该用户链接到维基百科关于此主题的页面，同时还会推送对同一话题感兴趣的其他用户。正如 Facebook 所指出的那样——“社区页面基于维基百科的‘知识共享’概念”，即其所引维基百科的相关内容已根据知识共享许可证得到授权。因此，Facebook 和维基百科对“知识共享”的定义不仅在语义上是等同的，在字面上也是统一的。这种联系是互利互惠的：即使不用维基百科，Facebook 也会推荐一篇维基百科的文章。虽然共享和中立两种意识形态是在商业与非营利两种完全不同的背景下体现出来的，但近乎是在为同一个目标服务。

151 另一对看上去无缝匹配的则是谷歌的搜索排名和维基百科的共识机制。维基百科似乎高度依赖于生态系统中的大型企业平台来增加其流量，而这些平台的算法和经营模式本质上是商业化的。自 2006 年以来，在谷歌网络搜索排名中，维基百科的位置都非常高。在 2007 年和 2008 年，研究人员发现：在用谷歌搜索相关信息时，多达 96% 的维基百科页面会出现在其搜索结果的前十条中；维基百科有 60% 以上的访问量来自谷歌。[33]的确，这很可能是因为维基百科是信息搜索者喜爱的信息来源，也可以体现维基百科由谷歌这把“尺子”所衡量出来的实用性美誉。但是，如果没有网页排名提供更多在推广上的帮助，维基百科在被搜索量上的完美成绩几乎是不可能实现的，所以更可能的是其在不同方面都受益于谷歌搜索引擎，进而提升了自己的流量。

正如媒体理论家希瓦·维迪亚那桑观察到的那样，谷歌喜欢链接维基百科的文章，因为后者已经制定出规范流程来消除有争议的内容和话题，这有助于谷歌提升搜索引擎价值。维迪亚那桑还指出，“谷歌为维基百科提供优良服务，是因为维基百科中的编辑标准取决于条目的相关性；而反过来这种相关性也取决于谷歌如何突出显示该主题”（Vaidhyanathan，2011：63）。因此，维基百科的中立性和共识机制完善了支持谷歌搜索流行度排名的逻辑，使之不再出现最受欢迎的结果排名最高的情况。谷歌排名算法的公正性常常受到质疑，因为公正性与公司的广告利益常常出现冲突（Batelle，2005）。正如我们在前面的章节中所看到的，最高出价者才有能力获取广告空间，而受欢迎原则与利润原则密切相关，平台从这种联合中双向获益。谷歌的可靠性毫无疑问地受益于谷歌与维基百科中立、公正内容的联系，这同时提升了搜索引擎的形象。而经过必要的修改，维基百科也会从增加的流量中获利。在更广泛的平台社交世界里，谷歌的受欢迎原则和维基百科的中立原则是互补互进的。

维基百科与其商业对手同在一个优质的连接媒体联盟中，我们从双方的相互联系中可以看到，它们的算法和操作逻辑既分割明显，又完美融合。维基百科对“获知”或更确切地说对“构建在线知识”的定义，是我们能就事实达成的最大共识。维基百科通过区分两个层次来协调其内容：一个 152
是可见的共识层，一个是不可见但可访问的讨论层，而可见的共识层由不可见但可访问的讨论层和历史以及编辑页面上的异质解读来支撑。内容层级的区分反映在基金会和平台的组织层划分中。筹款活动与平台管理，编辑活动与内容制作一一对应严格划分，但这种划分究竟能在多大程度上保障其各自利益的独立呢？2010 年，谷歌向维基媒体基金会捐赠了 200 万美元，体现了二者的亲密关系。就此，一位英国记者巧妙地评论道，谷歌向非营利组织捐款“不是一种允诺，而是一种投资，保证其对搜索的主导地位”[34]。当然，捐款并不意味着谷歌会影响维基百科的编辑决策，但是无摩擦的战略伙伴关系在连接媒体生态系

维基百科作为非营利性在线百科全书是成功的，这很大程度上取决于它与主流大玩家的无摩擦兼容；如果它的机制、原则和意识形态与它们的不契合，维基百科在生态系统中的地位可能就会下降。

统的各个层面都存在。

那么，维基百科在企业主导的生态系统中开辟一个非营利空间的可能性意味着什么呢？如第 5 章所述，回想一下 Flickr 想要在营利平台的微观层面开辟一个非市场领域的草率尝试，即 Flickr 共享计划，就会发现该项目所映射出的商业性与公共性之间的不协调实际上是由其从属于 Yahoo 的一般营利目标导致的。对于维基百科而言情况有所不同，因为维基百科在微系统层面上坚定不移地追求非市场模式。然而，在跨平台层面——一个高度相互依赖的连接媒体生态系统中运作的空间里，这种追求或许会遭到破坏。那么，是否能找到一片远离市场原则的净土？是否能建立一个真正的非营利领域？逐利目标和非营利平台不可避免的融合如何反映（并增强）使之成为常态的更广泛的文化？

在连接媒体生态系统中，营利性和非营利性组织之间的联系是以美国私营合伙企业为模型的，例如博物馆基金会和非政府组织。相比之下，西方文化的公共空间正在缩小，取而代之的是社交和创造活动；公司和非营利组织填补了这片区域。线上社交性是线下社交性在多方面的反映——在这里，营利性、非营利性和公共空间之间的界限是有空可钻的，而市场力量主导的隐性层级又不可避免地定义了发展的条件。毫不奇怪，正如我在第 4 章总结的那样，互联媒体的全球空间鼓励数字公司对政府和国家忽视的以及资金不足的社会领域，如教育、艺术项目、医疗保健、档案和知识机
153 构实行商业化。纯粹的非营利性或公共性的在线社交场所并不存在，唯一的原因是如果没有 Google、Facebook、Twitter 和其他公司社交性基础设施的支撑，它们几乎没有蓬勃发展的可能。维基百科作为非营利性在线百科全书是成功的，这很大程度上取决于它与主流大玩家的无摩擦兼容；如果它的机制、原则和意识形态与它们的不契合，维基百科在生态系统中的地位可能就会下降。

所有这些几乎不影响对维基百科卓越的、令人赞不绝口的目标和成就的评价。该平台的发展历史充分体现了扑面而来且深奥的连接文化的表征——在这种文化中，在线社交的规范以及营利性、非营利性组织和公众

的定义仍待商榷，也正因如此，对于其底层结构的揭示及对全局的重点强调是非常重要的。前五章涉及五个平台的关键历史进程，探讨了它们相对于彼此之间的不同地位，并列出了在线结构中的各种分支。在下一章中，我们将重点关注连接媒体生态系统，并研究连接平台群体是如何提供信息并塑造社交性、创造力和知识的。

第 8 章 连接媒体生态系统：锁定、隔离、退出？

连接媒体在生活中常态化下有着复杂的矛盾——开心地接受使用与批判地抵制并存。这样的矛盾出现在本书所介绍的各个抽象层面上：不仅存在于各个独立微系统的技术文化层面和社会经济层面，而且存在于整个生态系统以及支持它的文化层面。

8.1　引言

还记得第 1 章中介绍的阿尔文一家吗？女主人桑德拉 · 阿尔文是一位自 154
由撰稿人，依靠 Facebook 和 Twitter 这类平台获取收入。她现在正为一件事情感到不安：当她日常查看自己在影响力评分网站 Klout 上的人气指数时，发现该网站为她 12 岁的儿子尼克——一个不被允许使用 Klout 的未成年人创建了主页。尼克并不承认这件事是他做的，所以桑德拉得出结论，是尼克对社交游戏 CityVille 的沉迷让他在影响力评分网站中自动“享有”一席之地。而 16 岁的扎拉称，一家大型服饰销售公司以她的名义向其所有 Facebook 好友发送了个性化的促销故事，说她有多“喜欢”某一条牛仔裤。这件事情让扎拉的父母非常生气。尽管桑德拉欢迎社交媒体为她的职业发展带来的好处以及乐趣，但她还是很厌恶这种瞄准未成年人进行营销的方式。

所有这些事件让皮特 · 阿尔文重新思考他的在线体验的质量。作为社交媒体的早期使用者，他越来越厌恶与商业相关的内容，以及他所认定的侵犯隐私的内容。在 Facebook 宣布了最新的时间轴功能之后，他决意退出。皮特认为自己不需要时间轴这种功能，同时也很讨厌新界面上频繁弹出的个性化广告。他花了几个星期的时间才搞清楚如何退出 Facebook，因为点击“退出”按钮显然不能让他完全注销账号。然而最让他困扰的是他的朋友、
亲戚和俱乐部成员对他退出 Facebook 的消极反应，他们抱怨现在不得不单 155
独发送电子邮件来联系他。与妻子恰恰相反的是，皮特感到自己无论在技术还是社交方面都被无孔不入的连接媒体锁住了，他觉得陷入了自己多年以来所参与创建的在线社交的陷阱之中。

像阿尔文一家的微观行为揭开了连接媒体在生活中常态化下的复杂矛

盾——开心地接受使用与批判地抵制并存。这些矛盾出现在本书中所介绍的各个抽象层面上：不仅存在于各个独立微系统的技术文化和社会经济层面，而且存在于整个生态系统以及支持它的文化层面。前几章中所描述的是一个转变的过程，所有参与者都不断面临新的选择与挑战，这些选择和挑战又会在发展中变化。将各个微系统的历史并列起来看，可以促进对整个生态系统和网络社交不断变化的本质的反思，其中包括算法在欲望引导中的作用、用户控制数据的能力、基于社区的连通性与商业化的连接性之间的明显矛盾，以及以企业所有人为主导力量的连接媒体生态系统中“公共”与“非营利”的含义。

对于皮特而言，社群形成和民主赋权的精神促使他成为连接媒体的早期使用者，而这种精神已经为许多平台充满商业动机和强制性的连接逻辑所消解。皮特对社交媒体的立场与妻子和孩子们的不同，当他亲身经历从参与性文化到连接性文化的转变时，家里的年轻成员则接受了生态系统作为他们开展社会生活的制约条件。现实就是如此，社交媒体的常态化意味着其理所当然地被看作基础设施。但平台社交由公司力量所制约又意味着什么？在平台社交中，伙伴关系与竞争关系奠定了无数应用程序的编程基础。使这个生态系统无缝连接的文化和意识形态基础是什么？针对上述问题，下面会将各个微系统的历史放在一起研究，以探索成员间相互关联的生态系统是如何维持在线社交性的。

8.2 锁定：社交性的算法基础

技术

156 Google 在 2011 年 6 月推出其社交网络服务 Google + 时，坚信其界面上独特的朋友“圈”（Circles）功能可以吸引大量 Facebook 成员。为应对 Google +，Facebook 迅速推出了一款苹果手机应用程序 Katango，可以自动将 Facebook 好友设置分组：其算法会计算出哪位好友是家庭成员，哪位是大学或高中同学，哪位是篮球队队友。Katango 与 Google + 不兼容，但是即使平台互不兼容，人们也在不断开发插件和应用程序以实现平台互联，并匹配其可操作性。例如，一款名为 Yonoo 的应用程序可以在所有社交网络——Facebook、Twitter、Flickr、YouTube 和即时通信应用——中同步输入内容，无须自己更新，可以确保在各个平台上有尽可能高的存在感。[1] 尽可能高的存在感对于那些想要有较高的 Klout 分数排名的个人或需要知名度的公司来说非常重要。成千上万的应用程序将主要平台互联并填补它们之间的缝隙，确保互操作性的实现，并使用户的在线生活变得“易于管理”。

生态系统中的主要平台玩家喜欢将自己称为数据流量的渠道。然而，正如我在第 4 章中所论述的，连接媒体世界绝不是中立的基础设施。应用程序和社交插件的快速发展揭示了竞争与协作的奇特融合：一些平台让它们的功能和服务与其竞争对手不兼容，试图以此“锁定”应用程序和用户；另一些平台选择使用在所有平台上普遍具有的功能；而互补性应用程序则试图弥合各平台之间的空隙。在过去十年中，整个生态系统的优势和劣势都主要体现在内部平台之间的空隙中。微系统共同发展，不断应对彼此战略性的界面修改。由于点赞和分享按钮无处不在，Facebook 在社交网络领域取得了压倒性的胜利，迫使其他平台进入别的市场，或者像 Google + 那样与它进行正面竞争。Twitter 的“关注”和“趋势”的算法功能确保了其作为微博客平台的最高地位；它的无处不在确保了其在该领域的主导地位。与此同时，YouTube 与 Google 在搜索和广告算法之间的竞争促成了平台互相连接的关系链，其中每个平台的每个功能（搜索、视频共享、浏览等）都被其他平台吸收。任何主导某一特定社交活动领域的平台，都渴望自己的功能按钮在其他平台出现，因为这可以提高各自的流量，互惠互利；而平台所有者也希望能吸引用户并将他们锁定。

算法是各种各样在线社交行为的支撑基础，它们变得越来越具兼容性，因此可以互换。Twitter 的#和@ 符合 Facebook 中“点赞”和“戳”的语法规则，并与 YouTube 的“喜欢”和“排名”词汇相匹配。代码可被视为新 157
的在线社交的世界语——一种使得社会、文化、政治和经济话语可以互联的通用语。或者，正如学者戴维·贝里等的有力证言：

> 想要完全融入现代世界，代码是无处不在且必须面对的界限。我们的生活、品味、偏好和个人详细信息，都被编为代码，与机器语言调和，变成档案、邮件列表、数据，最终为市场服务。（Berry & Pawlik，2008：58）

将用户从社交网络向商业活动的引导，渐渐变成一系列可点击的按钮：从进入 Google + 到 YouTube，到 Google 音乐商店，再到 Google 钱包，只需要四次点击就能把用户从朋友推荐的音乐引导至观看视频，再到购买下载该音乐。如此，用户被吸引并“锁定”到由 Google 编程的算法中。即使该用户选择逃离 Google 的应用群提供的便利而去点击进入 iTunes，因为增加的流量可以使连接系统中所有平台获利，所以 Google 依然会有所收获。促进相互关联的算法不仅可以确保“无摩擦的在线体验”，还可以使这种体验易于操作和销售。

在仅仅十年的时间里，算法已经被应用到日常社交行为中了。Edge Rank、PageRank、GraphRank 及许多同类软件都被用于通过人类过去的行为推断其未来的表现。联系高中毕业后就没有见过面的朋友可能完全是一种个人行为，但如果是在线上，“你可能认识的人”功能背后的算法会推动该行为。一个年轻女孩可能尚未关注她喜爱的歌手，但是关联系统会通过 YouTube、Twitter 和 Facebook 链接相关视频，诱使她去追星。各个平台都面临筛选出最受欢迎和关联度最高的人或想法的技术压力，反过来这些线上的压力又会被现实生活中的同伴压力（peer pressure）强化。同伴压力已成为一种混合了社交和技术的力量；人与人之间的联系推动自动化连接，反之也为自动连接所推动。有些人将这种发展称为“增强人性”（augmented humanity），即技术强化人类的社交行为；而那些对“技术无意识”观点持批判意见的人则认为编程是社交的“幕后主使”。[2] 显然，不同的意识形态观点形成了对同一现象的不同评价。

> 有些人将这种发展称为“增强人性”（augmented humanity），即技术强化人类的社交行为；而那些对“技术无意识”观点持批判意见的人则认为编程是社交的“幕后主使”。显然，不同的意识形态观点形成了对同一现象的不同评价。

尽管每种算法都是对社交性的不同刻画，并且每个界面都显示出明显的差异（例如“点赞”不等同于“转发”），但构建平台的技术操作背后都 158
具有类似的社会规范和文化逻辑。例如，“点赞”按钮背后的算法会衡量人们对事物的欲望，或者对某些想法的认同。Facebook 选择了“点赞”的功能，而非“有难度但有趣”按钮或“重要”按钮并非偶然，“点赞”不仅可以度量欲望，而且会推动潜在消费趋势。当人们看到别人喜欢某个东西就会更想得到它，这是同伴压力产生的另一个影响——大多数营销人员在上岗第一周就学到，了解人们想要什么是构建需求的基础。Twitter 的“关注”功能背后是类似的逻辑：如果一个人被越来越多的人关注，那么他会变得更受欢迎；转发某一推文的人越多，该推文在 Twitter 世界中的影响就越大。YouTube 的视频排名机制也源于同样的驱动原则：被“收藏”的视频可以获得更高的排名，从而提高曝光度。大多数平台是兼容的，因为它们采用相同的价值观或原则：流行度原则、等级排名原则、中立原则、迅速增长原则、大流量原则和快速周转原则。此外，在自动化的“个人”推荐的文化中，社交活动与对经济效益的追求也密不可分。

用户与使用

在社交媒体的短暂历史中，个体微系统随着用户的变化而发展。在 21 世纪第一个 10 年的早期，Web 2.0 的诞生连接和激活了用户，这与社交平台产生强烈的共鸣。大多数早期使用者感激这些平台对在线创造力共享、基于社区的社交活动以及平等互动等根植于自由民主范式的理想所作出的贡献。随着时间的推移，平台日渐壮大，并且渐渐由大公司运营，用户的参与动机也随之改变。但是，将用户划分为纯粹的社区理想支持者或商业目标偏好者是靠不住的。平台所有者暗中抢占了对“协作”这一词语的修辞权，并对共享、加好友等概念赋予不同的含义。更重要的是，那些积极主动的用户非常了解平台的盈利动机，但仍然决定使用它们。比如，在 Flickr 的案例中，许多人一直对网站的修改有意见，但他们仍然是忠实的用户。

当主流平台发展成为全球系统时，用户显然从中获得了一系列好处。Facebook 在全球互联网中的发展潜力、Twitter 吸引大量关注者的能力扩大了
159 普通人社交的有效范围。YouTube 和 Flickr 能把用户的创意产品分享给一群志同道合的爱好者，且扩散规模和范围都是前所未有的。而如果没有上述这一类连接基础设施的发展，维基百科几乎不可能聚集大量人员参与条目编辑。用户帮助构建平台，从而共同为在线社交创造条件，与此同时，这些平台带来的隐私问题及变现策略都让用户有所抵触。尽管用户感到社交媒体让他们更有力量，但很多人也同时感到他们对曾经随意的社交生活的控制力在减弱，当然也存在同一个用户同时拥有上述所有这些感受的情况，这些都值得仔细研究。

刚开始时，人们期待 Web 2.0 技术将开创以用户平等和人人皆有权访问的平台社交，这在现在看来已是奢望。正如我们在前面的章节中发现的，由于其界面设计中的分层系统，所有平台都会将一些用户看得比另一些更重要。Facebook、Twitter、Flickr、YouTube 和维基百科都奖励那些成功或可靠的内容贡献者用户。渐渐地，旧媒体的分层系统为连接媒体的分层系统所取代，其中一些用户又被推到了塔顶。YouTube 的专业贡献者或维基百科熟练、长期的用户都在各自平台上比业余爱好者和一次性贡献者拥有更大的影响力。在线社交需要影响者和追随者、名人和崇拜者、创造者和消费者、专业人士和业余爱好者、编辑和读者，这就能解释为什么拥有大量粉丝的 Twitter“大 V”会被筛选出来去发布需要推广的推文，以及为什么在 Facebook 上有很多好友的青少年用户会受到获邀给公司产品做宣传的特别优待。人气排名机制筛选出更“有价值”的人。众平台管制其用户进入特定的角色和行为模式，与曾经赋予社交媒体的平等主义原则相去甚远。

> 由于其界面设计中的分层系统，所有平台都会将一些用户看得比另一些更重要。
>
> 旧媒体的分层系统为连接媒体的分层系统所取代，其中一些用户又被推到了塔顶。

因此，社交媒体的赋权能力是一把双刃剑。对于一些人来说，用户使用社交媒体已经成为一种彻底的商业或消费行为（Terranova，2004；Fuchs，2011b）。另一些人则指出，即使了解了相关的商业机制，用户也会喜欢自己作为追随者、消费者和观

众的角色。而且，操纵数据流并不只是管理者的特权；用户同样可以使用该系统“分包”观点和团结力量。平台为用户提供工具，使他们可以通过点击、标记、点赞、追随热点或推动某些话题的广泛传播来影响数据流，用户大量使用这些功能以形成民意和引导趋势。虽然所有者和用户都可以 160
操纵社交媒体的过滤机制，但区分他们的权力差异是很重要的。

通过区分内隐性用户和外显性用户是明确用户赋权细微差别的一种方法。虽然内隐性用户可能被微系统通过编程“锁定”，但外显性用户可能会抵制或尝试修改编码技术中描述的定位。正如我们在前面的章节中所看到的，个人用户和用户群组在面对网站界面或服务条款的变化时发声抗议，相比于在 Facebook、YouTube 和 Flickr 中愤愤不平又谨小慎微地通过撰写批评博客、散发请愿书和发布抗议视频来回应变化，维基百科用户则会大张旗鼓地批评“自己的”网站的管制性程序。事实上，这些抗议和批评通常针对单一平台，并且通常由网站所有者的具体行动（例如 Facebook 将新条款悄悄纳入其服务条款和 YouTube 变更其界面）触发。但越来越多的用户对连接媒体的基本机制持批评态度，正在寻求合适的应对方式；他们最终可能会转向其他（能够允许用户对数据有更多控制权的）平台或（业务模式或隐私政策更加透明的）网站，即使这种转移成本会很高。[3]

在十年的时间里，用户通过默许和抗议来调整他们与平台间的关系，在这个过程中双方都受到影响。Facebook 信标功能的崩溃或 Flickr 推出共享项目的举动，并不是所有者和用户之间的冲突或妥协那么简单；因为这些变动，平台改变了策略，在线社交和社区的概念也发生了相应的变化。协商的过程还涉及对如“连通”和“社区”等所包含的规范和价值观的重新定义。这种微妙的“猫鼠游戏”必然会产生赢家和输家；但是，正如第 5 章所论述的那样，成功或失败的定义也并非一成不变。目前生态系统中某些平台的主导地位是岌岌可危的：毕竟之前有大量用户退出 MySpace 或 Flickr，同样，他们也可能会厌倦 Facebook 或 YouTube。容易轻信的跟随者可能会变成持批判意见的反对者，通过个人博客和非政府监察团体等渠道发声抗议。

内容

要回顾过去十年连接媒体生态系统的发展，那么再去审视 Web 2.0 平台解放内容的承诺会对我们有所启发。音乐、电影、视频、艺术作品和文本的生产将不再局限于专业人士，业余爱好者和普通人也将拥有进行创作
161 的工具。内容将冲破文化（形式和格式）的限制和经济的限制（因为分发是免费的)。“内容社交化”可以被认为是用户生成数字内容并传播，进而增强信息多样性。然而在过去十年中，用户和平台所有者对在线内容的价值有不同理解，虽然前者视之为被创建和被共享的事物，但平台却越来越多地将其定义为被管理和被利用的事物。用户主要关注内容的质量和形式，而平台所有者则更关心数据和流量。下面我将详尽地阐述这些对立观点。

毫无疑问，连接媒体滋养了许多新的（也可以说是被解放出来的）文化形式，如推文、视频、博客文章、网剧和混剪音乐等。在线平台激发了很多创造力，允许用户发明适应于自己的表达和交流需求的新形式。平台还鼓励用户设计页面和创建大量的工具及应用程序。不过近几年我们注意到 Facebook 和 YouTube 等主流平台逐渐回归到严格的格式限制上来：条目和主页的预先布局迫使用户提交统一格式的内容。YouTube 的界面设计对内容分类进行了简化，Facebook 则为每个用户页面严格制定了叙事结构，也将该呈现形式强加给了品牌和广告商。有些用户认为自己的创造力严重受限于这些强制性格式，于是他们转向其他专业或替代网站（例如独立媒体 Indymedia、在线音乐分享平台 SoundCloud 或非营利视频平台 EngageMedia)，只使用主流社交网络或用户生成内容网站上主要的连接功能。[4]

如上所述，绝大多数的大型主流平台根据量化指标，即通过测量内容吸引大量用户的潜力来评估内容。内容引诱着那些渴望与他人讨论和分享音乐、视频、图片、想法和文本的用户，他们会主动评价并给内容排序，但也被动地被 cookies 暴露他们所喜欢的内容。推文、视频和对话融合成无穷无尽的数据流，与元数据一起汇集到巨大的“流量池”中，又汇集成连接媒体的“高速航道”。大数据是连接媒体生态系统的生命线，决定了它的

生命力。一些理论家认为社交媒体的数据流往往会形成“过滤泡”。用户会被几个大平台所过滤的内容“锁定”，最终导致其只会看到相同的信息、购买相同的产品、观看相同的剪辑。[5] 内容本身没有价值，而内容、元数据、 162
行为和分析数据的集合才会让数据分析师和营销人员对连接资源产生兴趣。

从社交媒体网站中采集的数据，包括来自“点赞”和“喜爱”按钮的“情感流量”，为数据挖掘提供了基本资源。如第 4 章所述，有两种具体方法，即预测分析和实时分析，可以将这些资源转换为有价值的资产。预测分析允许统计人员从所有用户数据中提取信息，以捕捉过去的变量与未来某种行为可能性之间的关系。Facebook 和 Google 非常喜欢用预测算法来提高广告效率，也对推进其大量数据的开发特别感兴趣。Google Analytics 是 Google 不可或缺的一部分，现在它已与 Twitter 合作共同挖掘实时和未来的情感数据；还可捕捉某一地理区域的实时趋势，如美国东北部各州的流感发病情况，也有利于广告商调整其相关药物的推广策略。

通过平台进行数据挖掘理念的基础，不仅在于线上行为可以反映线下行为，也在于在线内容的特殊混合性质，即第 4 章中所说的“情感经济学”悖论（Andrejevic，2011）。分析者经常将内容和用户数据视为来自实际公众的无中介的、自发的言论，可以进行汇总和解释；与此同时，持续数据流可以由平台所有者、广告商和试图协力对在线社交施加影响的用户调节。用户对内容的定义是人们“自发的”具有创造性和交流性的在线表达，因此与平台所有者所秉持的内容需要被管理和操纵的看法基本一致。在线上社交形成的过程中，平台所有者的这种理念显然符合连通性和连接性相融合的趋势：建立联系和建设社区，其实是操纵社交数据和利用其变现的必要托辞。

总之，内容和内容管理在连接媒体生态系统中几乎已经成为同义词。即使平台的目标不是利用内容获取金钱利益（例如维基百科），内容也只有在基于“真实”和“操纵处理”双重前提运行的系统的管理下，才会变得有用或有价值。Twitter 越来越多

内容和内容管理在连接媒体生态系统中几乎已经成为同义词。即使平台的目标不是利用内容获取金钱利益（例如维基百科），内容也只有在基于“真实”和“操纵处理”双重前提运行的系统的管理下，才会变得有用或有价值。

地被政治趋势观察者视为民意检测平台，他们一直想利用该平台衡量选民
163 的实时情绪和偏好；而与此同时，各利益相关方又想利用 Twitter 推广自己的观点并操纵民意。用户需要用平台来为其观点和创意发声，而平台需要用户以预先设置的格式去输出自己的内容。内容是自发的，也是受控的；是无中介的，也是被操纵的。微系统的互操作性不仅取决于算法和格式的兼容性，还取决于一种共享的处理逻辑。

8.3 隔离：垂直整合与互操作性

所有权结构

2011 年 6 月，Facebook 宣布与 Skype 达成协议，使其用户能够与好友实时联系。在此一个月前，占有 Facebook 小部分股份的微软以据说 85 亿美元的价格收购了 Skype，但 Skype 紧接着声明将继续支持所有平台和设备，而非仅仅为微软提供服务。[6] 2012 年 4 月，在纳斯达克首次公开募股的前一个月，Facebook 收购了 Instagram，以确保其在移动图像共享方面的发展。在过去几年中，Facebook 已经与社交游戏服务提供商 Zynga、Netflix、Spotify、音乐软件 Rhapsody 和票务平台 Ticketmaster 建立了合作伙伴关系，从而创建了一条联结线上和线下的垂直整合服务链。Google 则进一步深入发展各服务功能，与此同时加强对其旗下众平台的整合。在 2010 年和 2011 年，这家搜索巨头启动了 Google Wallet 和 Google Offers，并辅以 Google Shopping 和快递服务 Google Delivery。借助 Google +、数字化应用发布平台 Play、YouTube、DoubleClick、AdWords、图片管理平台 Picasa、Chrome 浏览器、云服务 Google Cloud、Google Maps、Google Scholar 以及众多其他服务，Google 帝国已经扩展到几乎所有类型的平台，深入了几乎所有形式的社交、信息、创意和商业利基市场。

这些举措逐步形成了一些主要的平台链，即通过所有权、股东和合作伙伴关系垂直整合而成的微系统，主导着由 Google、Apple、Facebook 和

Amazon组成的连接媒体生态系统。[7]一条平台链，除了整合了上述 Google 平台外，还与 Twitter（见第 4 章）、Wikipedia（见第 7 章）和 Android 移动操作系统建立了合作伙伴关系。另一条平台链将 Facebook 与微软、Instagram、Flickr（见第 5 章）和摩托罗拉（Motorola）捆绑在一起。Google 的平台链从在线搜索发展出了自己的王国，Facebook 则是从社交网络中壮大自己，而两 164
者都试图控制该生态系统的入口，吸引用户进入自己的平台网络。[8]正如我们在第 6 章中所见，Google 希望成为进入在线世界的“门槛”；而马克·扎克伯格在他首次公开募股的宣讲中则将 Facebook 比作互联网的“护照”，认为互联网上的每个应用程序都将与 Facebook 捆绑在一起。[9]由此一个理所当然的质疑产生了：平台所有者们是否通过扩展服务种类并参与垂直合作来规避竞争，最终形成“围墙花园”① 来引导在线社交？

这个问题需要从技术经济学和政治经济学两个角度来解答。从技术经济学角度来看：Google、Facebook 和 Apple 的运作基于完全不同的技术经济原则。Google 希望网页的“社交”层保持开放状态，以便其搜索可以不考虑内容生成的位置和语境就能抓取任何类型的内容。除了公共页面外，Facebook 不会让 Google 的搜索引擎对其内容进行抓取。Google 爬虫可以无障碍访问整个 Twitter，但 Facebook 却禁止这种访问，因为其也希望成为其他服务的提供者。出于同样的原因，Apple 通过其移动设备（iPhone 和 iPad）创建的内容属于其自主领地的一部分，因此 Google 的搜索功能也被拒之门外；Google 虽然可通过网页版访问 iTunes，但真正有价值的数据是由 Apple 旗下的移动设备生成的。难怪 Google 经常以自然延伸的中立网站自居，因为该公司需通过触及客户的爬虫和广告商所提供的开放访问中获得利益。随着越来越多的社交媒体领地被 Facebook 和 Apple 圈起，Google 可以访问的用于数据挖掘的资源愈发少了。[10]

在上述技术经济条件下，关于纵向整合的政治经济学观点变得更加有趣。我们如果研究一下多年来每个平台的所有权变动，就会注意到一种垂

---

① 即一种与开放互联网相对的概念，互联网服务者试图限制用户访问特定范围的网络或内容。——译者注

直整合模式逐渐浮现。在我们讨论过的所有主要平台中，没有任何一个平台自成立以来是一成不变的：Facebook 和 Google 都各自联合（或扩展并购）社交网络服务、娱乐和游戏服务、营销服务、一般性服务（搜索、浏览器）以及软件和硬件服务。根据其多年来的动向，人们可能会认为这些平台模糊了搜索、社交、娱乐和商业之间的界限。还有人声称“社交”网络创造了“互操作性的天堂”。[11]

那么，“互操作性的天堂”的建立对谁最有利呢？这是一个至关重要的问题。正如第 3 章所论述的那样，“无摩擦共享”对于所有基于相同前提的
165 平台都是互惠互利的。比如，Facebook 和 Zynga 之间的合作伙伴关系对双方来说都有利可图：Zynga 通过链接到 Facebook，可以吸引大量潜在的游戏玩家，而 Facebook 则从其收入中获利。Facebook 和 Apple 之间的合作关系是双赢的，不仅因为它们的服务在很大程度上是互补的，也因为它们是在同一前提下运行的——将用户流导入自己的“后院”。Apple 和 Google 是竞争对手，二者的合作关系不好维系。不巧的是，Apple 公司已经取消了其移动硬件（iPhone 和 iPad）默认内置的 YouTube 应用程序，所以必须去应用商店下载。而且，正如前文所述，Google 与 Twitter 形成的合作关系，适用于资源和分析工具互补，且对开放数据爬虫的理念互相匹配的平台。Facebook 和 Google 是互相竞争的“花农”，Apple 是第三方辛勤劳作的“园丁”，“栽培”在线社交的过程基本上掌握在这三家手中，再加上 Amazon，这四大玩家会共享一些操作性原则（受欢迎原则、中立原则、快速周转原则、短期热点原则等等），但在意识形态前提（即开放与封闭）上有所不同。

但是，“互操作性的天堂”并不会对所有想要在生态系统中占有一席之地的平台都笑脸相迎。毫无疑问，在“围墙”内的伊甸园里，严重缺乏非营利组织和公共部门的服务。实际上随着生态系统的建立，营利性领域、非营利性领域和公共领域之间的区别进一步被弱化；或者更准确地说，是极大地促进了彼此之间在线下已经发生了的弱化过程。Wikipedia 和 Flickr 共享代表了非营利性“领地”的很小一部分，这一领地可在不同的许可协议下供挖掘，但它们同样在垂直平台链中与其他平台紧密相连。维基百科

在与谷歌最大限度的连通中获益，而谷歌则通过获取维基百科的元数据获益——连接性对于非营利性的后者来说并无商品价值。Flickr 共享项目是一个大胆的尝试，它试图在雅虎的地盘中开辟一个以社区为导向的非营利组织，结果导致其管理政策变得混乱且自相矛盾。尽管营利性公司会出于经营考虑强行整合社交媒体平台，但我们仍然可以找到忠于社区模式的平台，即使是在该生态系统细分出来的利基市场中。早期社区主义理想的足迹可见于平台化社交中的许多边缘化的小平台上；而存在于大平台上的社区主义理想，则往往只是有效唤起初始使用者乌托邦幻想的策略而已。

在连接媒体生态系统中，不存在一个单独的、与商业空间相隔离的非 166
营利性或公共的平台空间。社交性、创造力和知识都融入了由企业主导的生态系统结构，所有编码活动和对连接性的利用都在其中进行。网络公司一直渴望“采用”过去完全只属于公共领域的服务并非偶然，比如谷歌图书（Google Books）和谷歌学术，更不用说谷歌图书馆链接（Google LibraryLink）。在过去的三十年中，越来越多的公共服务已经外包给企业部门如电力供应、博物馆、监狱系统、教育、垃圾处理等等，这一趋势在美国甚至比欧洲更甚。因此，社交性、创造力和知识的融合，是线下根植于新自由主义理想的市场化和去管制化趋势的延续。在对在线空间的征服过程中，主要问题集中于在无缝衔接的“互操作性的天堂”中有关公共、私人和企业的含义。

因此，将平台称为“社交平台”或将其比作“实用工具”，是公司公共和非营利性定义引发争议的一部分。对 Google 或 Facebook 而言，成为实用工具不再意味着“公共”和“中立”，而是“无处不在”和“不可避免”。无独有偶，Google 和 Twitter 也都希望自己成为网络中立性和开放性的守护者。它们显然不是互联网提供商，但都强调开放和连通性的价值观，因为这对存在的必要性而言至关重要。Facebook 所倡导的“透明度”和“连通性”显然仅适用于用户，因为该公司至少在其首次公开募股以前，不愿意公布任何具体的数据挖掘计划。

社交性、创造力和知识的融合，是线下根植于新自由主义理想的市场化和去管制化趋势的延续。在对在线空间的征服过程中，主要问题集中于在无缝衔接的“互操作性的天堂”中有关公共、私人和企业的含义。

然而，尽管 Google 和 Facebook 等公司公开发表民主化言论表达了社区价值观，但是它们却反对那些支持中立或公共网络的监管机构。这些监管机构通过全球-本地数据流量融合政策来确保生态系统中的互操作性（Schewick，2011；Cowhey & Aronson，2009）。连接媒体的巨头对“技术部门过度监管”的情况提出警告，担心会妨碍创新和企业投资，呼吁由市场本身对“开放性”进行监管（Schmidt & Cohen，2010：80）。非政府组织代表关切此事的公民反对这种新自由主义观点，希望政府对信息基础设施负责，由民主选举产生的权力机构能捍卫其合法隐私，并保持对其信息的控制权。这让我们想到下面的问题：由谁来管理连接媒体呢？

管理

167 平台构建“围墙花园”的问题，包括锁定用户、隔离竞争对手以及对非市场空间的侵蚀，归根结底是控制用户数据和内容的问题。在前五章中，我们已经了解了各大主要平台如何在其使用条款中管理用户隐私、数据所有权和版权问题——一些规则会经常被修改，并且其有效性仅限于特定平台，或像 Google 那样仅限于其旗下的多个平台。跨平台的管理则是跨国公司与分布在不同国家和地区的政府监管机构之间的“政治矿藏”。一些大公司对人们的私人数据控制欲过强，这令政府机构和用户权益团体十分担心，都试图捍卫公共和私人利益不受占主导地位的企业的侵犯。但是线上社交领域中，追求“只需单击一下”就可自由切换服务的互操作性是共同信条，那到底什么才是真正需要管制的？[12]如果用户为了选择便利的平台服务而宁可牺牲对自己私人数据的控制权，那么我们需要管制的内容又是什么？最重要的是，商业公司所处理的集体汇总数据应该由谁来控制？

很少有国家或地区的政府机构会在公众信息受到企业的管控时捍卫公众利益。欧盟委员会和美国联邦贸易委员会（FTC）从反垄断的角度调查了谷歌对搜索引擎和浏览器市场的控制。法律专家一再警告说，一些平台链正在迅速垄断对数据的访问和控制。[13]事实上，搜索引擎是访问分散数据的重要工具——这正是 Google 的竞争对手所缺乏的，即便有也无法与之相比。

而 Facebook 和 Apple 公司在生态系统中的圈地战略是不同的，但当涉及算法时，上述三家公司都不会对外公开信息。对于监管机构而言，了解算法如何实现并约束互操作性是极其重要的，而关键似乎在于超出所有监管机构权力范围的技术秘密。在这方面，反垄断法可能会让步于社交媒体领域的“信任监管”：那些声称不做恶且会让世界变得更透明的公司，如果自己都不遵守自定的算法以及其商业模式公开准则和透明原则，公民又如何能信任它们？适用于“旧”媒体的反垄断法并不总是同样地适用于连接媒体； 168
虽然在以前，公司会因为垄断行为被调查，但是由于现在垂直整合的技术-产业定义每天都在更新，互操作平台就更值得立法者去关注和审查。

那些捍卫私人权益不受公司控制侵犯的立法机构和游说集团，可能需要广泛关注社交媒体领域中的另一个问题。在 2000 年到 2008 年之间，平台所有者认为隐私是一个无关紧要的问题，因为用户可以免费访问他们的服务，也可以选择其他服务。正如第 3 章所述，Facebook 首席执行官明确宣称隐私是“一种不断变化的规范”，并且一再强调“共享”的价值高于“保护”的价值。到目前为止，欧洲和美国的监管机构已经与各个企业所有者（其中最突出的是 Facebook）就具体的隐私政策进行了谈判，调查其对数据使用的解读是否违背法律。除了欧盟法院和监管机构接手的大量侵犯隐私权案件之外，某些平台的隐私政策至少还存在三个需要严肃对待的普遍问题：首先，服务条款通常很难让用户理解；其次，所有者可以对条款单方面进行修改；最后，重置默认隐私设置并不是“一键点击”就能办到，而往往需要相当的技术能力。目前针对所有问题的处理还主要停留在各个微系统层面，并未上升到整个生态系统。

除了对单个平台的隐私数据和隐私政策抱以应有的重视之外，隐私立法的另一个灰色地带基本上没有受到立法者的注意，即连接性数据与集体隐私。[14]正如所观察到的，平台越来越喜欢利用聚合数据，而服务条款中并没有或最多含有一些模糊规则，对谁有权访问聚合数据、“匿名”数据，或者平台是否能出售这些数据进行规定。大量用户生成并由 Twitter 热门话题、谷歌趋势、谷歌分析或者 Facebook 流行短语（Facebook Memology）汇集在一起的数据，俨然已经成为一种有价值的“农作物”：用户种植，平台所有者收割、处理、重新包装，并主要转售给广告或营销公司。[15]如上所述，实时的现实数据正迅速成为信息商品。在 Web 2.0 出现之前，公共机构会常常收集和解读与失业、流行病或经济复苏趋势等有关的社会数据，现在，Facebook 和 Google 利用其完善的社会分析系统，在收集和解读此类型的数据方面遥遥领先于政府和学术机构。在目前的情况下，连接媒体公司在大数据的可用性和可访问性方面，相对于（公共）研究者来说具有过于强大
169 的竞争优势；大数据可用于评估和解读各方面的趋势，是知识生产的关键。可以想象，未来的科学家将依赖于有数据处理能力的商业公司来获取社会数据。

如果监管机构认真对待隐私和数据保护，还需要重视的是集体隐私：用户在无意识状态下所留下的微妙的连接性数据可用于生成用户的个人和集体档案，从而塑造社交、创造力和知识生产。乔纳森·波里茨（Jonathan Poritz，2007）指出了其中尚待绘制的法律和道德领域；集体隐私尚未被理论化，并且其侵犯行为几乎是不受管制的。由于集体隐私更难以定义，因此比个人隐私更难保护，因此，波里茨呼吁，在研究社交媒体平台如何利用工具来汇总和解读拥有独家访问权限的数据时，要提高警惕。他强调立法者需要尽快研究连接媒体公司是如何垄断集体数据并回售给用户或公共组织的，这一发展趋势必须受到重视。

商业模式

连接媒体公司在利用其新服务变现的过程中，在获取和销售用户数据之间进行的平衡性操作愈发明显。一开始，新兴生态系统最核心的商业原则就是“免费”的概念。[16]这个词有好几种意味：内容由用户免费提供，由平台免费分发，不受主流媒体、商业或政府利益的影响。社交媒体的早期用户特别喜欢“服务置换”（mutual gifting）的理念，即以用户生成内容换取服务，而这一理念使得他们反对以任何形式支付费用。当集体被公司和非营利平台取代时，虽然置换的理念得以保留，但“免费”的意义悄然

发生了变化：用户“支付”的不是钱，而是注意力、个人信息及行为数据。注意力是网站做广告和推广产品变现的最常规资源，完善的用户人口数据为大规模的个性化销售提供了巨大的潜力。

连接数据变现为所有传统商业模式带来了新的转折和商机。在过去，广告不加区别地砸向广大受众，而现在广告可以个性化地直接传递到用户 170
的个人社交空间，通过线上好友自动发布推荐信息的技术催生了一种新型的“熟人消费者”。一些仍在开发中的工具能够跟踪和干预实时趋势，另一些分析方法可预测客户推荐，这将为营销部门带来巨大挑战。个性化销售似乎不再是刺激顾客需求的艺术，而变成了引导欲望的科学。事实上，Web 2.0 的早期拥趸所倡导的“免费”内容是有代价的，尽管并不是所有用户都在乎这一代价。许多用户欢迎个性化广告和定制服务带来的线上便利，但也有用户将之视为公然侵犯隐私的行为，并将他们“绑定”在不喜欢的服务之中。基于这个问题的不同意识形态立场，关于“免费”的原始命题要么是一种祝福，要么就是一个诅咒。

然而，由于大多数用户习惯使用“免费”内容，因此建立生态系统所基于的商业原则很难被扭转。它还不可逆地影响了传统媒体业务模式，例如付费会员制或收取设施使用费。近年来，大量平台开始尝试对内容收费（如《华尔街日报》），或对免费内容之外的高级服务收费；这种“免费增值”模式——在第 5 章中提过——经常将需要额外付费的服务与无广告投放的承诺相结合。但比起付费，许多平台所有者对“免费”客户更感兴趣；他们为客户提供免费服务，但要求使用客户的数据——这是一笔交易，可以说比收费更有利可图。从这个意义上讲，用户同时是资源提供者、产品和客户。用户“买”入“免费”服务，就是拿隐私换取方便和简单。有些用户完全了解自己所付出的代价，他们也可能会根据提供免费内容的条件调整自己的标准。最近一项关于隐私变现的研究调查了人们对于可以用私人信息换取的服务付钱的意愿。结果显示，如果服务提供商承诺不将其数据用于营销目的，大约三分之一的实验对象愿意为此支付更多费用。[17]

然而，即使用户做出了选择，但会有多少选择权却令人怀疑。一方面，许多平台拒绝提供选择的机会；虽然有些平台会提供免费增值模式以提供无广告服务，但这并不意味着它们不会出于其他目的追踪或利用用户数据。
171 数字技术和广告公司，尤其是 Google 和 Facebook，坚决捍卫其商业模式，想方设法抵制美国与欧盟立法要求加入“请勿跟踪”选项。其他公司，尤其是 Apple、微软和 Twitter 则采取了不同的立场，开始向客户提供拒绝被跟踪的选择，并将之转变为自己的竞争优势。[18] 困扰那些警惕用隐私换取在线服务的用户的一个最大的问题可能是平台商业模式的不透明性，很显然，这些商业模式部分隐藏在公司的（专有）算法中，我们通常不知道这种连接性是如何被利用的。所有者和用户之间关于内容和在线服务变现的争论中，商业模式是关键：谁以何种价格供应什么内容给什么人？大多数大型平台所有者拒绝向用户大面积披露平台运营所基于的技术经济模式。由于产品变成被经常调整的算法所包裹的服务，你连将为哪种服务付出多少代价都几乎无法确定。

那些吹嘘“互操作性的天堂”的人想要在隐藏操作逻辑的同时消除一系列界限：自动算法（程序机器人）与人类用户之间的界限；消费者和朋友之间的界限；用户内容与推广叙事之间的界限；营利性、非营利性和公共组织之间的界限。他们是为了切身利益做出的选择。用户权力的有无取决于其是否了解机制运作方式及其基础，以及是否拥有改变机制的技能。因此用户发现自己处于矛盾中。一方面，用户是生产过程的主体，他们的随时退出不仅会让平台失去客户，同时也会失去（数据）提供者。另一方面，用户又是消费者，他们对平台的运营和经济逻辑知之甚少，无法理解自己是如何被“锁定”在线上社交空间的围墙花园中的。正如一些活动家所说，连接媒体生态系统需要进行新一轮用户权利运动，以用户赋权而不是消费者赋权为中心诉求。[19]

有人可能会觉得，生态系统是能够优化的，如提供给用户“退出”系统的选项，或者至少能不以丢失所有个人网络社交数据为代价转换平台；再或者，至少能够给那些关心个人隐私和数据控制的用户提供一个简单的调整默认设置的方式，以禁止平台跟踪其数据。然而，在谈到选择退出的可能时，我们不仅要面对技术经济障碍，还要面对社会规范以及支撑它的意识形态与文化逻辑制约。

8.4 选择退出？作为意识形态的连接性 172

回到皮特·阿尔文的问题上来，他因对新界面的不满而试图退出Facebook，但却未能找到一个快速的退出方式。这当然不是因为他缺乏技能：作为一个经验老到的在线平台用户，他完全懂得如何正确按下按钮。有技术素养却仍然很难退出平台，皮特并非个例。卡内基·梅隆大学的研究人员针对用户在社交媒体平台上操控设置的技能展开了实验。尽管实验对象使用了研究者所提供的专用特殊工具，但在调整隐私设置时仍然全体遇到了麻烦。该实验报告巧妙地命名为《为何约翰尼无法选择退出》，其结论为："在我们测试的九种工具中，没有一种能够使研究参与者根据个人喜好有效地设置跟踪选项和行为广告选项。"（Leon et al.，2011：18）这类问题不仅在Facebook中存在，还是整个连接媒体空间的通病。据研究人员称，当前选择退出机制的自我设置路径存在根本缺陷。将社交活动编码为算法显然比将算法解码为社交活动更为容易。

"为何约翰尼无法选择退出"的问题，在政治上的反面是为何皮特·阿尔文无法选择"加入"：当涉及隐私设置以及与第三方共享信息时，为什么平台不依法提供选择加入模式（默认设置为不分享隐私及其他信息的模式）？答案很简单，这会影响商业业绩。立法者与平台所有者就此问题一直在积极协商以期达成共识。Facebook在2011年秋季因一个面部识别工具的使用再次遭到抨击，该工具允许欧洲的用户标记面部并识别来自其好友的照片，这一功能默认开启，可选择退出。2011年11月，美国联邦贸易委员会与Facebook达成协议，Facebook所有新的隐私控制设置为默认关闭，可选择加入。这对监管机构来说像是一场胜利，但实际上只是新一轮谈判的开始。公司尽一切努力使用户接受其默认设置作为常规选项，而一旦形成习惯，用户一般就不会对"规范"有所怀疑。

正如皮特·阿尔文所经历的那样，选择退出不仅会遇到内在的技术或商业障碍，还会遇到社交障碍。同伴、朋友和同事为他退出在线连接媒体带来了巨大的压力。皮特会从不知情的 Facebook 联系人那里收到自动生成
178 的“想念你”信息，此外许多朋友都就离开的决定来烦他也让他始料未及。在讨论在线平台的利弊时，人们对于皮特所持的一类观点，体现出来的是不同程度的无知、抵抗和漠不关心。在对几位朋友解释了退出 Facebook 的原因并讨论了在线连接对隐私和公共利益的广泛影响之后，皮特意识到当一种规范无孔不入时，用户就很难对该规范提出质疑，也几乎无法理解皮特所说的问题。为何不分享一切？如果使用这个空间是免费的，为何要在意社交空间中的（针对性）广告？（即使它是不请自来的）为何就不能去欣赏个性化广告，将它视为额外服务？如果没有什么可隐瞒的，或者身边的很多人自愿披露更私密的个人详细信息，你为何要担心私人数据的保护问题？许多皮特所坚信的价值观，如隐私权、不应被商业利益沾染的公共空间、对社交空间控制人的知情权，对他的同龄人来说却不再是理所应当。这样看来，皮特似乎才是个异类。

即使在他自己的家庭中，皮特也感受到规范价值观的压力，尤其是归属感和受欢迎的价值观。一方面，妻子桑德拉一直紧盯着她的 Klout 分数：在各种平台上中断社交网络活动，即使是短短的几天，也会导致评分大幅下降，最终可能会影响商业上的成功，她很害怕这一点。孩子尼克和扎拉都无法抵抗同伴压力，并声称如果想被邀请参加派对或被划为学校里“酷”的一派，他们就必须继续玩 CityVille，并访问 Facebook。对于许多已经进入在线社交空间的人来说，选择退出几乎不可能：它意味着完全退出社交，因为线上社交活动与线下社交生活完全交织在一起。皮特的担忧完全不是由于怀旧——他拒绝将“真正的”线下社交视为理想化状态，而是出于道德动机甚至政治动机。他曾认为这个空间是“他自己”的，但现在该空间很大程度

> 在线社交的规范已经发生了巨大的变化，从单纯强调连通性发展到连通性与连接性的对应和互换。社交媒体爱好者倾向于借用公共领域概念来宣传在线平台的优点：共同利益、社区、效用、分享、“你”、用户参与、共识，还有术语“社交媒体”本身。“社交”已经成为一个通称，真正暗藏的含义远比其展现出来的多，这就是我更喜欢“连接媒体”这个术语的原因。

上受到技术和商业力量的控制，让他感到了权力的丧失。而在 2002 年首次加入平台时，他却感到被赋予了某种权力。两种情况形成强烈对比。社交性发生了什么？为什么这些规范和标准变化如此巨大却又悄无声息？

将单个平台拆解为社会技术架构，研究其间的人类和非人类行为，考查其如何利用工具去塑造社交活动是一回事。但将“社交重组”却是另一回事，如布鲁诺·拉图尔（Latour，2005）所说，要将微系统与生态系统联系起来，以便理解支撑平台社交的规范结构。在社交性方面，规范远比法律和秩序更具影响力；第 1 章中提到的福柯关于规训公民及社会正常化的研 174
究对解释这一现象仍然非常有效。不到十年的时间里，在线社交的规范已经发生了巨大的变化，从单纯强调连通性发展到连通性与连接性的对应和互换。社交媒体爱好者倾向于借用公共领域概念来宣传在线平台的优点：共同利益、社区、效用、分享、“你”、用户参与、共识，还有术语“社交媒体”本身。“社交”已经成为一个通称，真正暗藏的含义远比其展现出来的多，这就是我更喜欢“连接媒体”这个术语的原因。

选择退出连接媒体几乎不可能。规范的效果要强于法律，否则任何政权都难以控制其公民。这就是 Facebook、Google 及其主要竞争对手一直强调开放性与透明性的原因。Facebook 的马克·扎克伯格将隐私描述为一种不断发展的规范，真正把推动“分享”当成了黄金标准。一次他在电视节目中回应了美国公共广播电视公司主持人查理·罗斯（Charlie Rose）提出的一个关键问题，该问题涉及让 Facebook 处于风暴核心的隐私设置。扎克伯格说：“谷歌、雅虎、微软都在背地里收集你的信息，而我们对信息的搜集却能做到非常公开、透明。其他平台比 Facebook 掌握了更多关于你的信息。在 Facebook 上，至少你可以对其有所控制。”[20] Google 则指责像 Facebook 这样的主要竞争对手建立了坚不可摧的封闭系统。在某种程度上，这些意识形态的斗争是在公开场合进行的，但大多数规范性斗争则是隐蔽的，它们藏在每个平台界面设计的默认设置和算法、对用户和内容的筛查、所有权战略和管理政策，以及商业模式中。虽然每个平台都各不相同，但所有平台的运作基于的意识形态原则——人气原则和中立原则、连通性原则和连接性原则、快速收益原则和持续的数据流原则、赢家通吃原则和互操作性原则、由用户排名的生态系统和依明星人气排名的好莱坞系统原则，显得相当兼容与互补，且可信度令人怀疑。连接媒体生态系统并不反映社会规范；互联平台设计了社交性，将现实生活中的规范化行为过程（同伴压力）用于操纵模型和操纵对象（人气排名）。

对“选择退出”机制需要至少在两个层面上提高认识和保持警惕。一个层面是，需要长期对平台、公司及其运作方式保持警惕。平台如何、为
175 了何种目的、为了谁的利益编码社交性？除了公共监管机构之外，还有一些旨在保护公众和个人权益不受公司侵犯的非营利组织一直在关注此事，例如“自由点滴”（Bits of Freedom）组织（阿姆斯特丹）、“欧洲数字权利”（European Digital Rights）组织（布鲁塞尔）和“电子前线基金会”（Electronic Frontier Foundation）（旧金山）。一些消费者权益组织则效力于保护消费者权利、促进媒介素养教育以赋权于消费者，如美国数字民主中心（American Center for Digital Democracy）。近年来，因为平台供应商的格局越来越拥挤和复杂，大多数成立十年以上的倡议团体和监管机构已经加强了警惕。正如我们在前面的章节中所看到的，隐私和信息控制问题的前提是明确对公共、私人和企业的定义，而这些定义会随历史而变化且受意识形态影响。对保护私人空间不受侵权或公共空间不受商业力量入侵而言，监管控制和监管机构的作用至关重要。

另一个层面涉及社会和文化规范。我试图从对各个微系统历史的重建中提炼出一个规范化过程——“分享”“加好友”“点赞”“趋势”和“关注”原有的确定含义如何转换为主导含义。在平台运营商和用户之间就在线社交性和创造性的意义进行的激烈磋商中，连接性文化逐渐显现出来。我解构了五大平台，将其技术文化和社会经济参与者一一拆解，试图揭示代码、界面、用户、内容、管理和商业模式如何构成塑造新的连接媒体生态系统的工具。社交的重组远不只是其各部分组合起来那么简单：比识别权力策略和工具更难的是准确说明某种文化下的规范。规范通常以一种明显的，在结构、默认设置或言论中固有的形式出现。揭露被认为是显而易

见的东西是费力的：你当然“喜欢”Facebook；除非你是老人、怪胎或是未成年人，你肯定会参与在线社交。连接媒体几乎已成为社交的代名词：你可以随时在“想要”下线的时候下线，但你永远无法离开它。

特别是现在，对一代即将成年的人来说，社交媒体似乎只是一个既定的基础设施，对此他们没有丝毫质疑。因此，阐明各个微系统及整个生态系统背后的意识形态结构非常重要。在前面的章节中所对某些机制和经济学问题的解释还不充分，需要进行更加彻底的研究。目前我们急需可持续的媒介素养教育，不仅是教青少年如何编码，还要教他们如何进行批判性思考。对连接媒体第一个十年的历史批评性研究仅是一个开始。该生态系 176
统在不断发展，其中的开拓者和创新者也仅有寥寥几家跨国企业，不过我们很快将迎来更为先进的智能系统，它的网络会定义（社会科学的和自然科学的）知识的生产和分配。为了确保后代中有一批具有批判性且知识渊博的公民，我们需要让他们具备信息素养、分析技能和批判性思考的能力。

话虽如此，强调网络平台中丰富的文化多样性，以及明确无数充满热情的年轻用户正致力于构建平衡的生态系统和多元化的在线社交的事实，仍是重中之重。除了一些主导生态系统的大型企业——这些企业已成为本书的焦点——之外，还有许多较小的、专业的以及远离公众视野的营利性和非营利性的平台也非常重要，因为它们发展了特定的利基领域，且也有必要为它们写本书。新一代的行动者、企业家和“创意人士”正在将社交网络提升到一个新的层次：他们中的一些人将连接平台简单地视为基础设施；有些人对Facebook、Google和Twitter针对在线关系的引导方式持批评态度，却也接受了与这些平台合作或其周边的工作。在两种意识形态观点中，文化多样性对该生态系统的繁荣发展至关重要。

与此同时，在阿尔文的家中，皮特和桑德拉的不同观点引发了激烈的讨论，他们争论社交媒体对社会和日常生活产生的影响。他们的讨论和思考促使二人就家中处于青少年时期的孩子日常使用连接媒体的问题达成妥协，即要教育他们如何在参与享受和务实批判之间保持一种健康的平衡。皮特告诉他们什么是围墙花园并且教他们如何发展私人空间，而桑德拉更连接媒体的生态系统需要谨慎的管理员和各类园丁才能维持下去。对历史的批判性研究只是迈向可持续未来的第一步。

倾向于向孩子们展示如何发展社交网络并收获更多的人脉。这是一个有可行性的妥协，促使皮特选择一个简单古老的座右铭来抗衡企业“不做恶”和“让世界变得透明”的信条：*Il faut cultiver notre jardin*（法语：耕作自己的园地）。连接媒体的生态系统需要谨慎的管理员和各类园丁才能维持下去。对历史的批判性研究只是迈向可持续未来的第一步。

注 释

第一章

[1] 很难找出关于社交媒体整体使用情况的明确描述。所提及的数字可作为一般趋势指标理解，引自 2011 年 CommScore 互联网统计公司的报告。可在 http://www.comscore.com/Press_Events/Presentations_Whitepapers/2011/it_is_a_social_world_top_10_need-to-knows_about_social_networking 查阅。检索时间为 2012 年 5 月 24 日。

[2] 谷歌搜索和公司的专业服务（地图、学术、地球、街景等）已经占有搜索引擎市场的最大份额（82%）；雅虎（6%）、百度（5%）和微软的必应（4%）是谷歌的主要竞争对手。引自维基百科对搜索引擎市场的概述，可在 http://en.wikipedia.org/wiki/Search_engines#Market_share 查阅。检索时间为 2012 年 5 月 27 日。网络浏览器市场则更加均衡：据 2012 年 6 月的相关信息，IE 浏览器（MS）占有 26% 的市场份额，谷歌浏览器占 25%，火狐浏览器占 22%，苹果浏览器 14%。网站目录专门用于链接网站，并对这些链接进行分类；有两个例子是雅虎分类目录（Yahoo! Directory）和开放目录（the Open Directory Project），它们均与美国在线搜索合作。可在 http://www.dmoz.org/查阅。检索时间为 2012 年 5 月 31 日。

[3] 搜索引擎和网页浏览器可以说成为应用服务的不可见层，因为它们对用户的技术和意识形态指导作用经常被忽视。例如，谷歌联合创始人之一埃里克·施密特在 2012 年 5 月 24 日于阿姆斯特丹的荷兰王宫举行的一次研讨会上，将所有的谷歌平台都称为“工具”，他将这个术语与网络本身互换使用。正如我稍后将讨论的那样（第 6 章和第 7 章），搜索引擎和网页浏览器是许多社交媒体平台依赖的核心应用程序。

[4] “Web 2.0”一词于 1999 年被创造，并于 2004 年受到蒂姆·奥莱利（Tim O'eilly）的欢迎。这个术语暗示了对万维网的技术改革，或对其规则的改变，但根据蒂姆·伯纳斯-李的说法，并没有这样的重新定位，因为它的创始人总是希望 Web 成为一

种双向媒介（“读/写网络”）；2003 年之后逐渐发生变化的是软件工程师和用户开发 Web 应用程序的方式。

［5］参见 2006 年 12 月 16 日的《时代周刊》。可在 http：//www. time. com/ time/cover /0,16641,20061225,00. html 查阅。检索时间为 2012 年 5 月 27 日。

178 ［6］参见 2010 年 12 月 27 日的《时代周刊》。可在 http：//www. time. com/ time/cover /0,16641,20101227,00. html 查阅。检索时间为 2012 年 5 月 27 日。

［7］扎克伯格在报纸和电视上的多次采访中都表达了 Facebook 的使命。例如，2011 年 11 月 11 日播出的 KQED 的访谈中，扎克伯格解释说该网站“完全开放，透明；每个人都相互联系。当你连接时，你会成长得更多”。

［8］请注意“工程社会性”（engineering sociality）和“社交工程学”（social engineering）之间的区别。后者源于政治学，指的是政府或私人团体影响社会行为和民众态度的努力。我的术语“社交性工程”（the engineering of sociality）是指试图影响或指导用户行为的社交媒体平台。

［9］关于搜索引擎，首先确立的普遍原则是倾向于奖励已经被引用的资源，而非不好连接的资源；这种“富人越富”或“赢家通吃”效应，即被经常引用的资源以牺牲连接较少的资源为代价而获得突出地位，在搜索引擎研究中是一个经过充分讨论但仍有争议的现象。另请参见范·迪克关于这方面的论述（van Dijck，2010）。

［10］虽然我认为“连接媒体”一词比通用的“社交媒体”更合适，但在本书的其余部分，我仍会将“社交媒体”一词与“连接媒体”交替使用。“社交媒体”这个词在日常用语中已经根深蒂固，很难避免。

［11］引用扎克伯格在戴维·柯克帕特里克（David Kirkpatrick）的《脸书效应》（2010：199）一书的一句话：“你只有一个身份。你为工作中的好友或同事，以及你认识的其他人提供不同形象的日子很快就会结束……拥有两个身份是缺乏诚信的表现。”

［12］有关将非市场对等生产的意义转移到营利性企业的 Web 2. 0 商业宣言的详细分析，请参阅范迪克和涅波格的论述（van Dijck & Nieborg，2009）。

［13］过去三个月平均页面浏览量和平均访问者数量排名前 100 位的 Web 2. 0 平台中，仅有两个非营利性网站：维基百科（第 6 位）和海盗湾（Pirate Bay）（第 65 位）。资料来源：Alexa 排名。可在 http：//www. alexa. com/topsites/global 查阅。检索时间为 2012 年 5 月 27 日。有关营利性与非营利性 Web 2. 0 平台的对比分析，请参阅富克斯的论述（Fuchs，2009b）。

[14] 耶夫根尼·莫洛佐夫（Evgeny Morozov）在《新共和国》（*New Pwblic*）的一篇评论中猛烈抨击了贾维斯把社交媒体平台当作人类救世主的假设。参见《互联网知识分子》（The Internet Intellectual），刊登于美国《新共和国》杂志，发表时间 2011 年 10 月 12 日。可在 http：//www. tnr. com 查阅。检索时间为 2012 年 5 月 27 日。

[15] 像波里茨（Poritz，2007）这样的信息专家对个人数据积累和聚合信息的积累都加以关注是正确的，所有有价值的信息都容易被操纵和出售。雅克布森和斯蒂恩施戴特（Jakobsson & Stiernstedt，2010）对社交性的关注更深入。

[16] 海切尔（Hetcher，2004）为阐明互联网和在线社交世界规范的重要性详尽地做了很多早期理论工作。借助社会科学、道德和政治哲学，海切尔探讨了规范即由合规性行为在群体中维持理性统治行为的模式，是如何填补法律与非正式社会实践之间的空白的。他将这些见解应用于反侵权法和互联网隐私法。 179

[17] 例如，通过 Google，参见列维（Levy，2011）、奥莱塔（Auletta，2009）和贾维斯（Jarvis，2009）；通过 Twitter，参见科姆和伯奇（Comm & Burge，2009）的相关论述；通过 Facebook，参见贾维斯（Jarvis，2011）和柯克帕特里克（2010）的相关论述。

[18] YouTube 是多项多学科研究所致力于的主题（Burgess & Green 2009；Lovink & Niederer，2008），Wikipedia 也是如此（Lovink & Tkacz，2011）。美国媒介理论家维迪亚纳桑（Vaidhyanathan，2011）发表了一篇精辟的文章，分析了 Google 如何通过运营多种平台，成为连接媒体生态系统中的主导者。

[19] 这五种特殊的平台除了都（或曾经）排在前十名之外，还因其他各种原因而被选作研究对象。首先，有两个主要是社交网站（Facebook 和 Twitter），而其他三个平台主要是用户生成内容网站。其次，它们并不都代表成功与胜利，比如 Flickr 就是一个陷入困境、遭遇失败的平台案例（我本可以选择 Myspace）。最后，我希望至少包括一个具有非营利性所有权结构的平台（Wikipedia），以突出其与营利性网站的区别。

[20] 未来学家和信息专家认为 Web 3. 0 将是一种语义互联网，统计、机器构造的语义标签和复杂算法的兴起都将增强由会话界面驱动的信息个性化。除了普遍的宽带、无线和传感器导向的在线活动之外，一些人还设想 Web 3. 0 会实现电视质量的开放视频、3D 模拟和增强现实的同步集成开发等。例如，参见亨德勒和伯纳斯-李（Hendler & Berners-Lee，2010）以及西格尔（Siegel，2009）关于 Web 3. 0 的解释和预言。

第二章

[1] 关于 iPod、iTunes 以及软件、硬件、内容和音乐产业的集成开发的故事，在沃

尔特·艾萨克森2011年出版的《乔布斯传》中有着更详细的介绍。具体见该书的第30章、第31章和第32章。

[2] 行动者网络理论因其在分析数字网络中的应用而备受批评。一方面，据说行动者网络理论过分强调了人与非人类形式之间的代理关系，尽管Web 2.0平台的复杂性迫使其分析超越了这种二元混合（Rossiter & Lovink，2010）。虽然我同意在行动者网络理论中对人类和非人类的角色施加了太多的压力，但是这种批评忽略了这样一个事实，即行动者网络理论是明确地针对人类、技术和思想之间的流动关系的。关于人类或非人类行动，拉图尔（Latour，1998，n. p.）解释说："在行动者网络理论中，一开始并没有（人类）行动的模型，也没有任何基本的技能列表设置，因为人类、自我和传统社会理论中的社会行动者并未列入议程。那么它的议程是什么呢？人类、非人类、非人工、无人性特征的归属；属性在这些实体之间的分布；它们之间建立的联系；这些属性、分布和联系所带来的循环；这些属性、分布和联系的转换；循环的许多元素和它们被发送的少数方式的转换。"当我试图定义连接性时，我所寻找的正是不同参与者之间的流动性概念。

180 [3] 有关卡斯特《传播力》一书更详细的评论，特别是涉及理论框架部分，请参见富克斯（Fuchs，2009b）和普雷斯顿（Preston，2010）的相关论述。

[4] 根据吉莱斯皮的观点，术语"平台"一词具有丰富的含义，既可以作为计算和建筑概念，也可以在社会文化和政治意义上进行合理的解读。社交媒体网站之所以成为平台"不一定是因为它们允许编写或运行代码，而是因为它们提供了交流、互动或销售的机会"（Gillespie，2010：351）。平台不是事件，但允许发生事件。吉莱斯皮认为，与管道、网络、运营商或分销商等术语相比，平台这个词避免了中立性的相关争议。

[5] 对硬件的探讨超出了本书的范围，主要是因为篇幅的限制，并不是说硬件对于平台的全面分析不重要。事实上，如果把Apple的iTunes作为主要案例研究，硬件将成为分析中不可或缺的元素。随着越来越多的社交媒体公司开始购买硬件公司，传统硬件生产商也开始与社交媒体公司建立合作关系，硬件对于研究的重要性是显而易见的。有人可能会提出，除了硬件之外，设计和营销元素也与研究相关。这些元素在本书中也并非完全不涉及——设计包含在其软件设计的特定含义中；当分析某种特定商业模式时，市场营销因素也被包括在内。由于与硬件相同的原因，它们未被作为独立的因素单独论述。

[6] 除了贝里和富勒之外，软件研究专家温迪·纯（Wendy Chun，2011）和阿德里

安·麦肯齐（Adrian Mackenzie，2006）将软件作为历史上媒体特定的代理分发进行了理论化。两者都突出了代码的历史、物质特性，并指出了代码携带的人、机器和符号环境之间错综复杂的关系。

[7] 从字面上看，“代码”一词指的是平台的计算架构；更形象地说，编码接近于将社会和文化行为转化成机器语言的铭文。正如加洛韦雄辩地描述的那样，代码“在材料和活动之间划清界限，本质上说（硬件）编写不能做任何事情，必须转化为（软件）代码才能有效……代码是唯一可执行的语言”（Galloway，2004：165）。与自然语言一样，计算机语言的代码也将意义转化为行动，但与自然语言不同，计算机代码实际上是在执行命令。

[8] 在行动者网络理论的词汇中，中间人是一种运输力量而不做转换，而转义者则转换意义并改变它们应携带的元素（Latour，2005：108）。平台是日常生活的转换器，即使它们看起来似乎只是传输用户生成的内容或交流信息。平台可以被视为托管内容并由用户驱动的转义者，同时也具有规范的政治经济属性。

[9] 元数据通常被称为“关于数据的数据”或“关于信息的信息”。存在许多不同类型的元数据，例如描述性元数据（关于数据内容的数据）、结构性元数据（关于数据容器的信息）和管理性元数据（指文件类型等技术信息）。

[10] 例如，众所周知，谷歌每年都要支付 1 亿美元，以使火狐浏览器将其搜索引擎作为默认设置，该浏览器由 Mozilla 公司拥有，是全球第三大浏览器。谷歌认为默认设置 181
绑定不会阻止竞争对手，但正如我将在第 8 章中论证的那样，研究表明用户不太可能手动更改默认设置。

[11] 经常用于技术支持或隐含使用的术语是“用法”（usage）（Hutchby，2001；Wellman，2003）。

[12] 这些回应大多可以在个人博客或博客群组中找到，因为博主往往是社交媒体平台的参与者与发声者；但也可以在平台提供的特殊用户页面上找到（例如，Flickr 的讨论页面）。YouTube 的视频集中有许多关键用户针对变化做的创意视频。此外，用户的反应也可以通过新闻来源追踪获知。

[13] 如前一章所述，只有两个平台可以被视为非营利非市场化企业：Wikipedia 和 Pirate Bay。Craigslist. org 经常被认为是非营利非市场化平台的一个例子，尽管它的地位是有争议的——Craigslist 不是一个 UGC 或 SNS 网站，而是营销和贸易网站，所以我没有把它作为研究对象。毋庸置疑，有许多小型网站都可以归为非营利非市场化平台。

［14］Google 在 2006 年以 16 亿美元的价格收购了 YouTube（当时 YouTube 建立还不到两年，并且没有收入）引起了许多人的关注；Facebook 在 2012 年以 10 亿美元的价格收购了 Instagram（一年历史，没有任何盈利，13 名员工）则被认为是一笔划算的交易。

［15］在首次公开募股时，Facebook 的净资产被以每位会员 4.69 美元来做换算。在 2012 年第一季度，Facebook 的每股收益为 1.21 美元。

［16］2012 年 3 月，谷歌推出了 Google Play，这是一种用于发布音乐、电影、书籍、Android 应用程序和游戏的多媒体内容服务。该服务还提供了一个通过云端运营的媒体播放器。Google Play 可通过 Play 商店以及所有 Android 移动应用程序和 Google TV 访问。请参阅 Google Play 网站。可在 https：//play.google.com/store 查阅。检索时间为 2012 年 6 月 6 日。

［17］例如，Facebook 通过最终用户许可协议对其用户强加了"实名政策"：要加入 Facebook，必须年满 13 岁及以上，并且需要进行适当的身份识别；必须提供真实的姓名；持多个账户的行为不被允许。事实上，Facebook 用户中有相当大比例的人会破坏协议。南希·K. 拜厄姆（Nancy K. Baym，2010：110）引用格罗斯和阿奎斯蒂（Gross & Acquisti，2005）的研究发现只有 89% 的 Facebook 用户看起来是真实的；其他消息来源指出有 20% 的用户会违反 Facebook 的实名政策。纪录片《鲶鱼》（Catfish）于 2010 年在圣丹斯电影节上映，抨击了 Facebook 的实名政策：这部纪录片引人注目地揭露了普通 Facebook 用户如何简单地运用头脑即可破坏网站的监管政策。另见范·迪克的相关论述（van Dijck，2012a）。

［18］与 Wikipedia 等在非营利环境中管理社会资本相比，在商业环境中开发社会资本显然是一种完全不同的游戏。通常适用于商业组织的"商业模式"一词也将适用于非营利性组织，因为其含义也适用于非市场组织形式：相对于谁经营和拥有平台，更注重由谁控制着资金筹集。

［19］文森特·莫斯可（Vincent Mosco）将商品化定义为"将使用价值转换为交换价值的过程，产品的价值从其满足个人和社会需求的能力转化为其能为市场带来的东西"
182 （Mosco，2009：143－144）。

［20］更重要的是，研究人员是涉及软件开发人员、平台所有者、用户和监管机构的相同连接文化的一部分。研究结果从来都不是中立的，而是来自一种特定的方法。例如，研究人员可能先验地假设社交网站是"一种新的在线公共领域"或"鼓励公民话语和辩论的环境"（Robertson，Vatapru & Medina，2009：6）。当信息科学家开发的算法号称

“有助于世界联系得更紧密”或“推进社区”时，对社交媒体有效性的明确信念就会掩盖学术目标。换句话说，学者和其他媒介使用者一样，都会帮助塑造研究对象。在相关的情况下，我将重点介绍研究是如何建立在主题的特定（意识形态）观点上的。

第三章

[1] 丹·弗莱彻的《Facebook 如何重新定义隐私》（How Facebook Is Redefining Privacy），《时代周刊》，2010 年 5 月 20 日。可在 http：//www. time. com/time/magazine/article/0,9171,1990798,00. html 查阅。检索时间为 2012 年 6 月 7 日。

[2] 马歇尔·柯克帕特里克（Marshall Kirkpatrick）的《为什么 Facebook 改变其隐私策略》（Why Facebook Changed Its Privacy Strategy），读写网（*ReadWriteWeb*），2009 年 12 月 10 日。可在 http：//www. readwriteweb. com/archives/why_facebook_changed_privacy_policies. php 查阅。检索时间为 2012 年 6 月 7 日。

[3] 克里斯·查宏（Chris Tryhorn）的《想要 Facebook 开放的福音派网站》（Evangelical Network Who Wants Facebook to Open Up the Wrold），《卫报》，2009 年 8 月 20 日。可在 http：//www. guardian. co. uk/business/2009/aug/20/facebook-ceo-sheryl-sandber g-interview 查阅。检索时间为 2012 年 6 月 7 日。

[4] 参见 Facebook 的首次公开募股前路演视频。可在 http：//www. YouTube. com/watch？ v = wA81tRwvoPs 查阅。检索时间为 2012 年 6 月 7 日。

[5] 这些数字由 Facebook 互联网统计数据提供，参见 http：//www. internetworldstats. com/facebook. htm。Facebook 在 Alexa 排名中占据了第二的位置，落后于 Google。可在 http：//www. alexa. com/siteinfo/facebook. com 查阅。检索时间为 2012 年 6 月 7 日。

[6] 卡罗琳·麦卡锡（Caroline McCarthy）的《Facebook F8：一张图统治所有》（Facebook F8：One Graph to Rule Them All），CNET，2010 年 4 月 21 日。可在 http：//news. cnet. com/8301-13577_ 3-20003053-36. html 查阅。检索时间为 2012 年 6 月 7 日。

[7] 当 Facebook 于 2011 年 9 月宣布全球用户超过 8 亿时，也强调仅在美国该网站每月就会吸引超过 1. 4 亿的用户。主页上的公告，可在 http：//www. facebook. com/notes/statspotting/Facebook. com/notes/statspotting/facebook-now-has-more-than-800-million-active-users/204500822949549 查阅。检索时间为 2012 年 6 月 12 日。该公告被世界各地的许多新闻媒体引用。有关每月的统计数据，可在 http：//www. quantcast. com/facebook. com/traffic 查阅。Facebook 定期发布用户的信息和数据，因此我们可以了解 Facebook 的用户是谁以

及特征分布。例如，超过60%的全球用户年龄小于35岁，75%小于45岁；美国人占Facebook用户的66%；所有美国用户中45%是男性（见http：//www. checkfacebook.
183 com/）；Facebook在欧洲的使用率低于美国，有近50%的用户在美国使用Facebook，在欧洲的用户占比为25%。关于欧洲和美国的Facebook统计数据，可在http：//www. internetworldstats. com/facebook. htm查阅。检索时间为2012年6月7日。

［8］大众自我交流平台，如Facebook，也在同样作为个人媒体和大众媒体在由强大的电信和媒体行业主导的经济、政治和法律空间中运作。如卡斯特在《通信力量》（*Communication Power*）中所解释的那样："它是大众传播，因为它可能会覆盖全球受众，如在YouTube上发布视频，通过RSS链接到许多网络资源的博客或者是某个庞大的电子邮件列表。同时，它也是个人传播，因为消息是个人自我生成的，接收者的定义是自我导向的，并且从互联网和电子网络中自我选择检索的特定信息或内容。"（Castells，2009：55）

［9］2011年秋季进行的"今日美国-盖洛普"民意调查显示，接受调查的近70%的脸书用户和52%的谷歌用户表示在使用世界上最受欢迎的社交网站和搜索引擎时，"有点"或"非常担心"隐私问题。经常使用网站的用户比偶尔登录的受访者更不关心隐私问题。可在http：//www. usatoday. com/tech/news/2011-02-09-privacypoll09_ST_N. htm查阅。检索时间为2012年6月7日。

［10］参见新闻文章《Facebook用户抗议News Feed功能》（Facebook Users Protest over News Feed），《卫报》，2009年10月27日。可在http：//www. guardian. co. uk/media/pda/2009/oct/27/new-Facebook查阅。检索时间为2012年6月7日。

［11］更多信息请参阅《Facebook甚至在下线后还会跟踪你的Cookies》（Facebook Tracks Your Cookies Even after You Logout），HackerNews，2009年9月25日。可在http：//thehackernews. com/2011/09/facebook-track-your-cookies-eve. html查阅。检索时间为2012年6月8日。面对黑客的揭露，Facebook为这些做法辩护，称使用cookies是为了保护用户的隐私和安全。

［12］请参阅userscripts. org的主页，可在http：//userscripts. org/scripts/show/76037查阅。检索时间为2012年6月12日。

［13］UnFuck Facebook在userscripts. org上运行，可在http：//userscripts. org/scripts/show/11992查阅。检索时间为2011年10月，该文本已被更改。

［14］大多数用户从不更改默认设置，这就是"默认"如此重要的原因。此外，大

多数用户对违约知之甚少，以至于他们不知道隐私设置的替代方案。哥伦比亚大学的一项研究发现，94%的大学生在 Facebook 上无意识地分享他们从未打算公开的个人信息。可在 http：// academiccommons. columbia. edu/catalog/ac：135406 查阅。检索时间为 2012 年 6 月 8 日。

［15］参见凯斯勒（S. Kellers）的《Facebook 揭示其用户追踪的秘密》（Facebook Reveals Its User-Tracking Secrets），Mashable 博客，2011 年 11 月 17 日。可在 http：// mashable. com/2011/11/17/facebook-reveals-its-user-tracking-secrets/查阅。检索时间为 2012 年 6 月 12 日。

［16］网络活动家网站 Gizmodo 发表了《你应该退出 Facebook 的十大理由》（Top Ten Reasons You Should Quit Facebook），2010 年 5 月 3 日。可在 http：//gizmodo. com/5530178/top-ten－reasons-you-should-quit-facebook 查阅。检索时间为 2012 年 6 月 8 日。

［17］请参阅退出 Facebook Day 计划的网站 http：//www. quitfacebookday. com/。检索时间为 2012 年 6 月 8 日。

［18］朱迪·奥戴尔（Jodie O'Dell）的《一旦 Facebook 推出时间轴，你将永远不想离开》（Once Facebook Launches Timeline，You'll Never Want to Leave），VB Social 博客，2011 年 10 月 6 日。可在 http：//venturebeat. com/2011/10/06/facebook-timeline-lessin/查阅。检索时间为 2012 年 6 月 8 日。 184

［19］正如我们在 Facebook 时间轴上看到的：“当你升级时间轴时，你将有七天的时间来审查时间轴上显示的所有内容，然后其他人才能看到它。如果你决定等待，你的时间轴将在七天后自动生效。你的新时间轴将替换你的个人资料，但你的所有故事和照片仍将存在。”可在 http：//www. facebook. com/blog/blog. php？ post＝10150408488962131 查阅。检索时间为 2012 年 5 月 2 日。

［20］参见博客 NakedSecurity，该博客还发布了一项针对 4 000 名 Facebook 用户的调查，显示 51%的人对时间轴功能表示担忧，而 32%的人会因此考虑是否还留在 Facebook 上。可在 http：//nakedsecurity. sophos. com/2012/01/27/poll-reveals-widespread-concern-over-facebook-timeline/查阅。检索时间为 2012 年 5 月 4 日。

［21］2012 年 3 月 30 日，约翰·布朗利（John Brownlee）在 Cult of Mac 每日新闻上发布了一个关于应用程序 Girls around Me 的有趣故事。通过 Facebook 个人资料连接到 Google 地图，就可以用非常简单的方式欺骗一位天真少女发布一则惊人的消息。参见 http：//www. cultofmac. com/157641/this-creepy-app-isnt-just-stalking-women-without-their。

［22］随着 Facebook 的指数级扩张，一些国家的 SNS 网站市场份额已经在下降。例如，Hyves 曾是荷兰最大的 SNS 网站，直到 2011 年中期，Facebook 才在该国占据领先地位。在此之后 Hyves 每年都在失去大量用户，在 2012 年损失了 38%，下降到 300 万用户，而同年 Facebook 的荷兰用户增加了 45%，达到 700 万。参见《Gebruik Hyves 损失 38%；Facebook 增加 45%》（Gebruik Hyves met 38 procent gedaald; Facebook met 45 procent gestegen），《人民报》（*De Volkskrant*），2012 年 5 月 3 日。可在 http：//www. volkskrant. nl/vk/nl/2694/Internet-Media/article/detail/3250173/2012/05/03/Gebruik-Hyves-MET-38-procent-gedaald-Facebook-MET-45 procent-gestegen. dhtml 查阅。检索时间为 2012 年 5 月 6 日。

［23］参见 Google +，可在 https：//www. google. com/intl/zh-CN/ +/learnmore/index. html#circles 查阅。检索时间为 2012 年 5 月 31 日。在推出六个月后，Google + 已经吸引了大约 4 000 万用户，而 Facebook 已向 8 亿注册用户提供服务。

［24］参见拉莫斯（M. Ramos）的《Facebook 对 Google Plus 的回应》（Facebook Responds to Google Plus），ByteLaunch 博客，2011 年 6 月 7 日。可在 http：//www. bytelaunch. com/bytelaunch-blog/social-media/facebook-responds-to-google-3/查阅。检索时间为 2012 年 6 月 8 日。

［25］在首次公开募股前几周，人们就知道 Facebook 确保将大量减少预计出售给散户投资者的股票数量，因为它将自己视为一种面向用户的服务，同时由用户推动。根据内部人士的说法，Facebook 将自己视为“人民的公司”。参见 http：// dealbook. nytimes. com/2012/05/03/small-investors-may-get-to-own-a-bit-of-facebook /。检索于 2012 年 6 月 6 日。

［26］关于马克·扎克伯格的反应请参见 2011 年 7 月 7 日的《赫芬顿邮报》。可在 http：//www. huffingtonpost. com/2011/07/07/facebook-ceo-mark-zuckerb _ n _ 892202. html 查阅。检索时间为 2012 年 6 月 8 日。

［27］有关 Facebook 的原则，参见 http：//www. facebook. com/principles. php；有关权利和责任声明，参见 http：//www. facebook. com/note. php? note_ id = 183538190300；有关隐私政策，参见 http：//www. facebook. com/note. php? note_ id = 10150740019045301；有关数据使用政策，参见 http：//www. facebook. com/about/privacy/；有关平台策略，参见 http：//developers. facebook. com/policy/。本章中引用的 Facebook 使用条款的所有部分均检索于 2011 年 10 月 26 日。

［28］正如法律专家格里莫尔曼总结的那样，Facebook 服务条款的底线是“消费者不会、不能也不应该依赖 Facebook 的隐私政策来保护他们使用网站时的信息”（Grimmelmann，2009：1184）。 185

［29］有关洛杉矶诉讼的信息，参见《法律规定年轻人不能点赞 Facebook 广告》（Lawsuit Says Teens Too Young to ‘Like’ facebook Ads），法新社，2010 年 8 月 27 日，可在 http：//www. france24. com/en/20100827-lawsuit-says-teens-young-like-facebook-ads 查阅。有关加拿大诉讼的更多信息，请参阅 http：// www. cbc. ca/news/technology/story/2010/09/23/facebook-like-invitations。有关德国指控的更多信息，参见克洛伊·阿尔班修斯（Cloe Albanesius）的《德国政府机关禁止使用 Facebook 点赞》（German Agencies Banned form Using Facebook，Like Button），PCMag. com 网，2011 年 8 月 27 日。可在 http：//www. pcmag. com/article2/0,2817,2391440,00. asp#FBID = iWNc6eckuX3 查阅。所有网站于 2012 年 6 月 4 日最后一次检索。

［30］正如“欧洲 vs 脸书”组织在其网站上所说：“用户几乎不可能真正了解使用 Facebook 时他的个人数据会被怎样处理。例如，‘删除’的内容并未真正被 Facebook 删除，而且通常你也不清楚我们的数据都去了哪。用户必须面对模糊和矛盾的隐私政策，并且无法完全估计使用 Facebook 的后果。”可在 http：//europe-v-facebook. org/EN/Objectives/objectives. html 查阅。检索时间为 2012 年 6 月 8 日。

［31］然而，建立这样一个隐私基金会只是满足了美国联邦贸易委员会（FTC）强制要求的一项，即促进实施在线隐私和用户数据保护的措施。参见佩雷斯（Sarah Perez）的《Facebook 的协议令法官们满意》（Facebook Settlement Gets Judges Ok），ReadWriteWeb 博客，2009 年 10 月 26 日。可在 http：// www. readwriteweb. com/archives/facebook_settlement_gets_judges_ok. php 查阅。检索时间为 2012 年 6 月 8 日。

［32］Facebook 的新闻稿可在 http：//www. facebook. com/press/releases. php? p = 85587 查阅。检索时间为 2012 年 6 月 8 日。

［33］Facebook 计划推出 SocialAds，这是一款应该与 Google 的 AdSense 竞争的在线广告工具。

［34］该统计数据于 2011 年 5 月由 Inside Facebook 提供，可在 http：//www. insidefacebook. com/2011/05/03/sponsored-stories-ctr-cost-per-fa/查阅。检索时间为 2012 年 6 月 7 日。

［35］被称为“社会经济学”的经济学分支强调社会行动和互动作为商业模式绩效

微观要素的重要性，并将其影响视为其变现能力的一部分（Bates，2008；Zott & Amit，2009）。

［36］Facebook 的分享意识形态也受到媒介学者富克斯从政治经济学观点出发的强烈批评，他观察指出：“Facebook 在经济方面的‘分享’主要指与广告客户共享信息，只是销售和商品化数据的委婉说法。”（Fuchs，2011a：160）

［37］例如，参见摩根士丹利（Morgan Stanley）、J. P. 摩根（J. P. Morgan）、高盛（Goldman）以及萨克斯（Sachs）提供的 Facebook 官方（公开）IPO 注册声明。可在 http：//sec. gov/Archives/edgar/data/1326801/000119312512034517/d287954ds1. htm 查阅。检索时间为 2012 年 6 月 7 日。

［38］Facebook 的首席运营官桑德伯格在公司上市前的视频中发表了这一声明。可在 http：//www. YouTube. com/watch？v = wA81tRwvoPs 查阅。检索时间为 2012 年 6 月 7 日。

［39］2005 年，“Facebooking”这个词很快流行起来，用来描述浏览他人资料或更新
186 自己个人资料的活动。与 Google 不同，Facebook 不提倡使用其名称作为动词，其广告政策包括以下规则：“不要使用 Facebook 或任何其他商标作为动词，并且不要将它们复数化，商标也不得以这种方式进行修改。”参见 Facebook 广告政策，可在 http：//www. facebook. com/brandpermissions/查阅。检索时间为 2012 年 5 月 3 日。

［40］请参阅 2011 年 12 月 15 日的隐私和安全信息法博客，可在 http：//www. huntonprivacyblog. com/tag/video-privacy-protection-act/查阅。检索时间为 2012 年 1 月 3 日。

［41］社交媒体监测服务机构 Reppler 在 2011 年对 300 名招聘专业人员进行的调查中显示，91% 的雇主实际会在社交网站上审查未来的员工——76% 通过 Facebook，48% 通过 LinkedIn。有关详细信息，可在 http：//mashable. com/2011/10/23/how-recruiters-use-social-networks-to-screen-candidates-infographic/查阅。检索时间为 2012 年 6 月 7 日。记者采访了在求职面试中被要求提交 Facebook 密码的潜在员工，参见《像要你家钥匙一样：雇主向求职者询问 Facebook 密码》（Its Akin to Requiring Someones House keys：Employers Ask Job Seekers for Facebook Passwords），《悉尼先驱晨报》，2012 年 3 月 21 日。可在 http：//www. smh. com. au/technology/technology-news/its - akin-to-requiring-someones-house-keys-employers-ask-job-seekers-for-facebook-passwords-20120321-1vioi. html 查阅。检索时间为 2012 年 5 月 5 日。

［42］根据珍娜·沃瑟姆（Jenna Wortham）在她的文章《Facebook 反对者》（The Facebook Resisters）中的说法，反对者说“没有 Facebook 往往会引发热烈的讨论——就

像早年间没有电视”。《纽约时报》科技版，2011 年 12 月 13 日。可在 http：//www. nytimes. com/2011/12/14/technology/shunning-facebook-and-living-to-tell-about-it. html 查阅。检索时间为 2011 年 12 月 21 日。

［43］皮尤研究中心于 2012 年 2 月发布的一项研究显示，越来越多的用户，特别是女性和年轻用户，在交友方面变得越来越有选择性，并正在调整他们的好友列表；不友好和不受约束的人变得更受欢迎。参见《Facebook 的取关行动正在兴起》（Facebook Defriending Is on the Rise），ReadWriteWeb 博客，2012 年 2 月 24 日。可在 http：//www. readwriteweb. com/archives/study_ facebook_ unfriending_ is_ on_ the_ rise. php 查阅。检索时间为 2012 年 6 月 8 日。

［44］2012 年由欧洲网络和信息安全局进行的关于个人信息价值和隐私支付意愿的研究表明，只有不到 30% 的用户愿意支付额外费用，以便将信息从数据收集者手中夺走。报告可在 http：// www. enisa. europa. eu/activities/identity-and-trust/library/deliverables/monetising-privacy 查阅。检索时间为 2012 年 6 月 8 日。

第四章

［1］参见麦卡锡（C. McCarthy）的《Twitter 联合创始人：当人们停止讨论我们的时候，我们就成功了》（Twitter Co-founder：We’ll Have Made It When You Shut Up about Us），CNet，2009 年 6 月 3 日。可在 http：//news. cnet. com/8301-13577_3-10256113-36. html 查阅。检索时间为 2012 年 5 月 16 日。

［2］有关 Twitter 成员数里程碑的公布，参见 Mashable 博客，可在 http：// mashable. com/2012/02/22/twitters-500-million-user/查阅。有关美国和全球最新 Twitter 图片的更新信息，可在 http：//www. quantcast. com/twitter. com#summary 查阅。Twitter 在 Alexa 的全球排名中位列第 8 位，可在 http：//www. alexa. com/siteinfo/twitter. com 查阅。检索时间为 2012 年 5 月 8 日。

［3］乔·哈根（Joe Hagan）在令人印象深刻的民族志新闻报道中采访了 Twitter 的首 187
席执行官，并观察了“管理控制室”。管理者表达了平台从社交网络到信息网络转型的雄心。参见《Twitter 科学》（Tweet Science），《纽约杂志》，2011 年 10 月 2 日。可在 http：//nymag. com/news/media/twitter-2011-10/查询。检索时间为 2012 年 5 月 16 日。

［4］Twitter 能够将信息传递到各种不同的硬件平台的能力对它的成功至关重要。在皮尤互联网研究报告中伦哈特和福克斯（Lenhart & Fox，2009）提到，Twitter 用户最有可能通过移动设备上的无线互联网访问该平台。

［5］早期的研究将 Twitter 作为朋友之间日常对话的工具，并在社区层面上共享信息和新闻快讯（Java et al.，2007；Mischaud，2007）。

［6］行为科学家赵和罗森（Zhao & Rosson，2009：243）专注于将 Twitter 视为工作场所中的非正式沟通媒介，他们发现网络服务可以用来增强联系，并建立共同的合作基础。信息科学家霍尼克特和赫林（Honeycutt & Herring，2009：9）虽然承认 Twitter 可能不是专门为非正式协作目的而设计的，但他们表示“设计修改可能使 Twitter 等微博客平台更适合协作”。

［7］过去十年来，全球已有 100 多个微博客网站先后兴起。除了 Twitter 之外，还有 whatyadoin. com、Tumblr、Beeing、PingGadget、Jaiku 和 Plurk 等网站不断涌现。竞争服务通常占据微博客的特定领域，并结合各种 SNS 元素。例如，Plurk 将微博客与视频和图片共享相结合，Pownce 整合了微博客和文件共享。

［8］有关新的 Twitter 界面的介绍，请参阅欧戴尔（J. O'Dell）的《这是第一次看新新 Twitter》（Here's a First Look at the New-New Twitter），VB 新闻，2011 年 2 月 8 日。可在 http：// venturebeat. com/2011/12/08 /new-new-twitter/查阅。检索时间为 2012 年 5 月 16 日。作为 Twitter 的首席执行官，杰克·多西在 VB 新闻中评论道：“很多都是围绕教育的……十年前，当人们第一次遇到网址时，我们也看到了同样的情况。（人们需要）一个界面，使得接受这些新事物更容易，并且不那么可怕……我们的用户发明了这种语法，我们也尊重这一点。”

［9］关于最著名的 Twitter 使用列表，参见维基百科，可在 http：//en. wikipedia. org/wiki/twitter#cite_ note-72 查阅。检索时间为 2010 年 8 月 14 日。

［10］Twitter 的联合创始人兼首席执行官伊万·威廉姆斯（Evan Williams）在接受《纽约时报》采访时表示：“许多人将其用于专业目的、保持与行业的联系以及跟踪新闻……因为这是一个一对多的网络，大部分内容是公开的，所以它的这项功能比为朋友交流而优化的社交网络更好。”参见米勒（C. Miller）的《推动 Twitter 流行的是谁？不是青少年》（Who Is Driving Twitter's Popularity? Not Teens），《纽约时报》科技版，2009 年 8 月 25 日。可在 http：//www. nytimes. com/2009/08/26/technology/internet/26twitter. html 查阅。检索时间为 2012 年 5 月 16 日。

［11］参见利普斯曼（A. Lipsman）的《阿什顿对 CNN 关于 Twitter 人口结构变化的预言是什么》（What Ashton vs CNN Foretold about the Changeing Demographics of Twitter），ComScore，2009 年 9 月 2 日。可在 http：// blog. comscore. com/2009/09/changing_demographics_of_twitter. html 查阅。检索时间为 2012 年 5 月 16 日。

［12］根据 2009 年对约 30 万 Twitter 用户的统计分析，哈佛大学的研究人员黑尔和皮斯科尔斯基发现，Twitter 用户中男性占少数（45%），但他们比女性用户的粉丝数量平均 188
多出 15%，也会获得更多的互惠关系。男性和女性都更可能关注男性推主；实际上，普通男性推主被关注的概率要比普通女性推主高 40%，即使被关注者更新推文的速率相同。这种情况与其他多数社交网站“关注点围绕女性；男性会关注无论他们了解与否的女性生产的内容，而女性则更倾向于关注自己了解的女性生产的内容”有所不同（Heil & Piskorski，2009，n. p.）。

［13］乔·哈根在他的文章《Twitter 科学》中指出，Yahoo！最近的一项研究发现，在一个随机 Twitter 用户的 Feed 流中，大约有 50% 的推文来自 20 000 个用户。Twitter 的管理层适时地认识到少数所谓的“超连接”用户（也称为“超级用户”或“影响者”）的影响力是其最大的资产之一。

［14］学者克里斯滕森尖锐地质疑了西方政府把美国社交媒体品牌作为民主斗争技术推动力的宣传，提出了“政策、发展援助、技术决定论和商品化日益模糊的界限”的根本性问题（Christensen，2011：250）。

［15］热门 Twitter 列表及粉丝关注的巨大偏差为“The Top 100 Twitterholics Based on Followers”的公开排名所强调。可在 http：//twitterholic. com/查询。检索时间为 2012 年 5 月 16 日。

［16］参见哈根的《Twitter 科学》，《纽约杂志》，2011 年 10 月 2 日。

［17］建于 2011 年的初创公司 Klout 提供了衡量个人在所有社交网络（Facebook、Twitter、Google +、LinkedIn）上的影响力的服务；Klout 评分是介于 1 到 100 之间的数字，数字超过 50 开始表示高影响力。有关 Klout 测量原理的更多信息，可在 http：//klout. com/corp/kscore 查阅。检索时间为 2012 年 5 月 16 日。

［18］调研公司 Pear Analytics 于 2009 年 8 月进行的一项研究（Kelly，2009）分析了两周内的 2 000 条推文，发现大约 83% 的推文涉及简短的对话，以及以“毫无意义的唠叨”为核心的表达性和宣传性陈述。社交网络研究者博伊德（Danah Boyd）在博客文章中回应调查结果时提出质疑，认为“毫无意义的唠叨”更应该被看作一种“外围感知”或“社交整饰”。参见博伊德《Twitter：“毫无意义的唠叨”或外围感知 + 社交整饰?》（Twitter：“Pointless Babble” or Peripheral Awareness + Social Grooming），Apophenia，2009 年 8 月 16 日。可在 http：// www. zephoria. org/thoughts/archives/2009/08/16/twitter_ pointle. html 查阅。检索时间为 2012 年 6 月 12 日。在早期的工作中，博伊德和艾莉森认为，推文流反映了一种“网络社交”的新形式，旨在与朋友保持亲密的关系、跟随高级用户，并与其他亲密或疏远的人保持联系（Boyd & Ellison，2007）。

［19］虽然早期观察者强调推文的对话性，但后来的研究人员更多地关注推文的信息内容，将 Twitter 的功能作为新闻标题发布系统（Kwak et al.，2010）或作为新闻工具（Emmett，2008；Hermida，2010；Hirst，2011；Murthy，2011）。2012 年皮尤研究中心发布的《新闻媒体状况》显示，只有 9% 的人从社交媒体中获得新闻。可在 http：// pewresearch. org/pubs/2222/news-media-network-television-cable-audiooradio-digital-platforms-local-mobile-devices-tablets-smartphones-nativeamerican-community-newspapers。检索时间为 2012 年 5 月 16 日。

189 ［20］正如信息科学家的一项研究所表明的那样：“Twitter 表明了社交网络和微博客媒体如何既可以作为传递重要信息的工具如新闻，也可以作为传递非必要信息的媒介如个人信息。”（Blake et al.，2010：1260）。

［21］有关 Twitter 上的统计和数据使用，可在 http：//blog. twitter. com/2011/03/numbers. html 查询。检索时间为 2012 年 5 月 16 日。

［22］Twitter 的首席执行官之一科斯特洛引用了哈根于 2011 年 10 月 2 日在《纽约杂志》上发表的《Twitter 科学》一文。

［23］关于 Twitter 即将在 2011 年初被 Google 或 Facebook 收购的传闻很快被该网站的所有者否认。例如，参见尼特（Rupert Neate）的《Twitter 否认与 Google 和 Facebook 进行了 100 亿美元的收购谈判》（Twitter Denies ＄10bn Takeover Talks with Google and Facebook），《每日电讯报》，2011 年 2 月 14 日。可在 http：//www. telegraph. co. uk/technology/twitter/8324438/Twitter-denies-10bn-takeover-talks-with-Google-and-Facebook. html # 查阅。检索时间为 2011 年 2 月 22 日。

［24］《卫报》主编拉斯布里杰（Alan Rusbridger）解释了为什么通过清单的 15 项功能，Twitter 已成为记者们不可或缺的新闻来源。参见拉斯布里杰的《为什么 Twitter 对新闻机构很重要》（Why Twitter Matters for News Organisations），《卫报》，2010 年 11 月 19 日。可在 http：//www. guardian. co. uk/media/2010/nov/19/alan-rusbridger-twitter 查阅。检索时间为 2011 年 4 月 17 日。

［25］据报道，2012 年 7 月，Apple 也曾考虑入股 Twitter。Apple 已经将 Twitter 功能与其手机、电脑和平板电脑的软件紧密交织在一起。在最后一章中，我将讲到社交媒体、

软件和硬件之间的合作伙伴关系。

［26］自2006年以来，Twitter主要依靠投资者的投资，如风险投资家、联合广场风险投资公司的主管威尔逊（Fred Wilson）。据报道，在2010年的一轮融资中，包括普信集团（T. Rowe Price，TROW）、纽约的洞见创投（Insight Venture Partners）和波士顿的星火资本（Spark Capital）在内的六家投资者向该公司注入了1亿美元。

［27］据记者米勒（Claire Miller）报道，市场分析师对Twitter感到不耐烦。参见米勒的《Twitter对商业模式的迷恋》（The Obsession with Twitter's Business Model），《纽约时报》商业版，2009年3月26日。可在http：//bits. blogs. nytimes. com/2009/03/26/the-twitterverses-obsession-with-twitters-businessmodel/查阅。检索时间为2012年5月16日。另见史密斯（D. L. Smith）的《Twitter的商业模式：辉煌还是不存在?》（Twitters Business Model：Brilliant or Non-existent?），《哈佛商业评论》，2009年10月26日。可在http：//bx. businessweek. com/twitter-business-model/twittersbusiness-model-brilliant-or-non-existent/1376625150997754291-aecc46fcc0cdeefdd60745fe01e68cb9/查阅。检索时间为2012年5月16日。

［28］除了TweetDeck，位于旧金山的一家名为CoTweet的初创公司通过追踪客户反应并让员工迅速回应，成功接管了如可口可乐等大公司的Twitter账户。参见米勒《Twitter和应用程序开发人员的紧张局势加剧》（Tensions Rise for Twitter and App Developers），《纽约时报》技术版，2010年4月11日。可在http：//www. nytimes. com/2010/04/12/technology/12twitter. html查阅。检索时间为2012年5月16日。

［29］推广和趋势功能的运作方式如下：在用户Twitter界面的右侧，原先十大最受欢迎的推文话题中会添加一个“推广趋势”。通过在列表中添加付费推广的第十一个趋势，例如“迪士尼-皮克斯”最近的电影，满足客户推升话题热度的需求。除推广和趋势外，客户们也已经开始在自己的广告中利用Twitter的功能。例如在2011年的超级碗比赛 190
中，奥迪在其商业广告中通过Twitter主题标签邀请观众加入关于“进步”的讨论。

［30］参见埃文斯（M. Evans）刊登于Twitterati的博客文章《Twitter的商业模式是数据流?》（Is Twitter's Business Model the“Frehose”），2011年4月26日。可在http：//www. twitterrati. com/2011/04/26/is-twittersbusiness-model-the-frehose/查阅。检索时间为2012年5月16日。

［31］多亏公司的良好信用，Twitter在其网站底部提供服务条款的档案，使得追踪其政策多年来如何变化变得非常容易。可在http：//twitter. com/tos查阅。检索时间为2011

年 11 月 3 日。所有关于 Twitter 的服务条款的进一步引用都参考了这个网站。

［32］在西方国家，立法者可能会要求社交网络服务商提供数据，以帮助中央政府执行自己的“公民情报”计划。2011 年，Twitter 在一个拒绝提供某个“占领行动”抗议者的推文给加利福尼亚州法院的传唤案中败诉，但出乎意料的是，Twitter 虽然接受了这一判决，但同时也借此提出了一个巧妙的论点，说明为什么自己被强迫提交数据是不合法的。许多用户对该公司的这一抵抗行为表示赞赏。例如，参见沃尔顿（Zach Walton）的《Twitter 在法庭上为用户辩护占据了推文》（Twitter Defends User in Court over Occupy Tweets），WebProNews，2012 年 5 月 10 日。可在 http：//www. webpronews. com/twitter-defends-userin-court-over-occupy-tweets-2012-05 查阅。检索时间为 2012 年 5 月 16 日。

［33］例如，参见阿瑟（C. Arthur）的《Twitter 面临审查抵制》（Twitter Faces Censorship Backlash），《卫报》，2012 年 1 月 27 日。可在 http：//www. guardian. co. uk/technology/2012/jan/27/twitter-faces-censorship-backlash 上查阅。检索时间为 2012 年 5 月 12 日。

［34］Twitter 主管萨瓦尔（Ryan Sarver）引用了塔夫特（D. Taft）在《欧洲科技周刊》（*TechWeek Europe*）的文章《用户对新的 Twitter 限制进行了猛烈抨击》（Users Lash out at New Twitter Restrictions），2011 年 3 月 14 日。可在 http：//www. techweekeurope. co. uk/news/developers-lash-out-against-new-twitterrestrictions-23678 查询。检索时间为 2012 年 5 月 15 日。

［35］此评论来自一个名为 Klondike 的 Google 群组用户，可在 https：//groups. google. com/forum/#!msg/twitter-development-talk/yCzVnHqHIWo/gYUpkfrGXvwJ 查阅。检索时间为 2012 年 5 月 16 日。

［36］在 2012 年 9 月的荷兰议会选举中，Twitter 对结果的预测被认为与大多数选举民意调查一样准确，因为它“呼应”了人民真正的声音。参见《政治投票也可以通过 Twitter 进行》（Politieke peiling kun je net zo goed via Twitter doen），《人民报》（*De Volkskrant*），2012 年 9 月 9 日。可在 http：//www. volkskrant. nl/vk/nl/10637/VK-Dossier-Verkiezingen-van-2012/article/detail/3314680/2012/09/11/Politieke-peiling-kun-je-net-zo-goed-via-twitter-doen. dhtml 查阅。检索时间为 2012 年 9 月 12 日。

［37］查尔斯·杜希格（Charles Duhigg）在他的著作《习惯的力量》（*The Power of Habit*）（2012）中深刻地描绘了预测分析市场。其中一个很有说服力的例子是这样的：一位数学家设计了一种算法，能根据 20 个变量预测一位女性顾客是否怀孕，且避免直接

问出这个令人尴尬的问题。一位 17 岁女孩的父亲抱怨为什么 Target 会不合时宜地向自己的女儿推送尿布和婴儿玩具等广告，三周后他发现女儿怀孕了，这位女孩对父母小心翼翼地隐瞒了这一状况，于是他向 Target 表示了歉意。

[38] 参见卡尔（D. Carr）刊登于《纽约时报》的文章《标签的激进主义以及其限制》（Hashtag Activism and Its Limits），2012 年 3 月 25 日。可在 http：//www. nytimes. com/2012/03/26/business/media/hashtagactivism-and-its-limits. html？pagewanted = all 查阅。检索时间为 2012 年 5 月 16 日。

[39] 2012 年的科尼事件就是这种情况，当时人们通过 Invisible Children 制作的敦促起诉和监禁乌干达战犯约瑟夫·科尼（Joseph Kony）的视频，在 Twitter、YouTube、Facebook、Flickr 以及 Vimeo 上疯狂传播，几乎被世界各地的新闻机构采用。 191

[40] 作为 Twitter 不断增长的基于预测分析市场的一部分，像 Topsy Labs 这样的公司会利用数百万人的 Twitter 数据流来帮助预测未来——从疾病、金融市场的波动到选举和抗议活动。通过监测推文流，营销人员可以在预测工程趋势、热门话题和大众倾向方面获得实实在在的效果。参见英格拉姆（M. Ingram）的《看 Twitter 趋势有助于预测未来吗?》（Can Watching Twitter Trends Help Predict the Future?）。可在 http：//gigaom. com/2011/10/19/can-watching-twitter-trends-help-predict-the-future/查阅。检索时间为 2012 年 5 月 16 日。

第五章

[1] 请参阅博主卢西安·马林（Lucian Marin）在 2012 年 1 月 7 日发表的文章，可在 http：//lucianmarin. com/archive/a-dash-in-space-time-continuum 查阅。检索时间为 2012 年 5 月 15 日。

[2] 2012 年 5 月，Flickr 在 Alexa 全球网站排名中位列第 48 名，相关信息可在 http：//www. alexa. com/siteinfo/flickr. com 查阅。该网站的月度活跃用户人数从 2009 年起开始下降，2011 年则下降了 18%。相关数据和数字信息可在 http：//siteanalytics. compete. com/flickr. com/查阅。检索时间为 2012 年 5 月 15 日。

[3] 用 Yahoo！账号注册 Flickr 于 2005 年还只是可选项，而在 2007 年成为必选项，这让其“老派”用户感到非常懊恼。详见 J. 忒斯特（J. Twist）的《Flickr 粉丝让 Yahoo 恐惧得到缓解》（Flickr Fans Have Yahoo Fear Based），英国广播电视新闻网（BBCNews），2005 年 9 月 2 日。可在 http：//news. bbc. co. uk/2/hi/technology/4201438. stm 查阅。另请参阅《Flickr 要求使用 Yahoo！用户名》（Flickr to Require Yahoo！User Names），英国广

播电视新闻网（BBCNews），2007 年 2 月 1 日。可在 http：//news. bbc. co. uk/2/hi/technology/6316761. stm 查阅。检索时间为 2012 年 5 月 18 日。

[4] 2009 年，Flickr 增设了上传和观看高清视频的功能。

[5] 参见 Flickr 主页，可在 http：//www. flickr. com/about/查阅。检索时间为 2012 年 5 月 17 日。

[6] V. G. 科皮托夫（V. G. Kopytoff）的《Flickr 建立在线相册以供分享》（Flickr Builds an Online Photo Album for Sharing），《纽约时报》技术版，2011 年 9 月 28 日。可在 http：//bits. blogs. nytimes. com/2011/09/28/flickr-builds-an-online-photo-album-for-sharing/查阅。检索时间为 2012 年 5 月 15 日。

[7] 参见 Flickr Galleries 主页，网络链接为 http：//www. flickr. com/help/galleries/。网址于 2012 年 5 月 17 日最后一次查看有效。

[8] Flickr 的群组可以是公开的（对所有人开放）、半公开的（仅限邀请可进入）或完全私人的，且每个群组都是与群成员交流的讨论平台（相关介绍请参阅 Flickr 主页，链接是 http：//www. flickr. com/groups/。网址于 2012 年 5 月 15 日最后一次查看有效）。群组发起者自动成为群组成员照片池的“主持人”和论坛的管理者。用户可以将照片从用户的照片流转移到群组照片池中。Flickr 较偏向于高度参与用户，即经常链接到其他用户并会对进入照片池的链接进行回应的用户（Mislove et al.，2008）。正如内戈埃斯库和加蒂卡-佩雷斯（Negoescu & Gatica-Perez，2008）在他们的群组统计分析中发现的那样，近 60% 的 Flickr 用户在一个群组中共享至少一张照片。但目前还不清楚群组如何发挥其网站组织功能。此外，至少有一半 Flickr 专业用户至少加入了一个群组。

[9] 在 20 世纪末 21 世纪初，数码相机开始越来越多地被用作交际设备，即进行同伴联系和社交互动的工具，而个人照片现在更多地在私人圈子以外进行传播（van Dijck，2007a；Pauwels，2008）。

192 [10] Flickr 的用户年龄相对偏大，大多数用户年龄介于 35 岁至 44 岁之间，不过他们具有相当高的受教育水平，且收入水平高于平均值。有关 2008 年至 2011 年 Flickr 用户统计数据请参阅 Ignite 社交媒体报告，可在 http：//www. ignitesocialmedia. com/socialmedia-stats/2011-social-network-analysis-report/查阅。检索时间为 2012 年 5 月 18 日。

[11] 黄和徐（Huang & Hsu，2006）通过连接照片中的人物、标记的事件、时间戳、位置和上传的所有权再现了个人社交网络。个人社交网络是指行为者之间通过各种社会纽带建立的社会结构，可以是任何形式的关系（如亲属关系、社交关系、专业关系、情

感关系)、物质交换、共同行为等等。例如,某人在某地上传了一些照片,距离另两个人很近,或标记了同一地点,或与许多其他用户共享浏览行为模式,都会暴露许多关于他的社会亲属关系信息。

[12] 自从像Flickr这样的照片共享网站出现以来,电子平台在默认情况下会鼓励用户与陌生人交换个人照片。普里尔等人(Prieur et al.,2008)把这种转变追捧为从“柯达文化”(即一小群朋友和家人口头分享与照片相关的故事)到“Snaprs文化”(即使用照片来讲述故事给匿名听众)的转变。

[13] 正如莫滕森(Mortensen,2011)所解释的那样,实际上是主流媒体而并非社交媒体将这位年轻女性变成一个象征,以试图向西方观众展示中东的复杂政治局势。

[14] Flickr中心是一个用户交流论坛,可在http://www.flickr.com/search/groups/?w=34427469792%40N01&q查阅。检索时间为2012年5月17日。

[15] 例如,澳大利亚裔英国博主欧弗尔(James Offer)评论道:“我认为那就是Flickr问题的关键所在:网站做得太大,以至没有真正激发和展示网站的亮点。群组中到处都是照片,其数量之多已经到了几乎没法查阅的地步。很可惜,如果一个陌生人评论了你的照片,那么最后你很可能会看到满页都是GIF动图的无聊表情包。”可在http://www.codehesive.com/index.php/archive/the-slowdecline-of-flickr/查阅。检索时间为2012年5月31日。

[16] 博主托马斯·霍克(Thomas Hawk)是Flickr最忠实以及最具批判性的用户之一,可参考他的博客Thomas Hwak's Digital Connection。可在http://tomashawk.com/2008/02/why-microsoft-owning-flickr-is-no-worse.html。检索时间为2012年5月12日。

[17] 在一份调查严谨的新闻调查报告中,马特·霍南(Mat Honan)表扬了某位Flickr前开发团队成员,详情请见马特·霍南于2012年5月15日在美国知名科技博客Gizmodo上发布的博文《论Yahoo!是如何扼杀Flickr并失去网络地位的》(How Yahoo! Killed Flickr and Lost the Internet)。可在http://gizmodo.com/5910223/how-yahoo-killed-flickr-and-lost-the-internets查阅。检索时间为2012年5月18日。

[18] 那些把精力花费在管理和培育Flickr群组的人会不经意间透露有关喜好、相关联的人及目的等方面的信息。即使每个Flickr用户的个人简介仅自己可见,但是由于Flickr不允许其用户隐藏群组会员信息,因此与该用户的群组关联的信息还是能为大众所见(Zheleva & Getoor,2009)。

[19] 从这些数据分析中得到的信息也可能会反过来用于开发个人自动推荐系统,可

以点击“探索”按钮获取（Jin et al.，2010）。

193 ［20］例如，肯尼迪（Kennedy）等研究者声称，他们的主要目标在于分析、提取以及解读用户随机生成的数据，从而“加强……我们对于世界的认知”。同样，有信息科学家认为，对于地理位置或者文化遗产的新认识是从成千上万张 Flickr 用户拍摄的画面中提取出来的，以形成我们对世界名胜以及文化财富的“常识”（Snavely，Seitz & Szeliski，2008）。

［21］微软工程师布莱斯·阿卡斯（Blaise Aguera y Arcas）在一个流传甚广的网络直播 TED 演讲上称赞照片合成器这款软件的功能可以“从我们的社会环境中”获取数据，并由此自动创造出比原来的数据汇总更高级的东西。阿卡斯为 TED 展示了照片合成器软件的使用方法，该视频可以在 TED 官网上看到，参见 www. ted. com/talks/blaise_ aguera _ y_ arcas_ demos_ photosynth. html。检索时间为 2012 年 5 月 19 日。该软件包利用了可视化数据，由巨大数据库中的各种元数据（比如添加的标签、与自动生成时间有关的标识、地址标识与来源信息的评论等）构成。

［22］个人图片会导致集体经验或共同观点的猜想引发了一些关注。不过可以肯定的是，照片合成器并非各种观点之间磨合后的结果，而是将个人观点人为操纵统一化的结果。照片合成器就如图片编辑软件 Photoshop 一般，可以对重现公共事件的图片进行修改，这可能会反过来影响我们感知或观看世界的方式（Sacchi，Agnoli & Loftus，2007）。此外，不同个体来源的图像集合总是会通过界面展示，界面会有策略地选择和组合图像，即通过（包含语义、几何或透视原理的）算法对它们进行匹配。威廉·乌里基奥（William Uricchio，2011）解释了像照片合成器这样的应用程序对由算法定义的观察主体与被观察世界之间关系的依赖，他称之为“算法转向”的视觉制度。

［23］Photobucket 是一家照片共享服务公司，创立于 2003 年，在 2007 年被福克斯收购。照片在线存储及冲印服务 Snapfish 于 2000 年面世，目前为美国惠普公司（Hewlett-Packard）所拥有。Picasa 是一个用于管理、编辑和分享照片的工具软件，于 2002 年正式上线，谷歌于 2004 年将其并购。

［24］例如，雪莉·特克（Sherry Turkle）在《连线》杂志上发布的一则关于 Yahoo！并购的评论如是说道，“我们中许多人找不到一个舒适的公共聚集地”。她还说：“Flickr 转变为 Yahoo！上的一项‘服务’，对于那些在 Flickr 上找到聚集地的人来说是一项损失；他们损失的是某种于他们而言很重要的东西。”可参见《Flickr 粉丝对 Yahoo 的行动：雅虎滚蛋！》（Flickr Fans to Yahoo：Flick Off！），《连线》，2005 年 8 月 29 日。可在 http：//

www. wired. com/techbiz/media/news/2005/08/68654 查阅。检索时间为 2012 年 5 月 16 日。

[25] Flickr 的资深用户托马斯·霍克的博客文章可以作为一个例证:“对于‘呃……谁想要从照片库获得额外曝光和钱?我只希望 Flickr 回到曾经社区平台的模样,我不希望 Flickr 成为主流’这种想法,我想说这都是过去时了。很久以前,Flickr 就已经失去了摄影师社区这一头衔了。当 Flickr 将 Yahoo! 上的照片收录进来时,Flickr 就已经是个主流平台了。就算当初投入微软旗下,一切也不会有所不同。”可在 http://thomashawk. com/2008/02/why-microsoft-owning-flickr-is-no-worse. html 查阅。检索时间为 2012 年 5 月 17 日。

[26] 详情请见加拉格尔(D. F. Gallagher)的《Flickr 用户认为自己是潜在的微软之 194
王》(Flickr Users Consider Their Potential Microsoft Overlords),《纽约时报》网络版,2008 年 2 月 1 日。可在 http://bits. blogs. nytimes. com/2008/02/01/flickr-users-consider-their-potential-microsoft-overlords/查阅。检索时间为 2012 年 5 月 16 日。

[27] ComScore 数据显示,2010 年 12 月 Flickr 的美国独立访客数跌至 2 130 万,相比前一年下降 16%。在同一时间段内,Facebook 照片功能的使用增长了 92%,用户数达到了 1.239 亿用户。详情请见 V. G. 科皮托夫于 2011 年 1 月 30 日在《纽约时报》上刊发的文章《在 Flickr 上抵挡谣言和 Facebook》(At Flickr, Fending Off Rumors and Facebook),可在 http://www. nytimes. com/2011/01/31/technology/31flickr. html 查阅。检索时间为 2012 年 9 月 1 日。

[28] 详情请见 N. 卡尔森(N. Carlson)的《血刃 Flickr 的是 Yahoo,而非 Facebook》(Yahoo, Not Facebook, Is Bleeding Flickr to Death),商业内幕网(Business Insider),2011 年 4 月 10 日。可在 http://www. businessinsider. com/yahoo-not-facebook-is-bleeding-flickr-to-death-2011-1 查阅。检索时间为 2012 年 5 月 12 日。

[29] 例如,参见 D. 拉什(D. Rushe)的《Instagram 是第二个 YouTube 还是第二个 Flickr?》(Is Instagram the Next YouTube or the Flickr?),《卫报》,2012 年 4 月 10 日。可在 http://www. guardian. co. uk/technology/2012/apr/10/instagram-next-YouTube-flickr 查阅。检索时间为 2012 年 5 月 18 日。

[30] Flickr 共享项目的有关信息,可在 http://www. flickr. com/commons? GXHC_gx_session_id_=6afecb2055a3c52c 查阅。检索时间为 2012 年 3 月 12 日。项目参与机构包括乔治·伊士曼故居、美国国会图书馆、布鲁克林博物馆、荷兰国家档案馆、美国国家档案文件管理局、新南威尔士州立图书馆和史密森学会。像档案馆、图书馆、博物馆这样

的“遗产保护机构”日益欢迎个人照片收藏作为其组成部分来重构社区历史体验内容。

[31] 2 500 名 Flickr 用户在项目启动的前两年独立添加了超过 6.7 万个标签，美国国会图书馆核实了 500 张照片的信息，并将这些信息移入了永久记录之中。两组历史照片在 Flickr 共享上公开，通过为图书馆的视觉藏品添加标签与评论来增强“对过去的认识”（Springer et al.，2008）。

[32] 来自欧美的支持者都高兴地宣称，该项目让文化遗产在“点击鼠标时”就浮现在眼前，意思是信息就“在那里”等待人们获取，还有就是像 Flickr 共享这样的项目神奇地将所有上传数据都变成与过去相关的知识。比如，参见《欧盟委员会正不断努力通过欧洲数字图书馆将欧洲记忆上传至网络》（European Commission Steps Up Efforts to Put Europe's Memory on the Web via a European Digital Library），可在 http://europa.eu/rapid/pressReleasesAction.do?reference=IP/06/253 查阅。还有《点击鼠标查看欧洲文化遗产》（Europe's Cultural Heritage at the Click of a Mouse），可在 http://ec.europa.eu/information_society/activities/digital_libraries/index_en.htm 查阅。检索时间为 2012 年 5 月 19 日。显然，这些言论忽略了现实情况，即个人上传的内容只有通过人类贡献者之间的连接以及非人类主体如网络技术与协议（选择机制）才能获得意义与影响——它们反过来也已经体现在机构对文化遗产的定义方法中（Manzuch，2009）。

[33] 例如，职业摄影师吉姆·戈尔茨坦（Jim Goldstein）在他的博客中提到，如果摄影师们已经有代理人的话，他们就几乎不可能从这项交易中获取任何利益。详情请见戈尔茨坦的博客，可在 http://www.jmg-galleries.com/blog/2009/01/22/flickr-collection-on-getty-why-im-not-taking-part/查阅。检索时间为 2012 年 5 月 18 日。

195 [34] Yahoo! 服务协议，可在 http://info.yahoo.com/legal/ie/yahoo/utos.html 查阅。检索时间为 2012 年 5 月 19 日。

[35] Flickr 的应用程序接口服务协议，可在 http://www.flickr.com/services/api/tos/查阅。检索时间为 2012 年 5 月 18 日。

[36] Flickr 服务协议，可在 http://info.yahoo.com/legal/us/yahoo/utos/utos-173.html 查阅。

[37] 2009 年，在一个名叫“社交照片说”（Social Photo Talk）的博客论坛（主要针对摄影师与社交媒体营销活动的平台）上发起了对 Flickr 令人疑惑的政策的讨论。可在 http://www.socialphototalk.com/flickr-permanently-deletes-yet-another-user-without-warning/查阅。检索时间为 2012 年 5 月 12 日。

[38] 例如，参见 C. 齐斯曼（C. Cheesman）的《Getty 回击 Flickr 交易的批评者》（Getty Hits Back at Flickr-Deal Critics），《业余摄影家》（*Amateur Photographer*），2012 年 6 月 21 日。可在 http：//www. amateurphotographer. co. uk/photo-news/535644/getty-hits-back-at-flickr-deal-critics 查阅。检索时间为 2012 年 5 月 19 日。

[39] Yahoo! 服务协议，可在 http：//info. yahoo. com/legal/us/yahoo/utos/utos-173. html 查阅。检索时间为 2012 年 5 月 19 日。

[40] 参见 Spellbound Blog 上的文章《Flickr 服务协议、不成文的指导方针与安全级别》（Flickr Terms of Service，Unwritten Guidelines and Safety Levels），作者未知。可在 http：//www. spellboundblog. com/2008/07/06/flickr-terms-of-service-unwritten-guidelines-safety-levels/查阅。检索时间为 2012 年 5 月 18 日。

[41] 参见对 Flickr 联合创始人之一的斯图尔特·巴特菲尔德（Stewart Butterfield）的采访视频，2007 年 1 月 20 日。可在 http：//edition. cnn. com/2007/TECH/01/17/global. office. flickr/index. html 查阅。检索时间为 2012 年 5 月 18 日。

[42] 参见托马斯·霍克在 2009 年 3 月 30 日发布的博文，可在 http：//thomashawk. com/2009/03/should-yahooflickr-be-advertising-paid-promemberships-as-ad-free-browsing-and-sharing-when-they-in-fact-plan-on-advertsing-at-them. html 查阅。检索时间为 2012 年 5 月 18 日。

[43] 虽说如此，Flickr 用户还是对网站的收益颇感兴趣：用户们定期在 Flickr 互助论坛和 Flickr 中心论坛谈论这个话题。可在 http：//www. flickr. com/groups/central/discuss/72157608259101283/查阅。检索时间为 2012 年 5 月 18 日。

[44] 从这些方面看，照片共享网站是介于"可用信息研究范式进行研究的信息系统与可通过媒体研究或文化研究的方法进行研究的大众媒体"之间的混合工具（Cox，Clough & Marlowe，2008，n. p. ）。

[45] 维基共享与商业平台的不同之处不仅在于非营利性，还在于通过维基上传的图片必须可以在任何一个平台中使用，因此排除了个人照片与艺术作品图片。

[46] 参见 A. 艾勒（A. Eiler）的《Instagram 上的图片为何与 Flickr 上的有所不同》（How Photographs on Instagram Differ from Flickr），读写网，2012 年 4 月 27 日。可在 http：//www. readwriteweb. com/archives/how_ photographs_ on_ instagram_ differ_ from_ flickr. php 查阅。检索时间为 2012 年 5 月 19 日。

[47] 参见托马斯·霍克于 2012 年 5 月 15 日在其博客上发布的内容，他说道："我

比以往任何时期都更寄希望于 Flickr。Flickr 在该行业中依然拥有最佳的图像搜索服务、最佳的相片管理工具，以及出色的领导力。”可在 http：//thomashawk. com/2012/05/my-thoughts-on-mat-honans-gizmodo-article-on-how-yahoo-killed-flickr-and-lost-the-internet. html 查阅。检索时间为 2012 年 5 月 19 日。

196

第六章

[1] YouTube 的 Alexa 网站流量全球综合排名（世界第三，仅次于 Google 与 Facebook）是 2012 年 5 月的评估结果。更多详情与数据请见 YouTube 自己的网页，可在 http：//www. youtube. com/t/press_ statistics 查阅。检索时间为 2012 年 5 月 20 日。

[2] 早在 YouTube 出现之前的十年，互联网的交互性就被拿来进行宣传，以贬低单向传输系统。基于连续媒体群的简单替代理论，早期的技术大咖一直在预言“后广电时代”的出现——由于互联网的普及而导致广电的衰落和最终的消亡（Gilder，1994；Miller & Allen，1995）。然而，尽管有如此不利的预测，电视却从未面临过严重的生存威胁。相反，YouTube 将电视带入了另一个争议性发展阶段，这对于长期经历“一系列”定义危机的媒体来说并不是什么新鲜事（Uricchio，2009：31）。

[3] 丽萨·帕克斯（Lisa Parks）引入了“灵活微型化”这一术语，代指“旨在隔离观众/消费者的个人文化品位的一系列工业和技术实践，以完善电视中的直接营销，即向广告商提供特定受众的过程”（Parks，2004：135）。窄播和微型广告是针对特定的视听内容而向特定的目标受众进行推广的，这是它们与家庭广播电视相同的特征。

[4] 术语“家庭广播电视”与“网络广播电视”类似，指的是在单个用户家中的一种电视与电脑的技术融合（Ledoux Book & Barnett 2006；Ha，Dick & Ryu，2003），不过“家庭”一词相较于“网络”一词会更具有亲密、社交的内涵。

[5] Google 也用三年时间打造了其视频平台 Google Video，但并未受到欢迎；但 GoogleVideo 所缺少的功能却在 YouTube 上得到了满足。到了 2009 年，GoogleVideo 不再提供服务。

[6] YouTube 的编码架构有利于群组的形成，比如通过作者应用的标签和评论（Paolillo，2008）。此外，分析元数据将视频内容与用户、用户与用户联系起来，从而使社交自动形成（Jakobsson，2010）。由于 YouTube 在社交网站市场上从未给竞争对手造成压力，Google 最终推出了自己的社交网站 Google +，直接与 Facebook 抗衡。Google + 于 2011 年 6 月推出，并通过 YouTube 而得以大力推广。可在 http：//www. youtube. com/watch? v = xwnJ5Bl4kLI 查阅。检索时间为 2012 年 6 月 8 日。

[7] 例如，程、戴尔和刘（Cheng，Dale& Liu，2008）三人对 100 万 YouTube 用户的数据进行了系统且深入的测评。他们发现，58% 用户“没有好友”，但视频的相互关联却多于用户关联。西尔斯多费尔（Siersdorfer，2010）等人在后续的一项调查中发现了用户对视频内容发出动作（等级评定、评论）的元数据是如何被用于预测用户行为并提高评级表现的。

[8] 术语“产用”（Produsage）是由布伦斯（Axel Bruns，2008）首次使用的，指一个也会进行视频生产（创作与上传）的用户群。

[9] 相关数据请见 YouTube 主页，可在 http：//www. youtube. com/t/press_ statistics 查阅。检索时间为 2012 年 5 月 21 日。

[10] 正如丁等人（Ding et al.，2011：363）总结的那样：“我们发现在上传内容的
用户中男性超过了女性的三倍。与之类似，男性上传者贡献的视频数与吸引的浏览量也 197
是女性上传者的三倍多。我们还观察到，20 岁至 30 岁的上传者最为活跃，贡献了 YouTube 上大概 40% 的视频量。”

[11] 我们可以在 YouTube 的合作伙伴主页上读到这样一句话：“YouTube 合作项目为视频创作人提供了提升技巧、扩大观众群以及赚钱的资源与机会。”可在 http：//www. youtube. com/yt/creators/partner. html 查阅。检索时间为 2012 年 5 月 22 日。

[12] 约翰·西布鲁克（John Seabrook）于 2012 年 1 月 19 日发表在《纽约时报》上关于 YouTube 更改策略的文章《流动的梦：YouTube 的职业转型》（Streaming Dreams：YouTube Turns Pro）中引用了本·雷利斯（Ben Relles）的一句话。雷利斯是 YouTube 未来实验室的一名员工，他曾说过成为 YouTube 最火视频并非偶然：“即使人们倾向于认为走红的视频是偶然拍摄的，实际上 2010 年度浏览量最多的前十个视频中有六个是像电视节目一样带稿录制的，差别在于 YouTube 的特点是注重真实感而非创作价值。不过你电脑桌面上看起来非常不错的内容可能在你家客厅电视上就不是那么回事了。”可在 http：//www. newyorker. com/reporting/2012/01/16/120116fa_ fact_ seabrook 查阅。检索时间为 2012 年 6 月 10 日。

[13]《纽约时报》在 2012 年 6 月 28 日的一篇详尽报道中描述了那些有志向的 YouTube 表演者们如何通过参加比赛如 Next Up 来将爱好转变为生活一部分的。参见 R. 沃克（R. Walker）的《业余爱好者才是 YouTube 上的新专家》（On YouTube，Amateur Is the New Pro），《纽约时报》，2012 年 6 月 28 日。

[14] 这种媒介化依赖的双重约束属于私人生活公共媒介化的大趋势的一部分——约

翰·汤普森（John Thompson，1995：215）在 YouTube 诞生的十年前就提醒我们注意该趋势。社交媒体进一步加强了私人世界与大众媒体混合的趋势，将视听曝光转变为日常生活中不可或缺的一部分。让我们篡改一个陈词滥调：如果广播电视打开了观看世界的一扇窗户，那么家庭视频分享则为全世界提供了观看自家客厅的镜头。

[15] 抗议视频可在 http：//www. youtube. com/watch？ v = sptj09iyuAM&feature = related 查阅，检索时间为 2012 年 6 月 7 日。在网上还能看到许多混剪歌曲、恶搞视频、抗议歌曲和个人吐槽视频等。

[16] 例如，参见文章《如何换回 YouTube 的老版界面》（How to Change Back the Old YouTube Layout），可在 http：//www. youtube. com/watch？ v = LJ1TFddbJU& feature = related 查阅。还可以参见另外两篇文章，第一篇是《我想让我的老版频道回来!》（I Want My Old Channel Back!），可在 http：//www. youtube. com/watch？ v = KbvWlsa_ui8&feature = related 查阅；另一篇为《找回你的老版频道设计!》（Get Your Old Channel's Design Back!），可在 http：//www. youtube. com/watch？ v = tr6btWZh80U&feature = related 查阅。检索时间均为 2012 年 1 月 7 日。

[17] 模式是格式化电视节目（如游戏节目）的版权描述，在 20 世纪 80 年代后期进入了电视市场（Keane & Moran，2008）。

[18] 程、戴尔和刘（Cheng，Dale & Liu，2008）对 7 700 万 YouTube 上发布的视频数据做出的系统且深入的测评研究表明，有近 98% 的视频时长短于 10 分钟，所有视频平均时长在三分钟到四分钟。

[19] 丁等研究人员总结说道："或许，书面报告上最令人惊讶的结果是 YouTube 上
198 很多视频内容都并非由用户生产。我们发现，最受欢迎的上传者中 63% 上传的是用户复制内容，而用户复制内容的上传者会平均比用户生产内容上传者上传更多的视频。"（Ding et al.，2011：366）。

[20] 2005 年至 2008 年间，有一个问题被多次提出，即 Google 对媒体娱乐产业来说到底是对手还是潜在盟友。相关的例子可见罗拉·M. 霍尔森（Laura M. Holson）的《好莱坞发问：Google 是敌是友?》（Hollywood Asks：Is Google a Friend or Foe），《纽约时报》，2007 年 1 月 14 日。可在 http：//www. nytimes. com/2007/01/15/technology/15YouTube. html 查阅。检索时间为 2012 年 6 月 10 日。

[21] 麦克唐纳（McDonald，2009：395）列出了 2006 年至 2009 年期间 YouTube 与主要版权所有者之间的至少 12 项内容交易，包括美国广播公司电视网、美国全国广播公

司、迪士尼和米高梅电影制片公司，只留下了一些未解决的诉讼案件。维亚康姆与YouTube的案件仍在审理中。维亚康姆起诉YouTube，要求对方赔偿10亿美元，并且声称YouTube在其网站上非法发布了160 000个受版权保护的视频。然而，有记录显示维亚康姆在YouTube上上传其受版权保护的剪辑视频是为宣传其电视节目，却归罪于YouTube。此外，维亚康姆拥有的网站Spike. com经常未经许可放置商业广告，从而从独立内容制作商那里获利。

［22］与美国人每天花在看电视上的5小时相比，人们花在观看在线视频的时间仅有15分钟。短视频的平均时长为3分钟至6分钟，且每位典型用户基本每天平均只看6个视频。这样的视频很难长时间吸引观众的眼球，而视频时长短为观众转移注意力提供了机会。参见兰德尔·斯特罗斯（Randall Stross）的《YouTube想让你坐着待一会儿》（YouTube Wants You to Sit and Stay Awhile），《纽约时报》商业版，2010年5月28日。可在http：//www. nytimes. com/2010/05/30/business/30digi. html？partner = rss&emc = rss查阅。检索时间为2012年6月12日。

［23］次世代新网络公司的自我宣传是互联网原创娱乐节目的领先提供商，“通过对下一代节目创作者提供支持、帮助其建立观众群、提升能力并拓宽收入途径从而重新定义娱乐”。可在http：//www. nextnewnetworks. com/查阅。检索时间为2012年5月31日。即刻行动（Nowmov）是旧金山的一家初创公司，推出了一项结合Twitter和YouTube功能的服务，以延长观众注意力的持续时间。该网站通过Twitter信息流来推定哪些YouTube视频在推文中出现的频率最高，在访问者登录即刻行动的网站后，立即开始播放这些播放次数最多的视频。

［24］Netflix于1998年推出了传统的按次付费系统的在线版本，并于2000年更换为固定费用租赁服务。Netflix早期专注于电影租赁，但在2008年之后开始涵盖电视内容。Hulu最初是提供订阅服务的网站，提供有广告支持的流媒体电视节目、电影、网络节目以及其他新媒体形式的预告片、剪辑视频与幕后花絮视频。Hulu由美国在线、MSN、Facebook和Yahoo！授权合资创建，迪士尼后来收购了该企业27%的股份。

［25］2011年3月，Netflix发布计划，开始为其备受欢迎的“即视”（Watch Instantly）订阅服务购买首批原创内容，而这种商业模式尚未得以实施。

［26］关于服务协议，可在http：//www. youtube. com/static？gl = US&template = terms查阅。检索时间为2012年6月10日。根据第6C条款中的服务协议，“需要澄清的是，您可以保留所有内容的所有权。但是向YouTube提交内容，会直接授予YouTube全球性

199 非独家、免版税、可转授、可转让的许可，可以使用、复制、分配、准备衍生作品，展示和执行与服务相关或与 YouTube（及其继任者和附属公司）相关的业务，包括但不限于以任何媒体格式和媒体渠道推广以及重新分配部分或全部服务（及其衍生作品）”。

［27］用户仍然可以利用创作共享许可协议将视频发布到 YouTube 上；但按此规定用户除了自己创建的素材，只能重复使用创作共享许可协议内其他视频中的材料。有关这些条件的准确说明，参见 YouTube 创作共享许可协议。可在 http：//www. youtube. com/t/creative_ commons？ hl = en 查阅。检索时间为 2012 年 6 月 12 日。

［28］例如，请查看 YouTube 上的“Google 隐私规则更新版”。可在 http：//www. youtube. com/watch？ v = KGghlPmebCY&feature = relat 查阅。检索时间为 2012 年 5 月 22 日。

［29］参见视频《Google 的邪恶计划》（Google Has an Evil Plan），2012 年 1 月 28 日。可在 http：//www. youtube. com/watch?v = aq219NGjjWM&fe ature = related 查阅，检索时间为 2012 年 5 月 22 日。你也可以观看 2012 年 1 月 31 日发布的一个搞笑视频片段《Google 的隐私规定变更把我搞疯了》（Google's Available Policy Chance Is Freaking Me Out）。可在 http：//www. youtube. com/watch?v = 7jHxfJW7Zww&feature = related 查阅。检索时间为 2012 年 5 月 22 日。

［30］例如，参见 N. 科恩（N. Cohen）的《教授认为 Google 是发行商》（Professor Makes the Case That Google Is a Publisher），《纽约时报》，2012 年 5 月 20 日。文章中提出了这样的疑问：“Google 搜索引擎是否是像电话公司一样的中介——只是将人们与他们寻求的信息联系起来？或者，Google 搜索是像报纸一样只登载它认为合适以及受宪法第一修正案保护的发行商吗?”可在 http：//www. nytimes. com/2012/05/21/business/media/eugene-volokh-ucla-professor-makes-a-case-for-google-as-publisher. html？ pagewanted = all 查阅。检索时间为 2012 年 5 月 23 日。

［31］此广告主要宣传了创建并与其自身交流环境相连接的人们。例如，有一则广告讲的是一位年轻的父亲修补他女儿（“亲爱的索菲”）的照片，然后将照片从 Picasa 粘贴到 YouTube 上的家庭视频中，并用 Gmail 编辑发送，将之作为记录女儿早年生活的一种手段。参见克莱尔·米勒（Claire Miller）的文章《谷歌走向电视之路是为推广其浏览器》（Google takes to TV to Promote Browers），《纽约时报》科技版，2011 年 5 月 3 日。可在 http：//www. nytimes. com/2011/05/04/technology/04chro me. html 查阅。检索时间为 2011 年 5 月 4 日。

［32］丁等研究者如是总结道："YouTube 通过与之平分广告收入来激励非常受欢迎的上传者们。在某种程度上，上传内容的观看次数会影响上传的积极性。"（Ding et al.，2011：363）

［33］比如，参见 L. 尤拉诺夫（L. Ulanov）于 2009 年 10 月 7 日在 PC Magazine. com 上发布的一篇很精彩的文章《YouTube 合作项目：是机遇还是迫害?》（YouTube Partnership Program：Opporunity or Witch-Hunt）。可在 http：//www. pcmag. com/article2/0,2817,2353844,00. asp 查阅。检索时间为 2012 年 5 月 21 日。尤拉诺夫是 2009 年大火的"雕刻南瓜"视频的制作人，他冒着全部视频被删掉的风险，在文中详细描述了 YouTube 合作伙伴计划是如何逼迫其修改傻气十足的 YouTube 视频片段以满足谷歌广告联盟（Google AdSense）要求的。

［34］参见 YouTube 用户德里克（Derek）于 2007 年 5 月 8 日发布的视频片段，可在 http：//www. youtube. com/watch?v = NA6SMPXdAYU 查阅。检索时间为 2012 年 5 月 21 日。

［35］参见谷歌官方博客，可在 http：//googleblog. blogspot. com/2011/12/get-more-into-what-you-love-on-youtube. html 查阅。检索时间为 2011 年 12 日 8 日。

［36］比如，谷永（Gooyong，2009）就是一个明显的例外，他认为 YouTube 的未来 200
掌握在其用户手中；他们有权用网络民主潜力与网络商业管制进行交易。新的批判型媒介素养教育应该能让学生成为有批判能力的、积极的平台用户。

第七章

［1］参见维基百科的五个核心原则，可在维基百科主页 http：//en. wikipedia. org/wiki/Wikipedia：Five_ pillars 查阅。

［2］2012 年 5 月，维基百科在 Alexa 全球网站排名中位列第 6 名，参见 http：//www. alexa. com/topsites。有关维基百科最新更新的相关情况及数据参见"维基百科相关"页面，可在 http：//en. wikipedia. org/wiki/Wikipedia：About 查阅。检索时间为 2012 年 5 月 27 日。

［3］一位维基媒体基金会成员、德国维基百科监管员提议将维基百科纳入世界遗产名录或非物质文化遗产名录。其实这两项提议都不太适用于维基，原因有二：其一，该项目还欠缺加入名录所必要的成熟度；其二，世界遗产名录目前仅收录历史古迹和自然遗址（如阿姆斯特丹运河区或大堡礁），而非物质文化遗产名录仅收录那些几近消逝的传统和习俗（如弗拉明戈舞）。具体内容请参见欧布莱恩（K. O'Brien）《有价值的在线资源

竟是全球文化宝藏》（Worthy Online Resource，But Global Cultural Treasure），《纽约时报》，2011 年 5 月 22 日。可在 http：//www. nytimes. com/2011/05/23/technology/23wiki pedia. html? pagewanted =2 查阅。检索时间为 2012 年 5 月 28 日。

［4］“众包”一词是由记者杰夫·豪（Jeff Howe）于 2006 年在《连线》杂志中《众包的崛起》（The Rise of Crowdsourcing）一文中提出的，可在 http：//www. wired. com/wired/archive/14. 06/crowds. html 查阅。“协作知识”一词最早由马歇尔·波（Marshall Poe）在 2006 年 9 月的《大西洋》（*The Atlantic*）杂志上刊登的文章《蜂群》（The Hive）中提出，可在 http：//www. theatlantic. com/magazine/archive/2006/09/the-hive/5118/查阅。检索时间为 2012 年 5 月 28 日。

［5］记者尼古拉斯·贝克（Nicolas Baker）用典型的赞美性语言总结了维基百科的魅力：“维基百科的繁荣，一部分是因为这里是利他主义的圣地——一个供囊中羞涩但却学识渊博的人存放资料的地方。”参见《维基百科的魅力》（The Charms of Wikipedia），《纽约书评》（*New York Review of Books*），2008 年 3 月 20 日。可在 http：//www. nybooks. com/articles/archives/2008/mar/20/the-charms-of-wikipedia/?pagination = false 查阅。检索时间为 2012 年 5 月 28 日。

［6］吉米·威尔士（Jimmy Wales）所写的内容于 2006 年被博主亚伦·斯沃茨（Aaron Swartz）引用，他通过数学运算冲淡了“维基百科是由大众撰写”的神话：“我希望找到类似遵循常见的 80－20 规则的东西，即 80% 的工作由 20% 的用户承担。但事实证明，超过 50% 的编辑量仅由 7% 的用户完成……事实上，最活跃的 2% 的用户即 1 400人，编辑了 73. 4% 的内容。”剩余约 25% 的内容，他说，来自“有贡献的人……对事实或次要拼写问题进行小的修改……或类似的东西”。参见斯沃茨在新鲜思想博客（Raw Thought Blog）上发表的博文《谁来编辑维基百科?》（Who Writes Wikipedia?），可在 http：//www. aaronsw. com/weblog/whowriteswikipedia 查阅。检索时间 2012 年 5 月 28 日。

［7］研究者高什和普拉卡什是第一批在开源运动中解构“众识”（many minds）神话的。他们的结论是“免费软件开发不再是几个项目的一小群开发者组成的集市，更像一大群人专心共同开发的集合”（Ghosh & Prakash，2000：1）。

201 ［8］互联网评论家安德鲁·基恩（Andrew Keen）是支持专家主导权的理论家之一；他赞赏桑格的行为，即抛弃维基模式，认同他“业余人士贡献内容质量低劣”的判断，并认为维基的编辑应回归专家模式（Keen，2008：186）。

[9] 记者马歇尔·波在《大西洋》杂上刊登的文章《蜂群》中，精心描述了维基百科原则从早期 Nupedia 试验模式到维基百科成立五年后所确立的模式的发展演变。可在 http：//www. theatlantic. com/magazine/archive/2006/09/the-hive/5118/查阅。检索时间为 2012 年 5 月 28 日。

[10] 桑格最终在 2007 年 3 月宣布推出大众百科（Citizendium）项目，但它从未真正启动。根据维基百科有关大众百科的引文："截至 2011 年 7 月，（大众百科）共有 15 920 篇文章，其中 155 篇已获得编辑许可，约有 45 位贡献者每月至少进行 20 次编辑，截至 2011 年 10 月 27 日，该网站的活跃成员少于 100 个。"有关该项目的更多信息，可在 http：//en. citizendium. org/wiki/Welcome_ to_ Citizendium 查阅。检索时间为 2012 年 5 月 28 日。

[11] 普利策奖获奖记者斯泰茜·希夫（Stacy Schiff）观察到了奇怪的事情，即暴民统治没有导致混乱："维基百科最初是一个不受束缚的民主试验项目，但现在已经萌发了政策和程序。"参见《全知：维基百科可以征服专业知识吗?》（Know It All：Can Wikipedia Conquer Expertise），《纽约客》，2006 年 7 月 31 日。可在 http：//www. newyorker. com/archive/2006/07/31/060731fa_fact 查阅。检索时间为 2012 年 5 月 28 日。

[12] 有关用户组及其访问权限级别的完整概述，参见维基百科页面。可在 http：//en. wikipedia. org/wiki/Wikipedia：User_access_levels 查阅。检索时间为 2012 年 5 月 27 日。

[13] 参见维基百科系统管理员页面，可在 http：//meta. wikipedia. org/wiki/System_administrators 查阅。

[14] 参见维基百科程序机器人政策页面，可在 http：//en. wikipedia. org/wiki/Wikipedia：Bot_policy 查阅。检索时间为 2012 年 5 月 28 日。

[15] 参见维基百科 Bots of Bots 页面，可在 http：//en. wikipedia. org/wiki/Wikipedia：History_of_Wikipedia_bots 查阅。检索时间为 2012 年 5 月 28 日。

[16] 参见维基百科 Editing Freqnency of All Bots 页面，可在 http：//en. wikipedia. org/wiki/Wikipedia：Editing_frequency/All_bots 查阅。

[17] 有人声称维基百科中机器人作业的占比更高。例如，盖革声称"机器人承担了所有编辑工作的 50% 左右，而使用半自动编辑工具的用户则占 30%"（Geiger，2011：79）。

[18] 参见维基百科 Ram-Man User 页面，可在 http：//en. wikipedia. org/wiki/User：Ram-Man 查阅。检索时间为 2012 年 5 月 28 日。

［19］参见维基百科 List of Wikipedians by Number of Edits 页面，可在 http：//en. wikipedia. org/wiki/Wikipedia：List_of_Wikipedians_by_number_of_edits 查阅。

［20］对于维基百科的三个核心原则，请参阅相应的维基百科页面。详情可在 http://en. wikipedia. org/wiki/Wikipedia:Neutral_point_of_view，http：//en. wikipedia. org/wiki/Wikipedia：No_original_research，http：//en. wikipedia. org/wiki/Wikipedia：Verifiability 查阅。检索时间均为 2012 年 5 月 28 日。

［21］例如，信息研究者亚历山大·哈拉韦（Alexander Halavais）发起了故意向维基百科条目提供不正确信息的“五十铃实验”，他在 13 个不同的条目中插入了 13 个错误，并预计大多数错误不会被发现。但令哈拉韦意想不到的是，他的错误都在几个小时内得
202 到纠正。参见哈拉韦于 2004 年在 A Thaumaturgical Compendium 中发表的文章《五十铃实验》（The Isuzu Experiment），可在 http：//alex. halavais. net/the-isuzu-experiment/查阅。检索时间为 2012 年 5 月 28 日。哈拉韦的做法受到了严厉的批评，主要是因为他把研究对象像“垃圾”一样乱扔。这类测试存在一个共同问题：它们将维基百科内容视为“与世隔绝”的静态产品，根据其他百科全书上的内容评估其条目。一个技术问题是，哈拉韦是使用相同的用户名和 IP 地址进行所有更改的，使得机器人和人类维基管理者很容易就能撤销其所编辑的内容。哲学博士 P. D. 马格努斯（Magnus，2008）后来对哈拉韦的研究方法进行了纠正，使用不同的 IP 地址在多个专业领域插入不准确内容。与哈拉韦的实验中发生的情况一样，他发现三分之一的错误在 48 小时内得到了纠正，其他大多数错误则“通过关联纠正”得以解决。哈拉韦和拉卡夫（Halavais & Lackaff，2008）研究了维基百科的可靠性和完整性，但他们评估的是用户的质量，而不是系统的质量（Niederer & van Dijck，2010）。

［22］参见《维基百科通过研究测试》（Wikipedia Survives Research Test），英国广播公司新闻网，2005 年 11 月 15 日。可在 http：//news. bbc. co. uk/2/hi/technology/4530930. stm 查阅。检索时间为 2011 年 7 月 18 日。

［23］2006 年，信息系统研究者切斯尼（Thomas Chesney）对维基百科的准确性进行了实证研究，要求 258 名专家（学者）和非专业人士在他们的专业（或感兴趣的）领域填写关于维基百科文章的调查问卷。受访者发现有 13% 的维基百科文章存在错误。但切斯尼还发现，专家们眼中的维基百科文章可信度比非专家认为的要高。而相对其他网站而言，受访者认为维基百科还是网络上可靠的信息来源。2011 年，杨百翰大学的一项研究证明了维基百科在政治学领域的可靠性。可在 http：//www. sciencedaily. com/releases/

2011/04/110414131855. htm 查阅。检索时间为 2012 年 5 月 28 日。

[24] 维基扫描仪是加州理工学院学生维吉尔·格里菲斯（Virgil Griffith）在 2007 年创建的一个工具，旨在揭露偏见。像维基扫描仪这样的工具可以通过显示姓名和位置来协助追踪匿名用户，帮助研究人员和记者对带偏见的内容进行定位和揭露。格里菲斯在其网站上收集了最为骇人的内容。他还提到创建维基扫描仪的目的之一是做一个“公共关系灾难的‘爆竹展’，每人都带来自己的‘爆竹’，享受其中”。2008 年夏天，格里菲斯又推出了“维基观察者（WikiWatcher)”组件，它是一套专为监控和维护维基百科而设计的工具。该组件的一个功能是可以使匿名用户的 IP 地址与 IP-to-Geo 数据库中的其他用户（名）或公司/机构进行匹配，以对其去匿名化。这种方式将“匿名”这一概念从未注册用户扩展到了具有用户名的注册用户身上。更多详细信息，请参阅格里菲斯的主页。可在 http：//wiki-watcher. virgil. gr/查阅。检索时间为 2012 年 5 月 28 日。

[25] 参见梅塞尔-克鲁斯的《维基百科上的“真实权重”》（The Undue Weight of Truth On),《高等教育纪事评论》(*Chronicle Review of Higher Education*)，2012 年 2 月 12 日。可在 http：//chronicle. com/article/The-Undue-Weight-of-Truth-on/130704/查阅。检索时间为 2012 年 5 月 28 日。

[26] 参见《科尔伯特报告》（The Colbert Report)，2006 年 7 月 31 日。可在 http：//www. colbertnation. com/the-colbert-report-videos/72347/july-31-2006/the-word-wikiality 查阅。检索时间为 2012 年 5 月 28 日。

[27] 在一次采访中（Kamir & Niesyto，2011)，以色列维基百科开发者多尔·卡米尔 203
(Dor Kamir) 解释了在某种情况下“观点中立原则”和“非原创研究原则”是如何相互矛盾的。例如，英语中被称为“约旦河西岸和加沙地带”的地区，在希伯来语中有好几个可选名称，但在维基百科中“中立”地选用或用一个新的名称来表述这一地区都是不可能的，因为这会违反“非原创研究原则”（新选择的名称因为在英文世界中不存在，会被认为是编辑者的原创。——译者注)。

[28] 维基媒体基金会是一个非营利性公益组织，“致力于鼓励免费多语内容的升级、发展与分发，并免费为公众提供维基项目的全部内容”。可在 http：//wikimediafoundation. org/wiki/Home 查阅。检索时间为 2012 年 5 月 28 日。理事会有权指导基金会的活动，也有权修改组织章程。理事会由具正式会员资格的成员中选出的 18 位理事组成，其中包括一个由吉米·威尔士指定的席位。

［29］维基百科的调解委员会（MedCom）是“一个编辑小组，用正式调解的方式来解决有关维基百科文章内容的争议”。该委员会成立于2004年1月，与仲裁委员会一起负责“英语维基百科正式内容纠纷的最终解决”。可在 http：//en. wikipedia. org/wiki/Wikipedia:Mediation_Committee 查阅。检索时间为2012年5月28日。

［30］维基百科调解委员会和调解政策，可在 http：//en. wikipedia. org/wiki/Wikipedia：Mediation_ Committee/Policy 查阅。检索时间为2012年5月28日。

［31］请参阅维基百科仲裁委员会/政策，可在 http：//en. wikipedia. org/wiki/Wikipedia：Arbitration_policy#Admissibility_of_evidence 查阅。检索时间为2012年5月28日。

［32］参见有关 Facebook 社区页面的信息，可在 http：//www. facebook. com/help/page=168393039888715 查阅。检索时间为2012年5月28日。

［33］参见2007年由互联网搜索引擎优化专家拉斯·琼斯（Russ Jones）撰写的“谷歌藏匿”（Google Cache）博客，琼斯将自己称为“谷歌观察者”。可在 http：//www. thegooglecache. com/white-hat-seo/966-of-wikipedia-pages-rank-in-googles-top-10/查阅。另请参阅《维基百科的流量主要来自谷歌》（Wikipedia Traffic，Mostly from Google），软媒体博客（Softmedia），2008年5月15日。可在 http//news. softpedia. com/news/Wikipedia-Traffic-Mostly-from-Google-85703. shtml 查阅。检索时间为2011年12月14日。

［34］请参阅《维基百科中了谷歌彩票——但原因何在?》（Wikipedia Wins the Google Lottery—But Why?），《卫报》科技博客版，2010年2月18日。可在 http：//www. guardian. co. uk/technology/blog/2010/feb/18/wikipedia-google 查阅。检索时间为2011年12月14日。

第八章

［1］Yonoo 是一款在2011年由 Mozilla 公司的 Firefox 浏览器支持的应用程序。类似连接到社交媒体平台的应用程序不胜枚举。

［2］谷歌首席执行官埃里克·施密特于2011年1月在慕尼黑举行的数字生活设计大会上用“增强人性”这个概念进行演讲，勾勒了他对未来十年的期望。他预言计算机会变得足够智能，可以帮助人类完成任何事情，比如翻译演讲、驾驶汽车等等。参见技术博客“媒体节奏”（Mediabeat），2011年1月27日。可在 http：//venture-beat. com/2011/01/27/eric-schmidts-talk-on-age-of-augmented-humanity-at-dld-video/查阅。检索时间为2012年6月12日。

［3］“转移成本”一词源于微观经济学，它指的是客户替换供应商时面临的所有障

碍（Shapiro & Varian，1999）。社交媒体中的转移成本，相比于资金层面而言，在心理、 204
社交和情感层面上的付出更高。打个比方，你如果退出 Facebook，就可能会失去多年积累的庞大关系网络。对于许多持批判态度的用户来说，只要不能把个人数据及关系网带到另一个平台，转移成本可能就是一个巨大的障碍。

［4］参见 Indymedia 的相关内容，可在 http：//www. indymedia. org/nl/index. shtml 查阅。“全球之声”（Global Voices）是一个由公民记者和博主组成的国际网络，关注全球博客圈的时事，可在 http：//www. global-voices. info/查阅。Diaspora 是“一个热衷于让社交网络为每个人服务的大众国际社区”，允许用户掌控自己的数据。可在 http：//diaspo-raproject. org/查阅。检索时间为 2012 年 6 月 12 日。

［5］互联网研究员伊莱·帕里泽（Eli Pariser）认为，个性化和定制信息催生了所谓的过滤泡，即算法归纳“导向一种信息的决定论，我们过去的浏览内容完全定义了我们的未来”（Pariser，2011：135）。由于用户被锁定在信息流中，因此他们倾向于点击平台预先选择的内容并通过朋友的点击行为反复确认。过滤泡给了我们一个充斥着情绪的世界，因为相比于重要却复杂或令人不愉快的内容，强烈的情绪更容易分享，而且内容随后也会被忘记（Pariser，2011：150－151）。

［6］参见 Geek. com 上的收购公告“微软购买 Skype”，2011 年 5 月 10 日。可在 ht-tp：//www. geek. com/articles/geek-pick/microsoft-buys-skype-20110510 /查阅。检索时间为 2012 年 6 月 12 日。

［7］GAFA 就是这四个平台英文首字母缩写。第 1 章中说过，我把注意力集中在社交网络和用户生成内容平台上，因此 Apple 和 Amazon 不在本书讨论范畴。在本章中会发现，如果不把 Apple 包含进来，就不可能体现生态系统中的主要链条之一——Apple 公司越来越多地将软件和应用程序涵盖在其硬件中，并与社交媒体网站建立合作伙伴关系。例如，2012 年 6 月，有传言称 Apple 公司有兴趣购买 Twitter 的股份。就其本身而言，Amazon 与大量的垂直整合服务相关联，但其核心业务是通过在线销售和营销服务开展类似玩具反斗城（Toys“R”Us）和塔吉特百货（Target）的线下业务。

［8］《纽约时报》的两位记者观察到，这一对竞争对手正在改变人们参与网络活动的方式：“Facebook 的举动加剧了社交网络巨头与搜索巨头 Google 之间的争夺战，因为 Facebook 正试图改变人们在网上有目的地寻找内容的方式。网络搜索仍然是大多数人查询内容的方式——无论是新闻、婚礼摄影师信息还是瑞士甜点食谱都可以在搜索引擎中找到。Facebook 正试图改变这种情况：实际上，用户会引导其他朋友到某些内容上。

Google 拥有自己的社交网络产品，但它远远落后于 Facebook。”参见 S. 森古普塔（S. Sengupta）和 B. 西萨罗（B. Sisaro）的《Facebook 是风尚创造者》（Facebook as A Tastemaker），《纽约时报》科技版，2011 年 9 月 22 日。可在 http：//www. nytimes. com/2011/09/23/technology/facebook-makes-a-push-to-be-a-media-hub. html？ pagewanted = all 查阅。检索时间为 2012 年 6 月 12 日。

[9] 参见 S. 森古普塔的《Facebook 未来可能依赖于数据宝库》（Facebook's Prospects May Rest on Trove of Data），《纽约时报》科技版，2012 年 5 月 14 日。可在 http：//www. nytimes. com/2012/05/15/technology/Facebook-needs-to-turn-data-trove-into-investor-gold. html？ pagewanted = all 查阅。检索时间为 2012 年 5 月 30 日。

205 [10] 2012 年 6 月初，Apple 首席执行官蒂姆·库克（Tim Cook）宣布，该公司已与 Facebook 达成协议，将社交网络植入公司的 iPhone、iPod 和 iPad 中，此后运用这些硬件设备，用户无须再单独打开 Facebook 应用程序，就能通过 Facebook 来分享照片。

[11] Facebook 宣布与多家媒体公司签订协议，将在用户的个人资料页面显示其进行的所有娱乐活动，该公司顾问兼前数字主管特德·科恩（Ted Cohen）评论此事时使用了“互操作性的天堂”这一说法。参见 B. 西萨罗的《Facebook 开辟媒体之路》（Facebook to Offer Path to Media），《纽约时报》商业版，2011 年 9 月 18 日。可在 http：//www. nytimes. com/2011/09/19/business/media/Facebook-is-expected-to-unveil-media-sharing-service. html 查阅。检索时间为 2012 年 6 月 12 日。

[12] Google 与 Firefox 达成交易，成为 Firefox 浏览器的默认搜索引擎，这招致了美国参议院反垄断小组的调查。2011 年 9 月，Google 董事长埃里克·施密特在专家组面前力证，互联网的竞争环境在终端上是公平的，Google 和竞争对手只差“单击一下”的距离。“单击一下”一直被作为 Google 的反垄断辩护词：只要用户可以点击其他搜索引擎和浏览器，这家拥有 84% 搜索市场份额的公司就不是垄断企业。

[13] 法学教授吴修铭（Tim Wu，2010）警告说，在相对较短的时间内，一群新的垄断者控制了互联网——Google（控制搜索）、Facebook（控制社交网络）和 Apple（控制内容传送）。根据他的说法，媒体的发展总能看到这种规律，即短暂的、相对较为开放的时期之后，当一两个企业获胜者控制“总开关”将竞争对手关在自己的系统之外时，就会出现停滞期。

[14] 美国缺乏全面的数据隐私法。欧盟为其成员国制定了“数据保护指令”，以规范个人数据的处理以及此类数据的自由流动。1995 年，美国联邦贸易委员会（FTC）确

立了一套非约束性管理原则，即“公平信息原则”，对个人信息的商业使用进行规范。该原则虽然为起草隐私政策提供了指导，但并非强制执行的政策。

［15］“网络流行语学”（Memology）是指针对“迷因”（memes），或新思想和趋势如何在 Facebook 上传播的新兴研究。参见 Facebook Memology Blog，可在 http：//www. Facebook. com/blog. php？ post =215076352130 查阅。检索时间为 2012 年 6 月 12 日。

［16］关于“免费”模型的承诺和利益的介绍，参见安德森的相关论述（Anderson，2009）。M. 格拉德韦尔（M. Gladwell）于 2009 年 6 月 6 日在《纽约客》上发表了文章《制定价格出售：未来将是免费的吗?》（Priced to Sell. Is Free the Future?），对安德森的模型进行了批判性评论，非常有趣。可在 http：//www. newyorker. com/arts/critics/books/2009/07/06/090706crbo_ books_ gladwell 查阅。检索性时间为 2012 年 6 月 12 日。

［17］参见欧洲网络和信息安全局（ENISA）的《隐私货币化研究：个人信息定价的经济模型》（Study on Monetizing Privacy. An Economic Model for Pricing Personal Information），2012 年 2 月 27 日。可在 http：//www. enisa. europa. eu/activities/identity-and-trust/library/deliverables/monetising-privacy 查阅。检索时间为 2012 年 5 月 30 日。

［18］有趣的是，Apple 公司猛烈抨击 Facebook 和 Google 拒绝加入“请勿跟踪”选项的行为，并从于己有利的角度把自己的服务与其竞争对手进行了比较。Apple 内刊博客上的一篇文章评论说：“由于其收入几乎完全从硬件销售中获得，因此 Apple 与其他浏览器和互联网服务提供商跟踪用户的动机并不相同。即使是它自己的综合接入设备（iAd）网 206
络也只能从用户行为报告中获得有限的好处，使 Apple 可以轻松提供合法的退出选项。相比之下，广告投放和用户跟踪已经是 Google、Facebook、Yahoo!、Mozilla 和微软的商业模式的关键，其关键地位仅次于其浏览器软件以及在线服务。”参见 D. E. 迪尔格（D. E. Dilger）的《Google、Facebook 致力于破坏“请勿跟踪”》（Google，Facebook Working to Undermined Do Not Track Privacy Protections），苹果内刊，2012 年 3 月 30 日。可在 http：//www. appleinsider. com/articles/12/03/30/google_facebook_working_to_undermined_do_no_track_privacy_protections. html 查阅。检索时间为 2012 年 5 月 30 日。Twitter 于 2012 年 5 月 15 日宣布它将在其网站上提供一个请勿跟踪选项，这意味着 Twitter 将停止接收用户上网时的页面访问信息。

［19］一个名为“消费者国际”的组织呼吁社交媒体用户参与一种不同类型的消费者权利活动——“我们因对话而相遇；在对话中，我们正在从被动接收者快速演变为大众媒体的积极参与者”。参见消费者国际博客（Consumers International Blog），2011 年 12

月。可在 http：//consumersinternational. blogspot. com/2011/12/three-social-media-challenges-for. html 查阅。检索时间为 2012 年 6 月 12 日。

[20] 查理·罗斯（Charlie Rose）对 Facebook 的马克·扎克伯格和雪莉·桑德伯格的采访节目，由旧金山公共广播电台国际频道（KQED World）于 2011 年 11 月 11 日播出。

参考文献

Adler, T., L. de Alfaro, I. Pye, and W. Raman. 2008. Measuring author contributions to Wikipedia. In *Proceedings of WikiSym 2008*, Porto, September 8–10. New York: ACM. Available at http://users.soe.ucsc.edu/~luca/papers/08/wikisym08-users.pdf. Last checked: April 16, 2012.

Anderson, C. 2009. *Free: The Future of a Radical Price*. New York: Hyperion.

Andrejevic, M. 2011. The work that affective economics does. *Cultural Studies* 25(4–5), 604–20.

Ang, I. 1991. *Desperately Seeking the Audience*. New York: Routledge.

Antin, J., and C. Cheshire. 2010. Readers are not free-riders: Reading as a form of participation in Wikipedia. *Proceedings of the 2010 ACM Conference on Computer Supported Cooperative Work*, February 6–10, 2010, Savannah, GA. Available at ACM, http://dl.acm.org/citation.cfm?id=1718942. Last checked June 12, 2012.

Arceneaux, N., and A. Schmitz Weiss. 2010. Seems stupid until you try it: Press coverage of Twitter, 2006–2009. *New Media & Society* 12(8), 1262–79.

Auletta, K. 2009. *Googled: The End of the World as We Know It*. New York: Penguin.

Bates, B. J. 2008. Framing media economic policy: A social economics approach. Paper presented at the Eighth World Media Economics Conference, Lisbon, Portugal, May 2008. Available at http://www.cci.utk.edu/~bates/papers/WME-2008-framingmediapol.pdf. Last checked September 7, 2012.

Baym, N. K. 2010. *Personal Connections in the Digital Age*. Cambridge: Polity Press.

Beer, D. 2008. Social network(ing) sites . . . revisiting the story so far: A response to danah boyd & Nicole Ellison. *Journal of Computer-Mediated Communication* 13, 516–29.

———. 2009. Power through the algorithm? Participatory web cultures and the technological unconsciousness. *New Media & Society* 11(6), 985–1002.

Benkler, Y. 2006. *The Wealth of Networks: How Social Production Transforms Markets and Freedom*. New Haven: Yale University Press.

Bermejo, F. 2009. Audience measurement in historical perspective: From broadcasting to Google. *New Media & Society* 11(1–2), 133–54.

Berry, D. M. 2011. *The Philosophy of Software: Code and Mediation in the Digital Age*. London: Palgrave.

Berry, D. M., and G. Moss. 2008. Libre Culture: Meditations on Free Culture. Pygmalion Internet Archive. Available at http://www.archive.org/search.php?query=publisher%3A%22Pygmalion+Books%22. Last checked June 13, 2012.

Berry, D. M., and J. Pawlik. 2008. What is code? A conversation with Deleuze, Guattari, and code. In *Libre Culture: Meditations on Free Culture*, ed. D. M. Berry and G. Moss. Pygmalion Internet Archive. Available at http://www.archive.org/search.php?query=publisher%3A%22Pygmalion+Books%22. Last checked September 1, 2012.

Bijker, W. E. 1995. *Of Bicycles, Bakelites, and Bulbs: Toward a Theory of Sociotechnical Change*. Cambridge: MIT Press.

Blake, B., N. Agarwal, R. Wigand, and J. Wood. 2010. Twitter quo vadis: Is Twitter bitter or are tweets sweet? Paper presented at the Seventh International Conference on Information Technology, Las Vegas, NV, April 12–14. 1257–60. Available at http://www.computer.org/portal/web/csdl/doi/10.1109/ITNG.2010.61, Last checked May 13, 2012.

Bollen, J., H. Mao, and A. Pepe. 2010. Determining the public mood state by analysis of microblogging posts. *Proceedings of the 12th International Conference on the Synthesis and Simulation of Living Systems*, Odense, Denmark, 2010. Available at http://pti.iu.edu/pubs/determining-public-mood-state-analysis-microblogging-posts. Last checked June 12, 2012.

boyd, d. 2007. None of this is real: Identity and participation in Friendster. Joe Karaganis, ed., *Structures of Participation in Digital Culture*. New York: Social Science Research Council. 132–57.

boyd, d., and N. Ellison. 2007. Social Network Sites: Definition, History, and Scholarship. *Journal of Computer-Mediated Communication* 13(1), 1–11.

Bruns, A. 2008. *Blogs, Wikipedia, Second Life and Beyond: From Production to Produsage*. New York: Peter Lang.

Bucher, T. 2012a. Want to be on the top? Algorithmic power and the threat of invisibility on Facebook. *New Media & Society*, Online First. Available at http://nms.sagepub.com/content/early/2012/04/04/1461444812440159.

———. 2012b. The friendship assemblage: Investigating programmed sociality on Facebook. *Television & New Media*. doi:10.1177/1527476412452800.

Burgess, J., and J. Green, eds. 2009. *YouTube: Online Video and Participatory Culture*. Cambridge: Polity Press.

Burke M., and R. Kraut. 2008. Taking up the mop: Identifying future Wikipedia administrators. *Proceedings of the 2008 CHI Conference, Florence*, April 5–10. New York: ACM. 3441–46. Available at http://portal.acm.org/citation.cfm?id=1358628.1358871. Last checked June 13, 2012.

Carr, N. 2011. Questioning Wikipedia. G. Lovink and N. Tkacz, eds., *Critical Point of View: A Wikipedia Reader*. Amsterdam: Institute for Network Cultures. 191–202.

Castells, M. 1996. *The Rise of the Network Society*. Vol. 1 of *The Information Age: Economy, Society and Culture*. Oxford: Blackwell.

———. 1997. *The Power of Identity*. Vol. 2 of *The Information Age: Economy, Society and Culture*. Oxford: Blackwell.

———. 1998. *End of Millennium*. Vol. 3 of *The Information Age: Economy, Society and Culture*. Oxford: Blackwell.

———. 2007. *Mobile Communication and Society*. Cambridge: MIT Press.

———. 2009. *Communication Power*. Oxford: Oxford University Press.

Certeau, M. de. 1984. *The Practice of Everyday Life*. Berkeley: University of California Press.

Cha, M., H. Haddadi, F. Benevenuto, and K. P. Gummadi. 2010. Measuring user influence in Twitter: The million dollar fallacy. *Proceedings of the Fourth International AAAI Conference on Weblogs and Social Media*. No page numbers Available at http://pdfcast.org/pdf/measuring-user-influence-in-twitter-the-million-follower-fallacy. Last checked June 12, 2012.

Cheng, X., C. Dale, and J. Liu. 2008. Statistics and Social Network of YouTube Videos. *Proceedings of the IEEE* 96(1), 229–38. Available at http://citeseerx.ist.psu.edu/viewdoc/summary?doi=10.1.1.150.7896. Last checked June 13, 2012.

Chesney, T. 2006. An empirical examination of Wikipedia's credibility. *First Monday* 11(11). No page numbers. Available at http://firstmonday.org/issues/issue11_11/chesney/. Last checked June 13, 2012.

Choi, B., K. Alexander, R. E. Kraut, and J. M. Levine. 2010. Socialization tactics in Wikipedia and their effects. *Proceedings of the 2010 ACM Conference on Computer Supported Cooperative Work*, February 6–10, Savannah, GA. Available at ACM Portal, http://dl.acm.org/citation.cfm?id=1718940. Last checked June 13, 2012.

Christakis, N. A., and J. H. Fowler. 2009. *Connected: How Your Friends' Friends' Friends Affect Everything You Feel, Think, and Do*. New York: Nack Bay Books.

Christensen, C. 2011. Discourses of technology and liberation: State aid to net activists in an era of "Twitter revolutions." *Communication Review* 14(3), 233–53.

Christofides, E., A. Muise, and S. Desmarais. 2009. Information disclosure and control on Facebook: Are they two sides of the same coin or two different processes? *CyberPsychology & Behavior* 12(3), 341–45.

Chun, W. 2011. *Programmed Visions: Software and Memory*. Cambridge: MIT Press.

Clemons, E. K. 2009. The complex problem of monetizing virtual electronic social networks. *Decision Support Systems* 48, 46–56.

Cohen, J. 2012. *Configuring the Networked Self: Law, Code and the Play of Everyday Practice*. New Haven: Yale University Press.

Cohen, N. S. 2008. The valorization of surveillance: Towards a political economy of Facebook. *Democratic Communiqué* 22(1), 5–22.

Comm, J., and K. Burge. 2009. *Twitter Power: How to Dominate Your Market One Tweet at a Time*. Hoboken, NJ: Wiley and Sons.

Cowhey, P. F., and J. D. Aronson. 2009. *Transforming Global Information and Communication Markets: The Political Economy of Innovation*. Cambridge: MIT Press.

Cox, A. M., P. D. Clough, and J. Marlow. 2008. Flickr: A first look at user behavior in the context of photography as serious leisure. *Information Research* 13(1). No page numbers. Available online at http://informationr.net/ir/13-1/paper336.html. Last checked June 13, 2012.

Deleuze, G. 1990. Society of control. *L'autre Journal* 1. No page numbers. Available at http://www.nadir.org/nadir/archiv/netzkritik/societyofcontrol.html. Last checked June 13, 2012.

Demerling, R. 2010. "Twitter me this, Twitter me that": The marketization of brands through social networking sites. *Stream: Culture, Politics, Technology* 3(1), 33–46.

Denning P., J. Horning, D. Parnas, and L. Weinstein. 2005. Inside risks: Wikipedia risks. *Communications of the ACM* 48(12), 152.

Deuze, M. 2009. Media industries, work and life. *European Journal of Communication* 24, 467–80.

Diakopoulos, N., and D. A. Shamma. 2010. Characterizing debate performance via aggregated Twitter sentiment. Paper presented at the CHI Conference, April 10–15, 2010, Atlanta, GA. Available at http://dl.acm.org/citation.cfm?id=1753504. Last checked June 13, 2012.

Dijck, J. van. 2007a. *Mediated Memories in the Digital Age*. Stanford: Stanford University Press.

———. 2007b. Homecasting: The End of Broadcasting? *Receiver* 18, April 2. No page numbers. Available at http://212.241.182.231/rcb1/?p=36. Last checked December 12, 2011.

———. 2009. Users like you: Theorizing agency in user-generated content. *Media, Culture & Society* 31(1), 41–58.

———. 2010. Search engines and the production of academic knowledge. *International Journal of Cultural Studies* 13(6), 574–92.

———. 2011. Flickr and the Culture of Connectivity: Sharing Views, Experiences, Memories. *Memory Studies* 4(4), 401–15.

———. 2012a. Facebook as a tool for producing sociality and connectivity. *Television & New Media* 13(2), 160–76.

———. 2012b. Social media platforms as producers. Tobias Olsson, ed., *Producing the Internet: Platforms, Communities, Actors*. Stockholm: Nordic Communication. Forthcoming.

Dijck, J. van, and D. Nieborg. 2009. Wikinomics and its discontents. A critical analysis of collaborative culture. *New Media & Society* 11(4), 855–74.

Ding, Y., Y. Du, Y. Hu, Z. Liu, L. Wang, K. W. Ross, and A. Ghose. 2011. Broadcast yourself: Understanding YouTube uploaders. Paper presented at the Internet Measurement Conference, IMC'11, November 2–4, Berlin. Available at http://conferences.sigcomm.org/imc/2011/program.htm. Last checked June 13, 2012.

Doherty, N., C. Coombs, and J. Loan-Clarke. 2006. A re-conceptualization of the interpretive flexibility of information technologies: Redressing the balance between the social and the technical. *European Journal of Information Systems* 15(6), 569–82.

Doyle, G. 2002. *Understanding Media Economics*. London: Sage.

Duhigg, C. 2012. *The Power of Habit: Why We Do What We Do in Life and Business*. New York: Random House.

Ellison, N. B., C. Steinfeld, and C. Lampe. 2007. The benefits of Facebook "friends": Exploring the relationship between college students' use of online social networks and social capital. *Journal of Computer-Mediated Communication* 12(1), 1143–68.

———. 2011. Connection strategies: Social capital implications of Facebook-enabled communication practices. *New Media & Society* 13(6), 873–92.

Emmett, A. 2008. Networking news. *American Journalism Review* 30, 40–43.

Enders, A., H. Hungenberg, H. P. Denker, and S. Mauch. 2008. The long tail of social networking: Revenue models of social networking sites. *European Management Journal* 26, 199–211.

Feenberg, A. 2009. Critical theory of communication technology: Introduction to the special section. *Information Society* 25(2), 77–83.

Foucault, M. 1980. *An Introduction*. Vol. 1 of *The History of Sexuality*. New York: Vintage.

Fuchs, C. 2009a. Information and communication technologies and society: A contribution to the critique of the political economy of the Internet. *European Journal of Communication* 24, 69–87.

———. 2009b. Some reflections on Manuel Castell's book *Communication Power. Triple C* 7(1), 94–108.

———. 2011a. An alternative view of privacy on Facebook. *Information* 2, 140–65.

———. 2011b. *Foundations of Critical Media and Information Studies*. London: Routledge.

Fuller, M. 2005. *Media Ecologies: Materialist Energies in Art and Technoculture*. Cambridge: MIT Press.

———. 2008. *Software Studies: A Lexicon*. Cambridge: MIT Press.

Fuster Morell, M. 2011. The Wikimedia Foundation and the governance of Wikipedia's infrastructure: Historical trajectories and its hybrid character. G. Lovink and N. Tkacz, eds., *Critical Point of View: A Wikipedia Reader*. Amsterdam: Institute for Network Cultures. 325–41.

Gaffney, D. 2010. #iranElection: Quantifying online activism. *Proceedings of the WebSci10: Extending the Frontiers of Society On-Line*, April, Raleigh, NC. Available at http://journal.webscience.org/295/. Last checked June 13, 2012.

Galloway, A. 2004. *Protocol: How Control Exists after Decentralization*. Cambridge: MIT Press.

Garde-Hansen, J. 2009. MyMemories? Personal digital archive fever and Facebook. J. Garde-Hansen, A. Hoskins, and A. Reading, eds., *Save As . . . Digital Memories*. Basingstoke: Palgrave. 135–50.

Gehl, R. 2009. YouTube as archive. Who will curate this digital Wunderkammer? *International Journal of Cultural Studies* 12(1), 43–60.

Geiger, R. S. 2011. The lives of bots. G. Lovink and N. Tkacz, eds., *Critical Point of View: A Wikipedia Reader*. Amsterdam: Institute for Network Cultures. 78–93.

Geiger, R. S., and D. Ribes. 2010. The work of sustaining order in Wikipedia: The banning of a vandal. *Proceedings of the 2010 ACM Conference on Computer Supported Cooperative Work*, February 6–10, Savannah, GA. Available at ACM portal, http://dl.acm.org/citation.cfm?id=1718941. Last checked June 13, 2012.

Ghosh, R. A., and V. V. Prakash. 2000. The Orbiten free software survey. *First Monday* 5(7). No page numbers. Available at http://www.firstmonday.org/issues/issue5_7/ghosh/. Last checked June 12, 2012.

Gilder, G. 1994. *Life after Television*. New York: Norton.

Giles, J. 2005. Internet encyclopaedias go head to head. *Nature* 438, 900–901. Available at http://www.nature.com/nature/journal/v438/n7070/full/438900a.html. Last checked December 12, 2011.

Gillespie, T. 2010. The politics of platforms. *New Media & Society* 12(3), 347–64.

Giroux, H. A. 2009. The Iranian uprisings and the challenge of the new media: Rethinking the politics of representation. *Fast Capitalism* 5(2). No page numbers. Available at http://www.uta.edu/huma/5_2/Giroux5_2.html. Last checked December 11, 2012.

Gitelman, L. 2008. *Always Already New: Media, History, and the Data of Culture*. Cambridge: MIT Press.

Gooyong, K. 2009. The future of YouTube: Critical reflections on YouTube users' discussions over its future. *Interactions: UCLA Journal of Education and Information Studies* 5(2), article no. 4. No page numbers. Available at http://escholarship.org/uc/item/9tn362r2. Last checked June 12, 2012.

Grimmelmann, J. 2009. Saving Facebook. *Iowa Law Review* 94, 1138–1206. Available at http://works.bepress.com/james_grimmelmann/20/. Last checked June 12, 2012.

Gripsrud, J. 2004. Broadcast television: The chances of its survival in a digital age. L. Spigel and J. Olsson, eds., *Television after TV: Essays on a Medium in Transition*. Durham: Duke University Press. 210–23.

Gross R., and A. Acquisti. 2005. Information revelation and privacy in online social networks. *Proceedings of the ACM WPES'05*. Alexandria, VA: ACM Press. 71–80.

Ha, J.-Y., S. Dick, and S. K. Ryu. 2003. Broadcast via the Internet: Technology, market, and the future. *Trends in Communication* 11(2), 155–68.

Habermas, J. 1989. *The Structural Transformation of the Public Sphere: An Inquiry into a Category of Bourgeois Society*. Cambridge: MIT Press.

Halatchliyski, I., J. Moskaliuk, J. Kimmerle, and U. Cress. 2010. Who integrates the networks of knowledge in Wikipedia? *Proceedings of the 6th International Symposium on Wikis and Open Collaboration WikiSym*, July 7–9, Gdansk, Poland. Available at ACM portal, http://dl.acm.org/citation.cfm?id=1832774. Last checked June 12, 2012.

Halavais, A., and D. Lackaff. 2008. An analysis of topical coverage of Wikipedia. *Journal of Computer-Mediated Communication* 13, 429–40.

Haythornthwaite, C., and L. Kendall. 2010. Internet and community. *American Behavioral Scientist* 53(8), 1083–94.

Heil, B., and M. Piskorski. 2009. New Twitter research: Men follow men and nobody tweets. *Harvard Business Review*, June 24. Available at http://blogs.hbr.org/cs/2009/06/new_twitter_research_men_follo.html. Last checked June 12, 2012.

Hendler, J., and T. Berners-Lee. 2010. From the Semantic Web to social machines: A research challenge for AI on the World Wide Web. *Artificial Intelligence* 174(2), 156–61.

Hermida, A. 2010. Twittering the news: The emergence of ambient journalism. *Journalism Practice* 4(3), 297–308.

Hetcher, S. A. 2004. *Norms in a Wired World*. Cambridge: Cambridge University Press.

Hirst, M. 2011. *News 2.0: Can Journalism Survive the Internet?* Sydney: Allen & Unwin.

Honeycutt, C., and S. Herring. 2009. Beyond microblogging: Conversation and collaboration via Twitter. *Proceedings of the 42nd Hawaii International Conference on System Sciences*. 1–10. Available at http://www.citeulike.org/user/imrchen/article/4033966. Last checked June 12, 2012.

Huang, J., K. M. Thornton, and E. N. Efthimidias. 2010. Conversational tagging in Twitter. *Proceedings of the Conference on Hypertext and Hypermedia*, June 13–16, Toronto. Available at http://dl.acm.org/citation.cfm?id=1810647. Last checked June 12, 2012.

Huang, T.-H., and J. Y. Hsu. 2006. Beyond memories: Weaving photos into personal networks. *Proceedings American Association for Artificial Intelligence*. No page numbers Available at www.aaai.org. Last checked June 12, 2012.

Huberman, B., D. Romero, and F. Wu. 2009. Social networks that matter: Twitter under the microscope. *First Monday* 14(1). No page numbers. Available at http://firstmonday.org/. Last checked June 12, 2012.

Hutchby, I. 2001. Technologies, texts, and affordances. *Sociology* 35(2), 441–56.

Isaacson, W. 2011. *Steve Jobs*. New York: Simon and Schuster.

Jakobsson, P. 2010. Cooperation and competition in open production. *Platform: Journal of Media and Communication* 12, 106–19.

Jakobsson, P., and F. Stiernstedt. 2010. Pirates of Silicon Valley: State of exception and dispossession in Web 2.0. *First Monday* 15(7). No page numbers. Available at http://firstmonday.org/htbin/cgiwrap/bin/ojs/index.php/fm/article/viewArticle/2799/2577.

Jarvis, J. 2009. *What Would Google Do?* New York: Harpers.

———. 2011. *Public Parts: How Sharing in the Digital Age Improves the Way We Work and Live*. New York: Simon and Schuster.

Java, A., T. Finin, X. Song, and B. Tseng. 2007. Why we Twitter: Understanding microblogging usage and communities. Paper presented at the ACM Social Network Mining and Analysis Workshop, San Jose, CA, August 12. Available at http://ebiquity.umbc.edu/paper/html/id/367/Why-We-Twitter-Understanding-Microblogging-Usage-and-Communities. Last checked June 12, 2012.

Jenkins, H. 2006. *Convergence Culture: Where Old and New Media Collide*. Cambridge: MIT Press.

Jin, X., A. Gallagher, L. Cao, J. Luo, and J. Han. 2010. The wisdom of social multimedia; Using Flickr for prediction and forecast. *Proceedings of the International Conference on Multimedia*, Florence, Italy, October 25–29. Available at http://dl.acm.org/citation.cfm?id=1874196. Last checked June 12, 2012.

Kamir, D., and J. Niesyto. 2011. User DrorK: A call for a free content alternative for sources. An interview with Dror Kamir. G. Lovink and N. Tkacz, eds., *Critical*

Point of View: A Wikipedia Reader. Amsterdam: Institute for Network Cultures. 288–95.

Kaplan, A. M., and M. Haenlein. 2010. Users of the world, unite! The challenges and opportunities of social media. *Business Horizons* 53(1), 59–68. Available online at http://www.sciencedirect.com/science/article/pii/S0007681309001232#sec4.1.3. Last checked June 12, 2012.

Keane, M., and A. Moran. 2008. Television's new engines. *New Media & Society* 9(2), 155–69.

Keen, A. 2008. *The Cult of the Amateur: How Blogs, MySpace, YouTube, and the Rest of Today's User-Generated Media Are Killing Our Culture and Economy*. London: Nicholas Brealey.

Kelly, R., ed. 2009. *Twitter Study Reveals Interesting Results about Usage*. San Antonio, TX: Pear Analytics. Available at http://www.pearanalytics.com/wp-content/uploads/2009/08/Twitter-Study-August-2009.pdf, Last checked February 26, 2011.

Kennedy, L., M. Namaan, S. Ahern, R. Nair, and T. Rattenbury. 2007. "How Flickr helps us make sense of the world: Context and content in community-contributed media collections. *Proceedings of the 15th International Conference on Multimedia* Augsburg, Germany, September 23–28. 631–40. Available at ACM portal, http://dl.acm.org/citation.cfm?id=1291384. Last checked June 12, 2012.

Kessler, F., and M. T. Schaefer. 2009. Navigating YouTube: Constituting a hybrid information management system. P. Snickars and P. Vondereau, eds., *The YouTube Reader*. Stockholm: National Library of Sweden. 275–91.

Kildall, S., and N. Stern. 2011. Wikipedia art: Citation as performative act. G. Lovink and N. Tkacz, eds., *Critical Point of View: A Wikipedia Reader*. Amsterdam: Institute for Network Cultures. 165–90.

Kirkpatrick, D. 2010. *The Facebook Effect: The Inside Story of the Company That Is Connecting the World*. New York: Simon and Schuster.

Kittler, F. 1999. *Gramophone, Film, Typewriter*. Stanford: Stanford University Press.

Kittur A., E. Chi, B. Pendleton, B. Sun, and T. Mytkowicz. 2007. Power of the few vs wisdom of the crowd: Wikipedia and the rise of the bourgeoisie. Paper presented at Conference on Human Computer Interfaces, CHI 2007, San Jose, CA, April 28–May 3. Available at http://www.parc.com/publication/1749/power-of-the-few-vs-wisdom-of-the-crowd.html. Last checked June 12, 2012.

Konieczny, P. 2010. Adhocratic Governance in the Internet age: A case of Wikipedia. *Journal of Information Technology & Politics* 7(4), 263–83.

Krishnamurthy, B., P. Gill, and M. Arlitt. 2008. A few chirps about Twitter. Paper presented at the ACM SIGCOMM Workshop for Online Social Networks, Seattle, WA, August 18. Available at http://www.citeulike.org/user/jobadge/article/3334885. Last checked June 12, 2012.

Kruitbosch, G., and F. Nack. 2008. Broadcast yourself on YouTube—Really? HCC '08: *Proceedings of the 3rd ACM International Workshop on Human-Centered Computing*. New York. Available at http://dl.acm.org/citation.cfm?id=1462029. Last checked June 12, 2012.

Kwak, H., C. Lee, H. Park, and S. Moon. 2010. What is Twitter, a social network or a news media? *Proceedings of the 19th International World Wide Web (WWW) Conference*, April 26–30, Raleigh NC, 591–600. Available at http://an.kaist.ac.kr/traces/WWW2010.html l. Last checked June 12, 2012.

Lange, P. G. 2007. Publicly private and privately public: Social networking on YouTube. *Journal of Computer-Mediated Communication* 1, 361–80.

———. 2008. (Mis)conceptions about YouTube. G. Lovink and S. Niederer, eds., *The Video Vorteex Reader: Responses to YouTube*. Amsterdam: Institute of Network Cultures. 87–100.

Latour, B. 1996. *Aramis; or, The Love of Technology*. Cambridge: Harvard University Press.

———. 1998. On actor-network theory. A few clarifications. *Nettime List Archives*. Available at http://www.nettime.org/Lists-Archives/nettime-l-9801/msg00019.html. Last checked June 12, 2012.

———. 2005. *Reassembling the Social: An Introduction to Actor-Network Theory*. Oxford: Oxford University Press.

Ledoux Book, C., and B. Barnett. 2006. PCTV: Consumers, expectancy-value and likely adoption. *Convergence* 12(3), 325–39.

Lenhart, A., and S. Fox. 2009. *Twitter and Status Updating*. Pew Internet and American Life Project report. Available at www.pewinternet.org/Reports/2009/Twitter-and-status-updating.aspx. Last checked June 12, 2012.

Leon, P. G., B. Ur, R. Balebako, L. Cranor, R. Shay, and Y. Wang. 2011. *Why Johnny Can't Opt Out: A Usability Evaluation of Tools to Limit Online Behavioral Advertising*. Research report CMU-CyLab-11-017. Carnegie Mellon University, Pittsburgh, PA, October 31. Available at http://www.cylab.cmu.edu/research/techreports/2011/tr_cylab11017.html. Last checked June 12, 2012.

Lessig, L. 2008. *Remix. Making Art and Commerce Thrive in the Hybrid Economy*. New York: Penguin.

Levy, S. 2011. *In the Plex. How Google Thinks, Works, and Shapes Our Lives*. New York: Simon and Schuster.

Lipford, H. R., A. Besmer, and J. Watson. 2008. Understanding privacy settings in Facebook with an audience view. UPSEC'08: *Proceedings of the 1st Conference on Usability, Psychology, and Security*, Berkeley, CA. 1–8.

Liu, S. B., L. Palen, J. Sutton, A. L. Hughes, and S. Vieweg. 2008. In search of the bigger picture: The emergent role of online photo sharing in times of disaster. *Proceedings of the 5th International ISCRAM Conference*, Washington, DC, May. No page numbers. Available at http://www.citeulike.org/user/krisl/article/7150985. Last checked June 12, 2012.

Lovink, G. 2008. The art of watching databases. G. Lovink and S. Niederer, eds., *The Video Vortex Reader: Responses to YouTube*. Amsterdam: Institute of Network Cultures. 9–12.

———. 2012. *Networks without a Cause: A Critique of Social Media*. Cambridge: Polity Press.

Lovink, G., and S. Niederer, eds. 2008. *The Video Vortex Reader: Responses to YouTube*. Amsterdam: Institute for Network Cultures.

Lovink, G., and N. Tkacz, eds. 2011. *Critical Point of View: A Wikipedia Reader*. Amsterdam: Institute for Network Cultures.

Luders, M. 2008. Conceptualizing personal media. *New Media & Society* 10(5), 683–702.

Mackenzie, A. 2006. *Cutting Code: Software and Sociality*. New York: Peter Lang.

Madejski, M., M. Johnson, and S. M. Bellovin. 2011. The failure of online social network privacy settings. Research paper published by Columbia University (CUCS 010-11). Available at http://www.mendeley.com/research/failure-online-social-network-privacy-settings/. Last checked June 12, 2012.

Magnus, P. D. 2008. Early response to false claims in Wikipedia. *First Monday* 13(9). No page numbers. Available at http://www.uic.edu/htbin/cgiwrap/bin/ojs/index.php/fm/article/viewArticle/2115/2027. Last checked June 12, 2012.

Manovich, L. 2001. *The Language of New Media*. Cambridge: MIT Press.

———. 2009. The practice of everyday (media) life: From mass consumption to mass cultural production? *Critical Inquiry* 35(2). No page numbers. Available at http://www.citeulike.org/user/DrewMLoewe/article/3763782. Last checked June 12, 2012.

Manzuch, Z. 2009. Digitisation and communication of memory: From theory to practice. *Conference Proceedings: Cultural Heritage Online*. Empowering Users: An Active Role for User Communities. Florence, December 16–17, 2009. Pages 92–95. Available at www.rinascimento-digitale.it/eventi/conference2009/. . .2009/manzuch.pdf. Last checked June 12, 2012.

Marvin, C. 1988. *When Old Technologies Were New: Thinking about Communication in the Late Nineteenth Century*. New York: Oxford University Press.

Marwick, A., and d. boyd. 2011. I tweet honestly, I tweet passionately: Twitter users, context collapse and the imagined audience. *New Media & Society* 13(1), 114–33.

McDonald, P. 2009. Digital discords in the online media economy: Advertising versus content versus copyright. P. Snickars and P. Vondereau, eds., *The YouTube Reader*. Stockholm: National Library of Sweden. 387–405.

McGrath, R. G. 2009. Business models: A discovery driven approach. *Long Range Planning* 7, 1–15. Available at www.elsevier.com/locate/lrp. Last checked June 12, 2012.

Milberry, K., and S. Anderson. 2009. Open sourcing our way to an online commons: Contesting corporate impermeability in the new media ecology. *Journal of Communication Inquiry* 33(4), 393–412.

Miller, N., and R. Allen, eds. 1995. *The Post-broadcasting Age: New Technologies, New Communities*. Luton: University of Luton Press.

Miller, T. 2009. Cybertarians of the world, unite: You have nothing to lose but your tubes! P. Snickars and P. Vondereau, eds., *The YouTube Reader*. Stockholm: National Library of Sweden. 406–23.

Mintzberg, H. 2007. *Tracking Strategies: Toward a General Theory*. Oxford: Oxford University Press.

Mischaud, E. 2007. *Twitter: Expressions of the whole self.* An investigation into user appropriation of a Web-based communications platform. Dissertation, London School of Economics. Available at www.lse.ac.uk/collections/media@lse. Last checked June 12, 2012.

Mislove, A., H. S. Koppula, K. P. Gummadi, P. Druschei, and B. Bhattacharjee. 2008. Growth of the Flickr social network. *Proceedings on the First Workshop on Online Social Networks (SIGCOMM)*, August 18, Seattle. 25–30. Available at http://www.citeulike.org/article-posts/3271250. Last checked June 12, 2012.

Mitchem, M. 2008. Video social: Complex parasitical media. G. Lovink and S. Niederer, eds., *The Video Vortex Reader: Responses to YouTube*. Amsterdam: Institute of Network Cultures. 273–82.

Moran, J. 2002. *There Is No Place Like Home Video*. Minneapolis: University of Minnesota Press.

Morozov, E. 2011. *The Net Delusion: How Not to Liberate the World*. New York: Penguin.

Mortensen, M. 2011. When citizen photojournalism sets the news agenda: Neda Agha Soltan as a Web 2.0 icon of post-election unrest in Iran. *Global Media and Communication* 7(1), 4–16.

Mosco, V. 2004. *The Digital Sublime: Myth, Power and Cyberspace*. Cambridge: MIT Press.

———. 2009. *The Political Economy of Communication: Rethinking and Renewal*. London: Sage.

Muller, E. 2009. Where Quality Matters: Discourses on the art of making a YouTube video. P. Snickars and P. Vondereau, eds., *The YouTube Reader*. Stockholm: National Library of Sweden. 126–39.

Murray, S. 2008. Digital images, photo-sharing, and our shifting notions of everyday aesthetics. *Journal of Visual Culture* 7(2), 147–63.

Murthy, D. 2011. Twitter: Microphone for the masses? *Media, Culture & Society* 33(5), 779–89.

Negoescu, R.-A., and D. Gatica-Perez. 2008. Analyzing Flickr groups. Paper presented at Conference on Image and Video Retrieval, July 7–9, Niagara Falls, Canada. Available at http://people.idiap.ch/negora/civr08. Last checked June 12, 2012.

Niederer S., and J. van Dijck. 2010. Wisdom of the crowd or technicity of content? Wikipedia as a socio-technical system. *New Media & Society* 12(8), 1368–87.

Nissenbaum, H. 2010. *Privacy in Context: Technology, Policy, and the Integrity of Social Life*. Stanford: Stanford University Press.

Nov, O., and C. Ye. 2010. Why do people tag? Motivations for photo tagging. *Communications of the ACM* 53(7), 128–31.

Nussbaum, B. 2010. Facebook's culture problem may be fatal. *Harvard Business Review* 24. Available online at http://blogs.hbr.org/cs/2010/05/facebooks_culture_problem_may.html. Last checked June 12, 2012.

O'Brien, D., and B. Fitzgerald. 2006. Digital copyright law in a YouTube world. *Internet Law Bulletin* 9(6–7), 71–74.

O'Neil, M. 2011. Wikipedia and authority. G. Lovink and N. Tkacz, eds., *Critical Point of View: A Wikipedia Reader*. Amsterdam: Institute for Network Cultures. 309–24.

O'Sullivan, D. 2011. What is an encyclopedia? From Pliny to Wikipedia. G. Lovink and N. Tkacz, eds., *Critical Point of View: A Wikipedia Reader*. Amsterdam: Institute for Network Cultures. 34–49.

Orlikowski, W. J., and S. Iacono. 2001. Desperately seeking the "IT" in IT research: A call to theorizing the IT artefact. *Information Research* 12(2), 121–34.

Pak, A., and P. Paroubek. 2010. Twitter as a corpus for sentiment analysis and opinion mining. *Proceedings of the Seventh Conference on International Language Resources and Evaluation* LREC, Valletta, Malta, May. Available at http://www.bibsonomy.org/bibtex/25656c3bb1adf00c58a85e3204096961c/frederik. Last checked June 12, 2012.

Paolillo, J. C. 2008. Structure and network in the YouTube core. *Proceedings of the 41st Hawaii International Conference on System Sciences*, EEEC Computer Society, Washington, DC. Available at http://portal.acm.org/citation.cfm?id=1334977. Last checked June 12, 2012.

Papacharissi, Z. 2009. The virtual geographies of social networks: A comparative analysis of Facebook, LinkedIn and ASmallWorld. *New Media & Society* 11(1–2), 199–220.

———. 2010. *A Private Sphere: Democracy in a Digital Age*. Cambridge: Polity Press.

Pariser, E. 2011. *The Filter Bubble: What the Internet Is Hiding from You*. New York: Viking.

Parks, L. 2004. Flexible microcasting: Gender, generation, and television-Internet convergence. L. Spigel and J. Olsson, eds., *Television after TV: Essays on a Medium in Transition*. Durham: Duke University Press, 133–56.

Pauwels, L. 2008. A private visual practice going public? Social functions and sociological research opportunities of Web-based family photography. *Visual Studies* 23(1), 34–49.

Pentzold, C. 2011. Imagining the Wikipedia community: What do Wikipedia authors mean when they write about their "community"? *New Media & Society* 13(5), 704–21.

Peters, K., and A. Seiers. 2009. Home dance: Mediacy and aesthetics of the self on YouTube. P. Snickars and P. Vondereau, eds., *The YouTube Reader*. Stockholm: National Library of Sweden. 187–203.

Petersen, S. M. 2008. Loser-generated content: From participation to exploitation. *First Monday* 13(3). No page numbers. Available at http://firstmonday.org/htbin/cgiwrap/bin/ojs/index.php/fm/article/view/2141/1948.

Peuter, G. de, and N. Dyer-Witheford. 2005. Playful multitude? Mobilising and counter-mobilising immaterial game labour. *Fibreculture* 5. No page numbers. Available at http://journal.fibreculture.org/issue5/depeuter_dyerwitheford.html. Last checked June 12, 2012.

Pinch, T. J., and W. E. Bijker. 1984. The social construction of facts and artifacts: Or how the sociology of science and the sociology of technology might benefit each other. *Social Studies of Science* 14, 399–441.

Poell, T., and K. Darmoni. 2012. Twitter as a multilingual space: The articulation of the Tunisian revolution through #sidibouzid. *European Journal of Media Studies* 1(1). No page numbers. http://www.necsus-ejms.org/twitter-as-a-multilingual-space-the-articulation-of-the-tunisian-revolution-through-sidibouzid-by-thomas-poell-and-kaouthar-darmoni/.

Poritz, J. 2007. Who searches the searchers? Community privacy in the age of monolithic search engines. *Information Society* 23(5), 383–89.

Potts, J. 2009. Why creative industries matter to economic evolution. *Economics of Innovation and New Technology* 18(7), 663–73.

Preston, P. 2010. Manuel Castells, *Communication Power*. Book review. *Media, Culture & Society* 32(6), 1042–49.

Prieur, C., D. Cardon, J.-S. Beuscart, N. Pissard, and P. Pons. 2008. The strength of weak cooperation: A case study of Flickr. *Reseaux Archive*. Available at http://arxiv.org/abs/0802.2317. Last checked June 12, 2012.

Prince, D. L. 2010. *Get Rich with Twitter: Harness the Power of the Twitterverse and Reach More Customers Than Ever Before*. New York: McGraw Hill.

Raynes-Goldie, K. 2010. Aliases, creeping, and wall cleaning: Understanding privacy in the age of Facebook. *First Monday*, 15(1). No page numbers. Available at http://firstmonday.org/htbin/cgiwrap/bin/ojs/index.php/fm/article/view/2775. Last checked June 12, 2012.

Robertson, S. P., R. K. Vatapru, and R. Medina. 2009. The social life of networks: Facebook linkage patterns in the 2008 U.S. presidential elections. *Proceedings of the 10th International Digital Government Research Conference*. Available at http://dl.acm.org/citation.cfm?id=1556183. Last checked June 12, 2012.

Rosenzweig, R. 2006. Can history be open source? Wikipedia and the future of the past. *Journal of American History* 93(1), 117–46.

Rossiter, N., and G. Lovink. 2010. Urgent aphorisms: Notes on organized networks for the connected multitudes. M. Deuze, ed., *Managing Media Work*. London: Sage. 279–90.

Rotman, D., and J. Preece. 2010. The "WeTube" in YouTube. Creating an online community through video sharing. *International Journals of Web-Based Communities* 6(3), 317–33.

Sacchi, D. L., F. Agnoli, and E. Loftus. 2007. Changing history: Doctored photographs affect memory for past public events. *Applied Cognitive Psychology* 21, 1005–22.

Sakaki, T., M. Okazaki, and Y. Matsuo. 2010. Earthquake shakes Twitter users: Real-time event detection by social sensors. Paper presented at the World Wide Web Conference, April 26–30, Raleigh, NC. Available at http://dl.acm.org/citation.cfm?id=1772777. Last checked June 12, 2012.

Schaefer, M. T. 2011. *Bastard Culture! How User Participation Transforms Cultural Production*. Amsterdam: Amsterdam University Press.

Schewick, B. van. 2010. *Internet Architecture and Innovation*. Cambridge: MIT Press.

Schiller, D. 2007. *How to Think about Information*. Urbana: University of Illinois Press.

Schmidt, E., and J. Cohen. 2010. The digital disruption: Connectivity and the diffusion of power. *Foreign Affairs* 89(6), 75–85.

Shachaf, P., and N. Hara. 2010. Beyond vandalism: Wikipedia trolls. *Journal of Information Science* 36(3), 357–70.

Shapiro, C., and H. R. Varian. 1999. *Information Rules: A Strategic Guide to the Network Economy*. Boston: Harvard Business School Press.

Shirky, C. 2008. *Here Comes Everybody! How Change Happens When People Come Together*. London: Penguin.

Siegel, D. 2009. *Pull: The Power of the Semantic Web to Transform Your Business*. New York: Penguin.

Siersdorfer, S., S. Chelaru, W. Nejdl, and J. San Pedro. 2010. How useful are your comments? Analyzing and predicting YouTube comments and comment ratings. Paper presented at the World Wide Web Conference, April 26–30, Raleigh, NC. Available at http://malt.ml.cmu.edu/mw/index.php/Analyzing_and_Predicting_Youtube_Comments_Rating:_WWW2010. Last checked June 12, 2012.

Skageby, J. 2009. Exploring qualitative sharing practices of social metadata: Expanding the attention economy. *Information Society* 25(1), 60–72.

Smith-Shomade, B. 2004. Narrowcasting in the new world information order. A space for audience? *Television and New Media* 5(1), 69–81.

Snavely, N., S. M. Seitz, and R. Szeliski. 2008. Modeling the world from Internet photo collections. *International Journal of Computer Vision* 80(2), 189–210.

Solove, D. J. 2009. *Understanding Privacy*. Cambridge: Harvard University Press.

Springer, M., B. Dulabahn, P. Michel, B. Natanson, D. Reser, D. Woodward, and H. Zinkham. 2008. *For the Common Good: The Library of Congress Flickr Pilot Project*. Evaluation report for Library of Congress, available at www.loc.gov/rr/print/flickr_pilot.html. Last checked June 12, 2012.

Stutzman, F., and J. Kramer-Duffield. 2010. Friends only: Examining privacy enhancing behavior in Facebook. *Proceedings of the Computer-Human Interface* Conference, April 10–15, Atlanta, GA. Available at http://www.citeulike.org/user/isp/article/7028829. Last checked June 12, 2012.

Sunstein, C. R. 2006. *Infotopia: How Many Minds Produce Knowledge*. Oxford: Oxford University Press.

Surowiecki, J. 2004. *The Wisdom of Crowds: Why the Many Are Smarter Than the Few and How Collective Wisdom Shapes Business, Societies and Nations*. New York: Doubleday.

Tapscott, D., and A. D. Williams. 2006. *Wikinomics: How Mass Collaboration Changes Everything*. New York: Penguin.

Teece, D. J. 2010. Business models, business strategies and innovation. *Long Range Planning* 43, 172–94.

Tencati, A., and L. Zsolnai. 2008. The collaborative enterprise. *Journal of Business Ethics* 85, 367–76.

Terranova, T. 2004. *Network Culture: Politics for the Information Age*. London: Pluto Press.

Thompson, J. B. 1995. *The Media and Modernity: A Social Theory of the Media*. Cambridge: Polity Press.

———. 2005. The new visibility. *Theory, Culture and Society* 22(6), 31–51.

Tkacz, N. 2011. The politics of forking paths. G. Lovink and N. Tkacz, eds., *Critical Point of View: A Wikipedia Reader*. Amsterdam: Institute for Network Cultures. 94–109.

Toffler, A. 1970. *Future Shock*. New York: Random House.

Turner, F. 2006. *From Counterculture to Cyberculture: Stewart Brand, the Whole Earth Network, and the Rise of Digital Utopianism*. Chicago: University of Chicago Press.

Turow, J. 2006. *Niche Envy: Marketing Discrimination in the Digital Age*. Cambridge: MIT Press.

Uricchio, W. 2004. Television's next generation: Technology/interface culture/flow. L. Spigel and J. Olsson, eds., *Television after TV: Essays on a Medium in Transition*. Durham: Duke University Press. 163–82.

———. 2009. The future of a medium once known as television. P. Snickars and P. Vondereau, eds., *The YouTube Reader*. Stockholm: National Library of Sweden. 24–39.

———. 2011. The algorithmic turn: Photosynth, augmented reality and the changing implications of the image. *Visual Studies* 26(1), 25–35.

Vaidhyanathan, S. 2011. *The Googlization of Everything (and Why We Should Worry)*. Berkeley: University of California Press.

Valenzuela, S., N. Park, and K. F. Kee. 2009. Is there social capital in a social network site? Facebook use and college students' life satisfaction, trust, and participation. *Journal of Computer-Mediated Communication* 14, 875–901.

Van House, N. 2007. Flickr and public image-sharing: Distant closeness and photo exhibition. *SIGCHI Work-in-progress*, April 28–May 3, San Francisco. 2717–22. Available at http://www.ischool.berkeley.edu/research/publications/vanhouse/2007/flickr. Last checked June 12, 2012.

Vukanovic, Z. 2009. Global paradigm shift: Strategic management of new and digital media in new and digital economics. *International Journal on Media Management* 11(2), 81–90.

Wellman, B., A. Quan-Haase, J. Boase, and W. Chen. 2003. The social affordances of the Internet for networked individualism. *Journal of Computer-Mediated Culture* 8(3). No page numbers. Available at http://homes.chass.utoronto.ca/~wellman/publications/index.html. Last checked June 12, 2012.

Winston, B. 1998. *Media Technology and Society: A History. From the Telegraph to the Internet*. New York: Routledge.

Wirtz, B. W., O. Schilke, and S. Ullrich. 2010. Strategic development of business models. Implications of the Web 2.0 for creating value on the Internet. *Long Range Planning* 43, 272–90.

Wu, T. 2010. *The Master Switch: The Rise and Fall of Information Empires*. New York: Knopf.

Yang, H.-L., and C. Lai. 2010. Motivations of Wikipedia content contributors. *Computers in Human Behavior* 26, 1377–83.

Zhao, D., and M. B. Rosson. 2009. How and why people Twitter: The role that microblogging plays in informal communication at work. *Proceedings of the GROUP'04 Conference*, May, Sanibel Island, FL. Available at http://portal.acm.org/citation.cfm?id=1531710&dl=GUIDE&coll=GUIDE&CFID=79835132&CFTOKEN=99251838. Last checked June 12, 2012.

Zheleva, E., and L. Getoor. 2009. To join or not to join: The illusion of privacy in social networks with mixed public and private user profiles. *Proceedings of the World*

Wide Web Conference Committee, April 20–24, Madrid, Spain. 531–40. Available at http://www2009.eprints.org/54/. Last checked June 12, 2012.

Zielinski, S. 1999. *Audiovisions: Cinema and Television as Entr'actes in History*. Amsterdam: Amsterdam University Press.

Zittrain, J. 2008. *The Future of the Internet and How to Stop It*. New York: Penguin.

Zott, C., and R. H. Amit. 2009. Designing your future business model: An activity system perspective. IESE Business School Working Paper no. 781. Available at SSRN: http://ssrn.com/abstract=135651. Last checked June 12, 2012.

索　引

（所注页码为英文原书页码，即本书边码）

The Culture of Connectivity: A Critical History of Social Media by José van Dijck

9780199970780

图书在版编目（CIP）数据

连接：社交媒体批评史/（荷）何塞·范·迪克著；
晏青，陈光凤译．--北京：中国人民大学出版社，
2021.3
（新闻与传播学译丛．学术前沿系列）
书名原文：The Culture of Connectivity：A
Critical History of Social Media
ISBN 978-7-300-29065-2

Ⅰ.①连… Ⅱ.①何… ②晏… ③陈… Ⅲ.①传播媒
介-研究 Ⅳ.①G206.2

中国版本图书馆 CIP 数据核字（2021）第 028023 号

新闻与传播学译丛·学术前沿系列
连接
社交媒体批评史
［荷兰］何塞·范·迪克（José van Dijck） 著
晏青 陈光凤 译
Lianjie

出版发行	中国人民大学出版社		
社　　址	北京中关村大街 31 号	**邮政编码**	100080
电　　话	010－62511242（总编室）		010－62511770（质管部）
	010－82501766（邮购部）		010－62514148（门市部）
	010－62515195（发行公司）		010－62515275（盗版举报）
网　　址	http://www.crup.com.cn		
经　　销	新华书店		
印　　刷	北京昌联印刷有限公司		
规　　格	170 mm×240 mm　16 开本	**版　　次**	2021 年 3 月第 1 版
印　　张	18.25 插页 2	**印　　次**	2021 年 3 月第 1 次印刷
字　　数	288 000	**定　　价**	69.80 元
